"十四五"国家重点出版物出版规划项目

湖北省公益学术著作
Hubei Special Funds 出版专项资金
for Academic and Public-interest
Publications

"一带一路"倡议与中国国家权益问题研究丛书

总主编／杨泽伟

国际法中有效控制规则研究

■ 曾皓 著

WUHAN UNIVERSITY PRESS

武汉大学出版社

图书在版编目(CIP)数据

国际法中有效控制规则研究/曾皓著.—武汉:武汉大学出版社,
2022.9

"一带一路"倡议与中国国家权益问题研究丛书/杨泽伟总主编

湖北省公益学术著作出版专项资金项目 "十四五"国家重点出版物出版规划项目

ISBN 978-7-307-23168-9

Ⅰ.国… Ⅱ.曾… Ⅲ.国际法—研究 Ⅳ.D99

中国版本图书馆 CIP 数据核字(2022)第 126811 号

责任编辑:张 欣 责任校对:汪欣怡 版式设计:马 佳

出版发行:**武汉大学出版社** (430072 武昌 珞珈山)

(电子邮箱:cbs22@whu.edu.cn 网址:www.wdp.com.cn)

印刷:武汉精一佳印刷有限公司

开本:720×1000 1/16 印张:18 字数:257 千字 插页:2

版次:2022 年 9 月第 1 版 2022 年 9 月第 1 次印刷

ISBN 978-7-307-23168-9 定价:88.00 元

"'一带一路'倡议与中国国家权益问题研究丛书"总序

　　"一带一路"倡议自 2013 年提出以来，迄今已取得了举世瞩目的成就，并产生了广泛的国际影响。截至 2022 年 2 月中国已累计同 148 个国家、32 个国际组织签署了 200 多份政府间共建"一带一路"合作文件。可以说，"一带一路"倡议顺应了进入 21 世纪以来国际合作发展的新趋势，昭示了新一轮的国际政治新秩序的变革进程，并且是增强中国国际话语权的有益尝试；共建"一带一路"正在成为中国参与全球开放合作、改善全球经济治理体系、促进全球共同发展繁荣、推动构建人类命运共同体的中国方案。况且，作为现代国际法上一种国际合作的新形态、全球治理的新平台和跨区域国际合作的新维度，"一带一路"倡议对现代国际法的发展产生了多方面的影响。

　　同时，中国已成为世界第二大经济体、第一大制造国、第一大外汇储备国、第一大债权国、第一大货物贸易国、第一大石油进口国、第一大造船大国、全球最大的投资者，经济对外依存度长期保持在 60% 左右；中国有 3 万多家企业遍布世界各地，几百万中国公民工作学习生活在全球各个角落，2019 年中国公民出境旅游人数高达 1.55 亿人次，且呈逐年上升趋势。可见，中国国家权益涉及的范围越来越广，特别是海外利益已成为中国国家利益的重要组成部分。因此，在这一背景下出版"'一带一路'倡议与中国国家权益问题研究丛书"，具有重要意义。

　　首先，它将为落实"十四五"规划和实现 2035 年远景目标提供理论支撑。习近平总书记在 2020 年 11 月中央全面依法治国工作会议上强调，"要坚持统筹推进国内法治和涉外法治"。《中华人民

1

共和国国民经济和社会发展第十四个五年规划和 2035 年远景目标纲要》提出要"加强涉外法治体系建设，加强涉外法律人才培养"。中国 2035 年的远景目标包括"基本实现国家治理体系和治理能力现代化""基本建成法治国家、法治政府、法治社会"。涉外法治体系是实现国家治理体系和治理能力现代化，基本建成法治国家、法治政府、法治社会的重要方面。本丛书重点研究"全球海洋治理法律问题""海上共同开发争端解决机制的国际法问题"以及"直线基线适用的法律问题"等，将有助于统筹运用国际法完善中国涉外立法体系，从而与国内法治形成一个相辅相成且运行良好的系统，以助力实现"十四五"规划和 2035 年远景目标。

其次，它将为推动共建"一带一路"高质量发展提供国际法方面的智力支持。十九届五中全会明确提出继续扩大开放，坚持多边主义和共商共建共享原则，推动全球治理变革，推动构建人类命运共同体。本丛书涉及"'一带一路'倡议与中国国际法治话语权问题""'一带一路'倡议在南太平洋地区推进的法律问题""'一带一路'背景下油气管道过境法律问题"等。深入研究这些问题，既是对中国国际法学界重大关切的回应，又将为推动共建"一带一路"高质量发展提供国际法方面的智力支持。

再次，它将为中国国家权益的维护提供国际法律保障。如何有效维护中国的国家主权、安全与发展利益，切实保障国家权益，共同应对全球性风险和挑战，这是"十四五"规划的重要任务之一。习近平总书记特别指出"要强化法治思维，运用法治方式，有效应对挑战、防范风险，综合利用立法、执法、司法等手段开展斗争，坚决维护国家主权、尊严和核心利益"。有鉴于此，本丛书涵盖了"中国国家身份变动与利益保护的协调性问题""国际法中有效控制规则研究"等内容，能为积极运用国际法有效回应外部挑战、维护中国国家权益找到答案。

最后，它还有助于进一步完善中国特色的对外关系法律体系。对外关系法是中国特色社会主义法律体系的重要组成部分，也是处理各类涉外争议的法律依据。涉外法治是全面依法治国的重要内容，是维护中国国家权益的"巧实力"。然而，新中国成立以来，中国对外关系法律体系不断发展，但依然存在不足。随着"一带一路"倡议的深入推进，中国对外关系法律体系有待进一步完善。而本丛书探讨的"'一带一路'倡议与中国国际法治话语权问题""全球海洋治理法律问题""'一带一路'背景下油气管道过境法律问题""海上共同开发争端解决机制的国际法问题"等，既有利于中国对外关系法律体系的完善，也将为中国积极参与全球治理体系变革、推动构建人类命运共同体提供国际法律保障。

总之，"'一带一路'倡议与中国国家权益问题研究丛书"的出版，既有助于深化国际法相关理论问题的研究，也有利于进一步提升中国在国际法律秩序发展和完善过程中的话语权、有益于更好地维护和保障中国的国家权益。

作为享誉海内外的出版社，武汉大学出版社一直对学术著作鼎力支持；张欣老师是一位充满学术情怀的责任编辑。这些得天独厚的优势，保证了本丛书的顺利出版。趁此机会，本丛书的所有作者向出版社的领导和张欣老师表示衷心的感谢！另外，"'一带一路'倡议与中国国家权益问题研究丛书"，议题新颖、涉及面广，且大部分作者为学术新秀，因此，该丛书难免会存在不足和错漏，敬请读者斧正。

杨泽伟 [1]

2022 年 2 月 19 日

武汉大学国际法研究所

---

① 教育部国家重大人才计划特聘教授，武汉大学珞珈杰出学者、二级教授、法学博士、武汉大学国际法研究所博士生导师，国家高端智库武汉大学国际法治研究院团队首席专家，国家社科基金重大招标项目、国家社科基金重大研究专项和教育部哲学社会科学研究重大课题攻关项目首席专家。

目　　录

引　言

一、边界概述

（一）国家边界的演变与形成

在现代社会中，只要一提起边界，稍有世界地理知识的人就会联想起：世界地图上把不同的国家分隔开来的各种错综复杂的线条。但国家边界不是自古就有的，国家边界是伴随着民族国家的产生而逐渐形成的，包括中国在内的国家在古代只有"边陲"而无"边界"。"无论古罗马还是中国，虽然在历史上依靠自然环境因素，如高山、大河、沙漠等，或人为建造的军事隔离设施，如中国的长城，来阻隔其他国家的侵犯；但这些都不具有国家边界的性质。"① 因为古代国家没有主权与领土的概念，上述军事建筑物只是国家"内层"防御体系向外延伸的产物，而不是现代意义上的国家边界。② 为了准确地界定边界的概念，我们有必要简要地探讨一下边界的形成与演变历史。

1. 氏族时期的边界。边界这个概念最早可以追溯到氏族部落时期。在当时，游牧部落不断地迁徙以寻找生活资料。然而，资源总是有限的，这就引起部落之间经常因为争夺自然资源而爆发流血冲突。为了避免部落之间因为经常性的冲突而同归于尽，一

---

① 郑汕主编：《中国边疆学概论》，云南人民出版社 2012 年版，第 160 页。

② 参见［英］安东尼·吉登斯：《民族—国家与暴力》，胡宗泽等译，三联书店 1998 年版，第 61~62 页。

些势均力敌的部落就开始谈判，划定彼此之间的活动范围。由于受到科学技术的限制，部落不可能把它们之间的活动范围精确到线，而只是一个大概的地带或区域。这样，划分部落活动范围的地带就成为了现代边界的萌芽形式。国际法学者卡克乌拉赫（Cukwurah）就认为："这种地带划定了部落的活动界限，在这个界限以内的区域，部落在任何时候都可以获得它们必要的生活资源。"①

随着一些游牧部落学会了农耕技术，开始在固定的土地上生活繁衍，部落对土地等自然资源的依赖性不断增强，部落之间的生存竞争也日趋激烈。为了明确部落的活动区域并避免战争，各个毗邻的部落开始通过和平的或武力的方式来确定它们各自控制的土地范围。这些界线是以地带（zonal）的形式出现的。由于当时的科学技术不发达，为了便于辨认、不易被破坏，那时的边界通常是一些天然的屏障。② 但是，据一些人类学家的考证，也有一些部落之间的边界线是线型（linear）的，例如，一个叫保罗（Boro）的西亚马逊部落，就开始通过在森林中设置栅栏或其他的边界标志，以及利用溪流来划界。③ 加利福尼亚的迈度（Maidu）部落和锡兰的维达（Vedda）部落则派哨兵在部落的边界线巡逻。④

2. 古罗马与古希腊时期的边界。在古罗马和古希腊时期，也没有形成现代意义上的边界概念。由于伯罗奔尼撒人和爱奥尼亚人经常为边界问题发生争吵，最后他们达成协议，在约定的地区竖立了一个类似现代界桩的圆柱体。该界桩朝着伯罗奔尼撒半岛的一面铭文是：这里是伯罗奔尼撒半岛，而不是爱奥尼亚。而朝着迈加拉

---

① A. O. Cukwurah, The Settlement of Boundary Disputes in International Law, Manchester University Press, 1967, p. 13.

② 参见 A. O. Cukwurah, The Settlement of Boundary Disputes in International Law, Manchester University Press, 1967, p. 14。

③ 参见 Cyril Daryll Forde, Habitat Economy and Society, A Geographical Introduction to Ethnology, 6th ed. , Methuen & Co. Ltd, 1934, p. 145。

④ 参见 Robert H. Lowie, Social Organization, Rinehart V. Co. , 1948, p. 139。

的一面铭文则是：这里不是伯罗奔尼撒半岛，而是爱奥尼亚。① 另外，在伯罗奔尼撒战争中，为了抵御斯巴达人入侵阿提卡并劫掠其乡村，雅典人在阿提卡与波提亚的边界修筑了一个永久性的堡垒作防御之用。② 这些建筑虽然只是古希腊城邦国家之间的边界标志，却是欧洲历史上对国际边界的最早记载。

　　在古罗马，同样也使用这种界桩来标明古罗马帝国各省份之间或一些更小的行政单位之间的行政边界。当时主要依据土地所有权的归属来划界，这来自古罗马法中划分私人的土地所有权的标准。③ 然而，古罗马帝国并没有国际边界的概念，而且罗马人认为没有必要与弱国划界，他们更相信以其武力来扩张帝国的领土。西塞罗就曾经指出："古训敦促我们增加资源、扩大财富，拓展边界……将军的职责是扩大边界，律师的职责就是界定这些疆界。"④古罗马帝国向外侵略难以逾越的地区往往就成了它的边界。例如，公元前 1 世纪，古罗马帝国向东侵入西亚地区。由于帕提亚王国的抵抗，古罗马帝国东侵的步伐长期被阻止在幼发拉底河一线，这里就成了古罗马地区东部的边界。后来到图拉真统治时期，古罗马帝国的统治范围越过了幼发拉底河，到达了另外一端，古罗马帝国的东部边界也随之东移。⑤ 而哈德良则放弃了大规模的扩张，更着眼于防守。为了抵御一些强大的外族入侵，古罗马人设计了一些牢固的边境管理和防御体系。例如，出于国家安全的考虑，古罗马帝国把一些天险如难以逾越的河流、山脉作为帝国与一些强大的外国之

① 参见 ［古希腊］斯特拉博：《地理学》（上册），李铁匠译，生活・读书・新知三联书店 2014 年版，第 580 页。

② 参见 ［美］理查德・内德・勒博：《国际关系的文化理论》，陈锴译，上海社会科学院出版社 2015 年版，第 150 页。

③ 参见 Surya P. Sharma, International Boundary Disputes and International Law: A Policy-Oriented Study, N. M. Tripathi, 1976, p. 10。

④ 转引自 ［英］斯图尔特・埃尔登：《领土论》，冬初阳译，时代文艺出版社 2017 年版，第 70 页。

⑤ 参见 ［英］威尔斯：《世界简史》（上册），唐婉译，吉林文史出版社 2015 年版，第 119 页。

间的边界；在一些没有天然屏障的地区，罗马人则通过挖壕沟、修筑栅栏和防御墙作为抵抗外族入侵的要塞，如古罗马帝国在黑海沿岸和多瑙河流域修筑的"日耳曼防线"，在大不列颠岛上修筑的哈德良长城和与安东尼长城。① 然而，这些天然屏障以及作为防御工事的壕沟和土墙仍然不是现代意义上的边界，它们只是古罗马帝国单方面划定的其行政管辖范围的外部界线。那些难以逾越的天险只是古罗马与外族之间的一个缓冲地带，是古罗马帝国国防体系中的一道军事防御线。

3. 中世纪欧洲的边界。公元 843 年，加洛林帝国（Carolingian Empire）被罗退耳、路易和查理通过《凡尔登条约》（Verdun Treaty）一分为三。《凡尔登条约》为近代法兰西、德意志和意大利的形成奠定了疆域基础。虽然划分加洛林帝国的《凡尔登条约》未被完整地保存下来，但可以肯定的是，《凡尔登条约》是利用地带而非精确的线来划分这三个新国家的边界的。② 并且，在这三个新独立的国家之间形成了一个边境地区（border），霍亨索伦王族（Hohenzollern）最终在这个地域创建了普鲁士王国（Prussia）。普鲁士还在其边境地区设置了边境贵族或边境总督（Margrave），以保卫国家边境地区不受外敌入侵。③ 在当时，除了在不列颠岛是用特威德河（Tweed River）作为英格兰与苏格兰的边界外，欧洲大陆各王国则以地方政府、城市、市镇等行政单位的管辖范围，或世袭分封的领地范围为标准划界。④

---

① 参见 Edward Gibbon 原著、郭飞等选注：《罗马帝国衰亡史》，上海外语教育出版社 2007 年版，第 43 页。

② 参见朱寰主编：《世界中古史》，吉林人民出版社 1981 年版，第 35 页。

③ 参见 Norman JG Pounds, The Origin of the Idea of Nature Frontiers in France, Annals of the Association of American Geographers, Vol. 41, No. 2, 1951, p. 151。

④ 参见 Surya P. Sharma, International Boundary Disputes and International Law: A Policy-Oriented Study, N. M. Tripathi, 1976, p. 13。

由于中世纪欧洲还没有出现民族国家，因而也没有形成国家边界的概念。但是，各个诸侯之间还是依据他们各自行使管辖权所及的范围来大致划分彼此的领地范围。

4. 威斯特伐利亚和会之后的欧洲的边界。通过研究边界的发展史，我们可以发现早期的"边界"有以下几个特征：第一，早期的边界只是一个政治地理概念，还未形成划分主权国家领土范围的法律概念；第二，早期的边界只是相关的政治实体单方面划界的结果；第三，早期的边界通常是一个具有一定长度与宽度的地带或区域，顶多相当于现代的边境（border）；第四，早期的边界与国家的领土无关，它只是划分不同政治实体管辖权范围的界限；第五，早期的边界具有一定的稳定性，当具有确定的边界的政治实体的法律地位发生变化时，其边界不变。

1648 年威斯特伐利亚和会（Peace of Westphalia）之后，现代意义上的民族国家开始在神圣罗马帝国的废墟上建立起来。1648年《威斯特伐利亚和约》不但同意瑞士和荷兰从神圣罗马帝国独立出来成为主权国家，还认可疆域扩大了的神圣罗马帝国中的选侯、邦君和各邦享有"领土权和统治权"。[①] 而领土是国家存在与发展的物质基础，没有哪一个国家没有领土，也没有哪一个国家的领土没有边界。因此，近现代意义上的边界开始出现了。

而且，西欧国家的人口逐渐增加、国家竞争日趋激烈，国家对生存和发展所必需的自然资源的需求不断扩大，因此国家不断地开发其领土的外部边缘地带。另外，随着科学技术的发展，即使任何一块不毛之地，都可能因为它所蕴含的矿藏资源、重要战略地位或其他潜在的利益，而引起国家的高度重视。这些事实都促使国家希望更精确地划定本国与邻国的领土范围。[②] 1659 年法国和西班牙率先在《比利牛斯条约》（Treaty of Pyrenees）中，用一系列"界

---

① 参见杨泽伟：《国际法史论》，高等教育出版社 2011 年版，第 55 页。

② 参见 A. O. Cukwurah, The Settlement of Boundary Disputes in International Law, Manchester University Press, 1967, p. 15。

石和边界线"来划定两国的边界。① 这是一件被视为开创"最早的现代意义上的正式边界"的大事件。② 然而，"精确地描述边界是较高文明的一个特征"③，只有地理学、测绘学以及地图学发展到一定高度，能够提供必要的数据与信息，才能形成现代意义上的通过划界、标界而制定的边界线。后来，通过文艺复兴，相关的科学技术在欧洲得到了迅猛发展，从而为现代意义上的边界的出现奠定了技术基础。④ 法国资产阶级大革命之后，国家主权的概念真正得到确立，又为现代意义上的边界的出现提供了政治法律基础。这样，有关边界的理论在欧洲国家流行起来了。这时期最盛行的边界理论当属"自然边界论"。"自然边界论"是当时的理性时代（Age of Reason）和民族主义的产物。⑤ 出于国家安全与战略意义考虑，一些欧洲国家开始寻求划定防御或战略边界。这导致当时的欧洲国家都倾向于把本国边界扩张至某个特定的山脉、河流、湖泊，或是能分隔居民点和民族的天然屏障。例如，北意大利战争结束后，法国根据与撒丁王国达成的协议要求占有萨瓦与尼斯，并提出"阿尔卑斯山是法国的自然疆界，法国有权占有这些山脉"，企图抛出所谓"自然边界论"为它所提出的领土要求找根据，为它的侵略

---

　　① 《比利牛斯条约》规定："比利牛斯山作为古代划分高卢与西班牙的边界，将因此作为划分西班牙与法国两个王国的边界。……为了就上述的划界达成一致，两国应组成一个边界委员会，秉着善意，共同确定哪一段比利牛斯山分开了法国与西班牙，并勘定边界线的具体走向。"参见 Jesse S. Reeves, International Boundaries, American Journal of International Law, Vol. 38, No. 4, 1944, p. 537。

　　② 参见 Friedrich V. Kratochwil, of Systems, Boundaries and Territoriality: an Inquiry into the Formation of the State System, World Politics, 1986, Vol. 33, No. 1, p. 33。

　　③ 参见 Friedtich Ratzel, Politische Geographie, Oldenbourg, 1897, p. 267。

　　④ 参见［美］诺曼·思罗尔：《地图的文明史》，陈丹阳等译，商务印书馆 2016 年版，第 77~80 页。

　　⑤ 参见 Stephen B. Jones, Boundary Concepts in the Setting of Place and Time, Annals of the Association of American Geographers, Vol. 49, No. 3, 1959, p. 248。

政策辩护。① "自然边界说"的划界标准并不简单地指地理因素，它还包括社会、经济、语言或文化等因素。例如，在 1919 年巴黎和会中，领土、人种、语言、文化、经济等因素都被考虑作为划分奥地利与奥斯曼帝国（Ottoman）边界的标准。② 另外，西欧国家受法国大革命的影响，开始强调边界的精确性，固定而明确的边界线开始逐渐取代边境，制定精确而非模糊的边界也成为了当时的指导原则。③

在民族国家出现之后，随着领土主权概念的逐步形成，以及科学技术的日益发达，划分国家领土范围的边界正式形成了。并且，西欧国家在边界问题的理论与实践为现代陆地边界制度的形成奠定了基础。譬如，西欧国家主要采用人为边界与自然边界划界。其中，人为边界线是以人为的标志标明的界线，它由界石、栅栏、墙垣、壕沟、道路、运河、水上浮标等构成；自然边界线则是依自然的地形构成的界线，它可由河流或湖泊、岩石或山脉、沙漠、森林等构成。人为边界和自然边界并无严格的区别，因为有些自然边界可以人为造成，例如为了标志边界可以栽植森林或造沙漠，像古罗马人就常有此实例。④ 作为自然边界线，山脉和河流、湖泊是最普遍地被采用的，用来分界的山脉被称为界山，用来分界的河流和湖泊则被称为界河、界湖。两国领土依山为界，界线可以是定在山脊，也可以是定在分水岭，也可以是定在山麓，这在国际法上并无定规，全由划界主体决定。"因而在定界时应该指明，边界线是沿

---

① 参见恩格斯：《萨瓦、尼斯与莱茵》，载中共中央马克思恩格斯列宁斯大林著作编译局编译：《马克思恩格斯全集（第 19 卷）》，人民出版社 2006 年版，第 475~446 页。

② 参见 Surya P. Sharma, International Boundary Disputes and International Law: A Policy-Oriented Study, N. M. Tripathi, 1976, p. 14。

③ 参见 A. O. Cukwurah, The Settlement of Boundary Disputes in International Law, Manchester University Press, 1967, p. 15。

④ 参见 [英] 劳特派特修订：《奥本海国际法》（第一卷，第二分册），王铁崖等译，商务印书馆 1981 年版，第 66~67 页。

最高峰的线、山脊的线、大陆分水岭线、或是当地分水岭线。"①
那种认为不需要进一步的限定而仅以天然屏障划界的自然边界论，
在国际法上是一种错误的观念。

5. 殖民扩张时期亚、非、拉等地的边界。在西方殖民列强入
侵以前，亚、非、拉大陆的国家和地区对"边界"这一概念是模
糊不清的。在非洲和美洲，甚至都不存在边界这个概念。随着西欧
殖民主义国家向亚非拉国家掠夺殖民地，边界的概念才流传到这些
地区和国家。

在西方所谓的大发现时期（the Era of Discovery），自从航海探
险家亨利（Henry）开始，人们可以在罗马教皇的授权下，仅通过
发现的事实，而不是征服来获取不属于任何基督教诸侯的土地。为
了缓和当时两个殖民主义大国葡萄牙和西班牙因争夺殖民地而产生
的矛盾，罗马教皇亚历山大六世（Alexander Ⅵ）于 1493 年颁发谕
旨，以一条从"北极到南极，距离亚速尔群岛（Azores）与佛德角
岛（Cape Verde Islands）西部和南部 100 里格（league）的线"来
划分葡萄牙和西班牙各自的势力范围，即所谓的"教皇子午
线"。② 西班牙与葡萄牙在 1494 年签署了《托尔德西拉斯条约》，
以法律形式确认了教皇的划界教谕，只不过它们协议把边界线向西
移了 270 里格。条约还规定由双方代表组成一个边界委员会，并要
求该委员会在缔约后十个月内在亚速尔群岛以西 370 里格的范围内
找到若干个地理标志，以确保边界线是一条距离亚速尔群岛以西
370 里格的直线。这个边界委员会随后在当时的世界地图上分别画
了从北极到南极的北线和南线。1529 年两国又签订了《萨拉戈萨
条约》，以摩鹿加群岛以东 17° 为线来划分两国的势力范围。这样
一来，北回归线以南的大半个世界就被这两个条约划分为两大片。
从巴西向东经由南大西洋、非洲东西海岸线、印度洋、南中国海直

---

① 参见［英］詹宁斯、瓦茨修订：《奥本海国际法》（第一卷，第二分
册），王铁崖等译，中国大百科全书出版社 1998 年版，第 63 页。

② 参见靳文翰等主编：《世界历史词典》，上海辞书出版社 1985 年版，
第 587 页。

至菲律宾群岛、婆罗洲和爪哇的广大海域都属于葡萄牙的势力范围，而摩鹿加群岛以东直至中美洲和除巴西之外的整个南美洲则成为西班牙的势力范围。① 尽管直到 20 世纪为止，人类都没有到达过地球的两极，然而在 1514 年时，在地图上却出现了一条将地球一分为二的人为边界线（artificial boundary）。这条人为边界线是后世几何学边界线的萌芽。所谓几何学边界线就是以一定的几何学方法划定的边界线，即沿国界上一个固定的点到另一个固定点所画的直线。这种边界线一般适用于海上或地形复杂、不易实地勘察的地区。例如 1881 年《中俄改订条约》第 8 条规定："至分界方法，应自奎侗山过黑伊尔特什河至萨乌尔岭划一直线，由分界大臣就此直线与旧界之间酌定新界。"② 此类边界线现已不大采用。

到了 17 世纪初期，法国、英国又开始利用经纬度划分它们在北美洲的殖民地范围，这是用天文学边界线划界的开端。所谓天文学边界线就是以天文学上的经纬线作为国家间的边界线。这种边界线一般适用于海上或人口稀少的地区，而且需要划分的边界线较长的情况。北美洲最古老的一条边界线就是从圣劳伦斯（St. Lawrence）至香普赖湖（Lake Champlain）的北纬 45°线。1846 年英国和美国还协议把北纬 49°的边界线延长至太平洋，这最终成为了美国和加拿大两国的边界线。天文学边界线在此后还被适用到大洋洲。③

从 19 世纪 80 年代开始，入侵非洲的西方殖民帝国之间缔结了一系列双边或多边协定，规定利用天文学上的经纬度线以及几何学中的点到点的直线，作为划分它们在非洲的殖民地的边界线。结果，整个非洲大陆被西方列强依据实力强行分割，奠定 50 多个非洲国家和地区领土范围的雏形，其边界总长约 46400 公里，其中

---

① 参见赵林：《西方文化概论》，高等教育出版社 2004 年版，第 208 页。

② 周鲠生：《国际法》（下册），武汉大学出版社 2007 年版，第 421 页。

③ 参见 Surya P. Sharma, International Boundary Disputes and International Law：A Policy-Oriented Study, N. M. Tripathi, 1976, pp. 15-16.

44%的边界是按经纬度划的，其余大部分的边界则是用几何直线划的。①

由于亚洲是人类文明发源地之一，在这片大陆上很早就出现了若干个封建国家，因此，在西方殖民者到来之前，毗邻的亚洲国家之间基本上都形成了习惯边界线或传统边界线。而西方殖民者在亚洲殖民侵略的过程中却破坏了这些传统边界线，他们在一些地区，为了行政管理方便，随意改变亚洲国家之间的传统边界线。例如，法国在印度支那地区就为了行政管理的方便，重新划分了越南、老挝、柬埔寨的边界，把大片柬埔寨的领土划分到了越南。此外，西方殖民者为了维护或扩大其殖民利益，还往往炮制一些非法的边界线，如英国殖民者在地图上非法绘制的"麦克马洪线""约翰逊线"等。

通过比较可以发现，在亚非拉殖民地盛行的边界线与在欧洲盛行的边界线不同，西方殖民者从不关心简单地利用天文学上的经纬度线或是几何线来为殖民地国家划界是否可行，也不顾及边界线是否会被殖民地国家的人民接受。② 他们只在意怎样才可以在地图上精确、清楚地划分他们殖民地的范围，这为这些毗邻的殖民地在独立之后爆发边界争端埋下了隐患。

6. "二战"以后的边界。由于边界是现代国家领土范围的外部界限，而在第二次世界大战结束之前，传统国际法并不禁止使用武力，国家可以使用武力通过征服与割让等方式来掠夺他国的领土。因此，当时国家的边界都是不稳定的，一个大国的领土可谓是有界无边，而一个弱国的领土则任人瓜分。例如，在 1938 年慕尼黑会议中，英法德意四国首脑决定把捷克斯洛伐克沿德奥边境的日耳曼人居住区割让给德国，而捷克斯洛伐克政府首脑也只能被迫接受。所以，在相当长一段时间内，边界成为了一个国家抵御外国人

---

① 参见［埃及］布罗斯·加利：《非洲边界争端》，仓友衡译，商务印书馆 1979 年版，第 1~5 页。

② Jesse S. Reeves, International Boundaries, American Journal of International Law, Vol. 38, No. 4, 1944, pp. 541-542.

侵的军事防御线，而非联系邻国之间交往的纽带。① 在国际社会确立"禁止非法使用武力和武力威胁"和"国家主权平等"的国际法基本原则之后，边界的稳定性才有了法律制度的保障，国际法学家才开始真正关注边界的定义。

在国际法经典著作中，学者们对边界的定义却不尽相同。《奥本海国际法》认为："国家领土的边界是地面上想象的界线，分隔着一个国家和另一个国家的领土，或一个国家的领土和未被占取地土地，或一个国家的领土和公海。"② 然而《斯塔克国际法》认为，这样说或许过于虚幻，"边界不只是一条普通的线，而是一条边境的界线。边境可以设有栅栏，也可以不设。测量人最感兴趣的可能是线。对战略家来说，有无栅栏是重要的。而对于行政首长，边界可能意味着其权力的界限"。③ 博格斯（Boggs）则认为："所谓国际边界是指包括所有两个或多个国家之间的边界线，无论它们是穿越陆地、河流、湖泊，还是海湾，贯穿一国的领水直至公海。"④ 我国学者王铁崖主编的《国际法》在论及国家边界的概念时写道，"国家边界的作用在于确定各国之间的领土范围。它是一条划分一国领土与他国领土或与国家管辖范围之外区域的界线"。⑤ 不过，这些定义都有两个共同点：其一，从边界的功能来界定边界的概念，认为边界是划分毗邻国家之间领土范围的界限以及向其他国家宣示本国领土主权行使范围的标志；其二，从边界的表现形式而言，都把边界说成是"线"（line）。

笔者认为，所谓边界就是指确定国家领土范围和行使领土管辖

---

①　Samuel Whittemor Boggs, International Boundaries: A Study of Boundary Functions and Problems, Columbia University Press, 1940, pp. 11-12.

②　［英］詹宁斯，瓦茨修订：《奥本海国际法》（第一卷，第二分册），王铁崖等译，中国大百科全书出版社 1998 年版，第 96 页。

③　I. A. Shearer, Starke's International Law, 11th Edition, Butterworths, 1994, p. 172.

④　Samuel Whittemor Boggs, International Boundaries. A Study of Boundary Functions and Problems, Columbia University Press, 1940, p. 22.

⑤　王铁崖主编：《国际法》，法律出版社 1995 年版，第 243 页。

权的界限（limit）。由于国家领土是由领陆、领水、领空以及底土等四部分组成的立体结构，根据边界分隔对象不同，边界相应地可以分为陆地边界、海洋边界、空中边界和底土边界。陆地边界是指沿国家陆地领土划定的边界，它是国家边界的基础，其他三种边界都是围绕陆地边界划定的。海洋边界最初指国家领海的外部界线。随着现代海洋法的发展，海洋边界的概念扩展为国家管辖海域之间、国家管辖海域同国际管辖海域之间的界线。国家管辖海域包括内水、群岛水域、领海、毗连区、专属经济区和大陆架，国际管辖海域包括公海和国际海底区域。① 空中边界和底土边界则是由陆地边界和海洋边界上下垂直于地球表面延伸而成。② 1944 年《国际民用航空公约》第 1 条以及 1982 年《联合国海洋法公约》第 2 条第 2 款都规定，国家对其领土、领海之上的空气空间享有完全的和排他的主权。只不过，现行国际法对于空气空间与外层空间的划界没有明确规定，国际社会只是普遍认为，空气空间主要是指海平面以上 100 公里以下的部分。③ 对于底土边界的外部界限，现代国际法也未加以规定，通说认为国家的底土边界可以向下延伸至地

① 例如，1982 年《联合国海洋法公约》规定，"沿海国的主权及于其陆地领土及其内水以外邻接的一带海域，在群岛国的情形下则及于群岛水域以外邻接的一带海域，称为领海"（第 2 条第 1 款）；"每一国家有权确定其领海的宽度，直至从按照本公约确定的基线量起不超过十二海里的界限为止"（第 3 条）；"毗连区从测算领海宽度的基线量起，不得超过二十四海里"（第 33 条第 2 款）；"专属经济区从测算领海宽度的基线量起，不应超过二百海里"（第 57 条）；"沿海国的大陆架包括其领海以外依其陆地领土的全部自然延伸，扩展到大陆边外缘的海底区域的海床和底土，如果从测算领海宽度的基线量起到大陆边的外缘的距离不到二百海里，则扩展到二百海里的距离"（第 76 条第 1 款）。

② 参见《世界外交大辞典》编委会常务组编：《世界外交大辞典》（A-L）（上），世界知识出版社 2005 年版，第 284 页。

③ 参见李寿平、赵云：《外层空间法专论》，光明日报出版社 2009 年版，第 22 页。

心。① 此外，笔者还认为，只有垂直于地表的"面"才能将一国领土与非该国领土的地球的其他部分分隔开来，形成不同的政治单元，所以，"边界线"只不过是边界在地图上的虚拟形式而已，严格而言，边界的表现形式应该是"面"。然而，"边界线的确是国家领土边界上最重要的一条线，确定国家领土边界首要的就是确定这条线。边界线确定之后，国家领土的边界即可以这条线为基准得到确定"。② 因此，在国际法上，边界一般指的是边界线。本书也采用这种观点。

（二）与边界相关的几个概念

1. 边界与边境。在很多英文国际法著作中，"边界"与"边境"（frontier）两个术语经常被交替使用，但是，在现代国际社会中它们之间有着明显的差异。首先，两者的表现形式不同。边界是一条分界的虚拟的线（line），而边境则是一个"紧接界线两边的"③、有着一定宽度与长度的"地带"（region）或"区域"（zone）。④

其次，两者的涵义不同。"边界"是一个现代的概念，它是随着民族主义的出现和民族国家的兴起而产生于欧洲的一种新的政治机制，它是指划分一国领土范围的界线。⑤ "边境"在古代和近代起着"分疆划界"的作用。⑥ 但在现代国际社会，边境则有着不

①　参见余先予主编：《国际法律大辞典》，湖南出版社 1995 年版，第53 页。

②　周忠海等：《国际法学评述》，法律出版社 2001 年版，第 183 页。

③　周鲠生：《国际法》（下册），武汉大学出版社 2007 年版，第 419 页。

④　Samuel Whittemor Boggs, International Boundaries：A Study of Boundary Functions and Problems, Columbia University Press, 1940, p. 22.

⑤　这里的定义和论据来自艾恩斯利·T. 埃姆布雷的论文《边疆转化为边界：现代国家的演进》（Frontiers into Boundaries：The Evolution of the Modern State）。转引自内维尔·马克斯韦尔：《中印边界争端反思》（上），郑经言译，载《南亚研究》2000 年第 1 期。

⑥　Jesse S. Reeves, International Boundaries, American Journal of International Law, Vol. 38, No. 4, 1944, p. 533.

同的含义，在毗邻国家划定边界的情况下，它是指位于边界线两侧的一定区域；如果毗邻国家还未正式划界，它则是大致分隔两国领土的一定地带。

再次，两者的功能不同，边界可以明确划分一个国家的领土范围，而边境本身就是一个模糊与不确定的历史、地理或社会概念，它不具有明确划分一国领土范围的功能，只是大体上表明了一个国家领土的"外部"范围。这正如政治学家克里斯托夫（Kristof）所说的："边界被国际法和国内法明确定义和调整，并且它的地位与特征更加明确，能被准确地界定。但是，边境只是一个历史上的概念；它像历史一样可能会不断重复，但又是独一无二的。我们很难明确指出边境的一般性的主要特征。"① 由于边界的涵义具有确定性，因此，本书通篇都使用"边界"的术语。

2. 边界与边疆。对于"边界"与"边疆"（border），英国的麦克马洪（McMahon）曾经指出过引人注目的区别。他认为："边疆是边境的一片广阔地方，也许由于它的地势崎岖或其他的困难，因而成为两个国家之间的缓冲地带。例如，埃及与利比亚之间的沙漠就是它们的边疆。而边界是一条明确的线，要么是用文字来叙述（delimitation）来表达，要么是在地面上树立一系列的实物标记来标明（demarcation）。换言之，边疆是一个近似值，多少是这样一个问题，其答案可能是'大体上如此这般的一个地区'；而边界则是一项对国家主权界限的肯定而确切的声明。"②

（三）边界的种类

依据不同的标准可以将边界划分成不同的种类。

第一，根据构成国家领土的组成部分不同，边界可以相应地分为划分领陆的陆地边界、划分领水的水域边界、划分领空的空

---

① Ladis D. Kristof, The Nature of Frontiers and Boundaries, Annals of the Association of American Geographers, Vol. 49, No. 3, 1959, pp. 269-271.

② Henry A. McMahon, International Boundaries, Journal of Royal Society of Arts, Vol. 84, No. 15, 1935-1936, p. 3.

中边界以及划分底土的地下边界。本书所研究的边界特指陆地边界。

第二，依据边界线的表现形式不同，边界线又可分为有形边界线与无形边界线。其中，无形边界线又分为几何学边界线、天文学边界线两种，有形边界线分为人为边界线和自然边界线。

几何学边界线就是以一定的几何学方法划定的边界线，即沿国界上一个固定的点到另一个固定点所画的直线。这种边界线一般适用于海上或地形复杂、不易实地勘察的地区。例如 1881 年《中俄改订条约》第 8 条规定："至分界方法，应自奎侗山过黑伊尔特什河至萨乌尔岭划一直线，由分界大臣就此直线与旧界之间酌定新界。"① 此类边界线现已不大采用。天文学边界线就是以天文学上的经纬线作为国家间的边界线。这种边界线一般适用于海上或人口稀少的地区，而且需要划分的边界线较长。例如，美国和加拿大从温哥华到伍兹湖西岸之间就是以北纬 49 度作为两国的边界线。

人为边界线是以人为的标志标明的界线，它由界石、栅栏、墙垣、壕沟、道路、运河、水上浮标等构成；自然边界线则是依自然的地形构成的界线，它可由河流或湖泊、岩石或山脉、沙漠、森林等构成。人为边界和自然边界并无严格的区别，因为有些自然边界可以人为造成，例如为了标志边界可以栽植森林或造沙漠，像古罗马人就常有此实例。② 作为自然边界线，山脉和河流、湖泊是最普遍地被采用的，用来分界的山脉被称为界山，用来分界的河流和湖泊则被称为界河、界湖。两国领土依山为界，界线可以是定在山脊，也可以是定在分水岭，也可以是定在山麓，这在国际法上并无定规，全由划界主体决定。"因而在定界时应该指明，边界线是沿最高峰的线、山脊的线、大陆分水岭线、或是当地分水岭线。那种认为不需要进一步的限定而山脉即可提供一条明确的边界基准线的

---

① 周鲠生：《国际法》（下册），武汉大学出版社 2007 年版，第 421 页。
② ［英］劳特派特修订：《奥本海国际法》（第一卷，第二分册），王铁崖等译，商务印书馆 1981 年版，第 66~67 页。

观念是错误的。"①

第三，依据边界的形成方式不同，边界可以划分为正式的边界与非正式的边界两种，其中，正式的边界指依据条约或国际司法判决所划定的边界，非正式的边界则包括根据国家在历史上行政管辖所及的范围而形成的传统习惯边界线。

（四）边界的法律性质

1. 边界是人为划定的产物。从上文所述的边界演变历程我们可以发现，国家之间的边界是一个人为的、政治法律的构建物。边界的形成与变化是由国家行使主权权力的行为决定的，而非单纯的地理产物，也不是所谓"历史进程"的产物。这种观点从 12 世纪早期开始就为地理学家所接受，并被法学家移植到了国际法领域。②

2. 边界划分了国家行使领土主权的范围。由于边界"明确地定义了在一国排他地控制与权威之下的领土范围"③，而领土"是国家主权的对象"④，它表明了一个国家的"不同国内法律秩序……的有效的领土范围"⑤，因此从本质上看，边界是在划分一国领土主权权力行使范围的界限。⑥ 这正如布朗利教授所说的："……边界可能接受为主权的法律界线，例如民事或刑事管辖权、

---

① ［英］詹宁斯，瓦茨修订：《奥本海国际法》（第一卷，第二分册），王铁崖等译，中国大百科全书出版社 1998 年版，第 63 页。

② 参见 Sammel Whittemor Boggs, International Boundaries: A Study of Boundary Functions and Problems, Columbia University Press, 1940, p. 25。

③ 参见 Myres S. McDougal & W. M. Reisman eds. , International Law in Contemporary Perspective: The Public Order of the World Community, Foundation Press, 1981, p. 678。

④ 参见周鲠生：《国际法》（上册），武汉大学出版社 2007 年版，第 320 页。

⑤ 参见 Hans Kelsen, Principles of International Law, 2nd Edition, Holt, Rinenart and Winston Inc. , 1966, p. 308。

⑥ 参见 ［韩］柳炳华：《国际法》（上卷），朴国哲等译，中国政法大学出版社 1995 年版，第 280 页。

国籍法以及禁止使用武力或未使用武力的非法侵入。"① 亚当密（Adami）也认为，边界的功能在于"划分国家可以在其中行使国家自身的主权权利的区域的范围"。② 这从国际法院的司法判决中也可以找到佐证，例如，海牙仲裁院 1910 年 9 月 7 日在北大西洋渔业争端案中说："主权的要素之一是：它应当在领土的边界内行使，并且在没有相反证明的情形下，领土的边界同主权的边界相同。"③

3. 边界不是国家的构成要素。国家间的边界在法律和政治上都具有十分重要的意义。边界是国家身份以及把国家的领土与其居民联系起来的纽带的核心部分，它还可以标明一个国家行使领土主权的范围。④ 而且，新国家一独立，就十分迫切地想要确定一条确定而长久的边界。⑤ 但是，这并不意味着拥有一条确定的边界是一个国家获得国际法主体资格的必要条件。这正如国际法院在 1969 年的"北海大陆架案"中所说的那样："国际法上并没有一项规则要求所有有关国家的陆地边界必须完全划定与确定，并且有很多地区在相当长的时间里边界并没有划定。"⑥ 另外，1949 年联合国安理会在讨论以色列加入联合国的问题时，美国的代表发表意见认为："没有人坚持认为一个国家的领土范围必须被确定的边界明确地固定下来。而且，在历史上，很多国家在没有确定它们的边界的

---

① 参见［英］伊恩·布朗利：《国际公法原理》，曾令良、余敏友等译，法律出版社 2003 年版，第 132 页。

② Colonello Vittorio Adami, National Frontiers in Relation to International Law, T. T. Behrens translation, Oxford University Press, 1927, p. 3.

③ 转引自［奥］阿·菲德罗斯等：《国际法》（上册），李浩培译，商务印书馆 1981 年版，第 325 页，注释①。

④ 参见 Steven R. Ratner, Land Feuds and Their Solutions: Finding International Law beyond the Tribunal Chamber, American Journal of International Law, Vol. 100, No. 4, 2006, p. 809。

⑤ 参见 Saadia Touval, The Boundary Politics of Independent Africa, Harvard University Press, 1972, pp. 24-25。

⑥ 参见 Hans Kelsen, Principles of International Law, 2nd Edition, Holt, Rinenart and Winston Inc., 1966, p. 308。

情况下就存在了……领土的概念并不必然包括精确划定国家领土的边界。"① 这一观点最后得到了安理会成员国的普遍同意。可见，国家的边界不是国家的构成要素。1933 年《蒙特维的亚公约》第 1 条也只规定，确定的领土是国家的构成要素。对于如何认定是否存在"确定的领土"，国际法不以领土的面积、连接性（contiguity），及其领土边界的确定性、稳定性为判断标准，而只考察国家是否已在领土上有效建立"政治实体"（political community）。② 这表明，边界不是评判国家是否具有确定领土的标准。③

4. 稳定性与确定性是边界的内在特征。从历史上看，不存在一条亘古不变的边界线。但是，相关国家通过外交或法律方式来划定它们之间的边界时，都是希望确立一条"稳定与最终确定"的边界，从而把它们的领土范围通过一定的法律形式确定下来。④ 所以，很多边界条约都把缔约方的意图表述为，希望最终划定一条具有稳定性与确定性的边界。⑤ 而且，即使缔约方未在边界条约中明确表达它们要建立一条稳定而确定的边界的意图，国际法院或仲裁庭都推定缔约方有此目的。例如，1925 年，国际常设法院在对1923 年《洛桑条约》中"旨在确定土耳其的边界"的第 3 （2）条解释的咨询意见中提出，边界及划定边界的条约的主要特征就是要"最终划定一条精确、完整、确定的边界线"。⑥ 在 1962 年"柏威

---

① Hersch Lauterpacht, Recognition in International Law, Cambridge University Press, 1947, p. 30.

② 参见 Ian Brownlie, Principles of Public International Law, 6th ed., Oxford University Press, 2003, p. 71。

③ 参见 James Crawford, The Creation of States in International Law, 2nd ed., Oxford University Press, 2006, p. 52。

④ 参见 Itamar Bernstein, Delimitation of International Boundaries: Study of Modern Practice and Devices from the Viewpoint of International Law, Imprimerie des Presses de l'Université, 1974, p. XXVⅱ。

⑤ A. O. Cukwurah, The Settlement of Boundary Disputes in International Law, Manchester University Press, 1967, pp. 121-127.

⑥ Interpretation of Article 3, paragraph 2, of the Treaty of Lausanne, Advisory Opinion, 1925, P. C. I. J., Series B, No. 12, pp. 19-20.

夏寺案"中，国际法院在解释 1907 年《法国—暹罗边界条约》序言部分中的缔约方的缔约意图时也指出："一般而言，当两个国家在它们之间确立边界线时，它们的一个首要目的就是获得稳定性与确定性。"① 此外，国际法院在 1976 年"爱琴海大陆架案"② 以及 1990 年"领土争端案"③ 中又再次强调了边界稳定性原则。非但如此，"在'柏威夏寺案'中，国际法院还强调划定一条具有稳定性与确定性的边界，作为解决边界争端主要目的。"④ 由此可见，在国际法中，稳定性与最终确定性是现代边界的应有属性。这正如詹宁斯所指出的那样："……领土边界的稳定性必须总是最终目的。一些其他种类的法律秩序必须要不断地变化以适应不断发展着的社会的新需求；但是，在一个有着良好秩序的社会中，领土的边界应当处于一种最稳定的状态中。"⑤ 所以，1969 年《维也纳条约法公约》排除了可以依据"情势变迁原则"来挑战边界条约的稳定性，⑥ 1978 年《关于国家在条约方面继承的维也纳公约》也否认国家继承会影响边界条约。⑦ 并且，国际习惯法还规定，新国家独立之前的行政边界或国际边界推定由新国家加以继承。⑧ 虽然如此，但有一点必须要指出来：强调边界的稳定性与最终确定性并不

---

① Case concerning the Temple of Preah Vihear Case, Judgment of 15 June 1962, I. C. J. Reports 1962, pp. 34-35.

② Aegean Sea Continental Shelf, Judgment, I. C. J. Reports 1978, p. 36.

③ Case concerning the Territorial Dispute, Judgment, I. C. J. Reports 1994, p. 37.

④ ［联邦德国］马克斯·普朗克比较公法及国际法研究所主编：《国际公法百科全书 第二专辑 国际法院、国际法庭和国际仲裁的案例》，陈致中、李斐南译，中山大学出版社 1989 年版，第 321 页。

⑤ Robert Y. Jennings, The Acquisition of Territory in International Law, Manchester University Press, 1963, p. 70.

⑥ 见《维也纳条约法公约》第 62（2）（a）条。

⑦ 见《关于国家在条约方面继承的维也纳公约》第 11 条。

⑧ 参见 Steven R. Ratner, Drawing a Better Line: Uti Possidetis and the Borders of New States, American Journal of International Law, Vol. 90, No. 4, 1996, pp. 598-601。

意味着边界是不可变动的，相关国家仍然可以通过合法的方式来调整它们之间已确定了的边界线的走向与位置。国际法所强调的边界的稳定性与确定性，只不过意在说明一条已经确定了的边界线是不容非法侵犯的。

综上所述，边界是领土法、边疆学的核心概念。① 我们要研究领土法、边疆学，首先就必须探究边界的内涵与特征。国家的边界使一个国家的领土和另一个国家的领土隔开。边界确定国家领土范围和行使国家领土最高权的范围，它是一个与国家、主权、领土密切相关的政治法律概念。因此，现代国际法将一国使用武力侵犯另一国边界，视同为侵入他国领土，将其定性为侵略行为。② 1970年《关于各国依联合国宪章建立友好关系和合作的国际法原则宣言》还明文规定："每一国皆有义务避免使用威胁或武力以侵犯他国现有之国际疆界。"③ 不过，边界虽然重要，但却不是国家的构成要素。一国边界是否具有确定性或是否完全划定，不影响该国的国际法主体地位。

国家边界既不是自古就存在，也不是一成不变的。国家边界是近现代意义上的民族国家兴起、领土主权观念形成、科学技术发展等因素综合作用的产物。并且，随着国家领土范围与种类变化，以及国家属地管辖权的扩张，边界的类型也在不断变化发展。最初，国家边界只包含陆地边界。后来，由于科学技术的进步极大地拓展了人类的生存空间和活动领域——人类的足迹上到外层空间，下至海床底土。国家的领土范围与属地管辖权亦随之扩大。相应地，国家边界发展为陆地边界、海洋边界、空中边界和底土边界组成的复合体。海洋边界又可细分为领海边界、毗连区边界、专属经济区边界、大陆架边界。另外，由于航空、航天、信息技术的跨域融合达

---

① 参见杨明洪：《论"边界"在"边疆学"构建中的特殊意义》，载《云南师范大学学报（哲学社会科学版）》，2019 年第 5 期。

② 参见苏联外交部外交学院编：《国际法辞典》，徐光智等译，新华出版社 1989 年版，第 25 页。

③ 王铁崖等编：《国际法资料选编》，法律出版社 1982 年版，第 3 页。

到前所未有的高度，位于空气空间与外层空间之间临近空间（near space）的军事应用价值和战略地位日益凸显，世界主要大国开始竞相研制临近空间飞行器，争夺对临近空间的制空权。① 空气空间与临近空间、临近空间与外层空间之间的边界，正在酝酿之中。又由于包括中国在内的广大国家呼吁国家在网络空间中拥有网络主权，因此国家在虚拟的网络空间的边界也似乎呼之欲出。

二、划界概述

（一）划界的定义

划界是边界概念群中一个最为重要也最敏感的术语。划定国与国之间的边界线（boundary-making）是一个非常复杂的过程，学者们将这一过程分为若干个环环相扣的阶段，划界（delimitation）只是其中的一个阶段，但对于划界的含义与范围，学者们却是众说纷纭。

早在 1897 年，英国的麦克马洪就提出通过划界（delimitation）与标界（demarcation）两个阶段来确定边界。麦克马洪严格区分了这两者的概念，他认为："划界包含用条约或其他方式来确定一条边界线，并且用文字或口头的形式加以明确肯定的意思；标界则包含在地面上具体地标出边界线，用界桩或其他有形的东西加以表明的意思。"② 但麦克马洪的观点并没有被学术界广泛接受。1928 年，法国学者拉普乐德勒（La pradelle）就没有把划界当成是确定边界的一个阶段。他认为，确定边界的过程可分为三个阶段：准备（preparation），决定（decision），执行（execution）。其中，准备是指划界主体划分领土主权归属的政治决策阶段，决定是指用文字或地图说明边界线走向的阶段，而执行则是指在实地标明边界线具体

---

① 参见徐颖盾主编：《空天竞争的历史与现实》，军事科学出版社 2014 年版，第 172~175 页。

② Henry A. McMahon, International Boundaries, Journal of Royal Society of Arts, Vol. 84, No. 15, 1935-1936, p. 4.

位置的阶段。① 但是，拉普乐德勒所提的决定与执行的功能与麦克马洪所提的划界与标界并无太大的差异。著名的边界学学者琼斯（Jones）在拉普乐德勒和麦克马洪的研究基础上，于 1945 年提出把确定边界线的过程分为四个阶段：分配（allocation），划界（delimitation），标界（demarcation）与管理（administration）。他认为：“分配是指确定国家间领土归属的政治决定，划界是指在条约中决定边界线的位置，标界是指在地面上标明边界线，管理涉及监督维持边界线的规定。”② 虽然琼斯支持区分划界与标界的观点，但是，他也不排除划界的功能在某个特殊情况下可能会与标界的功能部分重合，或是完全一致。而且，这在国家或国际组织确定边界的实践中也确是如此。有的国家习惯于把琼斯所提出的四个阶段中的某几个阶段合并在一起实施，有的国家则有时省略其中的某一个阶段，例如，在很多边界谈判中，分配与划界就被合并在一起了，而一些国家没有通过划界就直接把边界线标明在地面上了。③ 尤其是，由于在英语中，demarcate 与 delimitate 两个动词都有“划定边界”之义，因此，很多国家和国际组织在确定边界的条约或其他法律文件中，甚至是国际司法判决，都交替使用划界（delimitation）与标界（demarcation）这两个术语。④ 例如，联合国伊拉克—科威特边界标界委员会在 1991 至 1993 年间确定伊拉克与科威特两国陆地边界时就混用“标界”与“划界”这两个术语。该委员会在 1993 年 5 月 21 日的最终报告中写道：它们选定了经度和纬度的地理坐标来“划定（demarcated）”了伊拉克与科威特两

① 参见 Paul de La Pradelle, La Frontière: étude de droit international, Les Editions Internationales, 1928, pp. 25-26。

② 参见 Stephen B. Jones, Boundary-Making: A Handbook for Statesmen, Treaty Editors and Boundary Commissions, Rumford Press, 1945, p. 5。

③ 参见 Boleslav Wiewberg, Polish-German Frontiers in the light of International Law, 2ⁿᵈ Edition, Institut Zachodny, 1964, pp. 114-115。

④ 参见［英］詹宁斯，瓦茨修订:《奥本海国际法》（第一卷，第二分册），王铁崖等译，中国大百科全书出版社 1998 年版，第 134 页，注释 259。

国间的陆地边界。① 然而，该委员会只是用文字说明了伊拉克与科威特两国边界的具体走向，而没有进行实地勘测并树立界桩，以具体确认边界的具体位置和走向，所以，该委员会所用的"demarcate"的术语与琼斯等人所指的"delimitate"的术语的含义与功能是一致。另外，在很多确定边界线或调整已存边界线位置的国际条约中，通常还包含任命一个混合勘界委员会的条款，但是，这个委员会在一些条约中被称为划界委员会（Delimitation Commission），在另一些条约中又被称为标界委员会（Demarcation Commission）。例如，在1947年《苏联—波兰边界条约》中，边界委员会被称为划界委员会，而在1947年《苏联—挪威边界条约》中，边界委员会又被称为标界委员会。这无疑加剧了学术界对划界的含义与范围的分歧。

目前，学术界认为边界的划定至少包含以下三个含义：（1）在条约中说明边界线的走向，并在地图上加以标明；（2）详细说明边界的位置，并在地图上加以标明，并且，在实地加以勘测；（3）在条约中说明边界的位置，制成地图，并任命一个边界委员会在实地标明边界线的具体位置。② 由此可见，划界的概念有广义和狭义之分：广义的划界在某种程度上包括了标界的功能。而狭义的划界又有两种不同的界定。一些学者认为划界就是在实地标明边界线的一个过程，而另外一些学者则主张严格区分划界与标界的概念。③ 这些学者认为："划界就是在边界条约或裁决书中，用文字具体说明边界线；而标界则是指派混合勘界委员会，在地面上实际

<hr />

① 参见 Richard Schofield, Kuwait and Iraq: Historical Claims and Historical Disputes, 2nd Edition, Royal Institute of International Affairs, 1993, p. 205。

② 参见 Surya P. Sharma, International Boundary Disputes and International Law: A Policy-Oriented Study, N. M. Tripathi, 1976, p. 25。

③ 参见 S. Akweenda, International Law and Protection of Namibia's Territorial Integrity: Boundaries and Territorial Claims, Kluwer Law International, 1997, p. 5。

标明边界，如果情况需要，以界桩或类似物体标明。"①

但在一些国际司法实践中，国际法院则认为划界是指在实地标明边界线，这实际上是严格意义上的标界。1925 年国际常设法院在解释 1923 年《洛桑条约》时就持此观点。土耳其认为，虽然它有义务放弃由 1923 年《洛桑条约》划定（laid down）的边界线以外的领土的所有的权利与所有权，但由于这个边界线还未确定（determined）下来，因此，土耳其仍然有权享有这些权利。对此，国际常设法院发表咨询意见认为：只有边界被确定，才能视之为已划定。② 在 1929 年 Deutsche Continental Gas-Gesellschaft v. The Polish State 案中，波兰—德国混合仲裁庭虽然没明确给出"划界（delimitation）"的含义，但是从仲裁庭所提及的"边界未划定（delimitated）不影响国家取得领土的能力"以及"国家间边界未实际勘测、绘制（not accurately traced）不影响国际法主体资格"③的观点，还是可以推导出该仲裁庭认为划界就是在实地确定边界的具体位置与走向。

由于划界的实践各异，要为"边界划定"界定一个普遍的法律概念几乎是不可能的。笔者赞成国际法院在 1969 年"北海大陆架案"中对划界的定义，即划界就是"一个涉及确立某个地区的边界线的过程"。④ 因此，笔者认为划界就是确定毗邻国家间领土边界线的位置和走向的过程，它依次包括"决定相关领土的归属"（分配），"用文字或地图确定边界线的走向"（狭义的划界），"在实地标明边界线的位置"（狭义的标界）三个环节或阶段。

---

① ［英］詹宁斯，瓦茨修订：《奥本海国际法》（第一卷，第二分册），王铁崖等译，中国大百科全书出版社 1998 年版，第 61 页。

② Interpretation of Article 3, paragraph 2, of the Treaty of Lausanne, Advisory Opinion, 1925, P. C. I. J., Series B, No. 12, p. 19.

③ Hersch Lauterpacht, Annual Digest of Public International Law Cases (1929-1930), Deutsche Kontinental Gas-Gesellschaft v. the Polish State, Case No. 5, Longmans, Green and Co., 1935, pp. 14-15.

④ North Sea Continental Shelf Cases, Judgment, I. C. J. Reports 1969, p. 3, at 22.

（二）划界的法律依据

如前所述，划界有广义和狭义之分。狭义的划界一般仅指以文字表述或在地图上画出相应的边界，而广义的划界既包括分配领土主权，又包括用文字和图形描述边界，还包括将边界标志勘定在地面上。虽然边界有人为的与自然的之分，但是划界都是国家与国家之间通过有意识的行为完成的。有关划界的"自然边界说"与"历史进程说"在国际法上都毫无根据。在现代国际社会，划界可以由当事国通过外交谈判完成；也可以由当事国诉诸国际法院或仲裁机构，通过法律途径加以实施。甚至还出现过一些大国联合起来或是通过某个国际组织来处置其他国家的边界线的情况。例如，"二战"结束前夕，美国、苏联与英国划定了波兰和德国之间的边界。不过很难为这种单方面划界找到一个令人信服的法律基础。如果仅就第二世界大战结束前夕美国、苏联和英国单方面划定德国的边界而言，它是基于"假定存在这样的权利：将包括边界变更这样的安全措施加之于侵略者身上，以作为在集体自卫或制裁性战争中对失败的侵略者的惩罚"。① 一般而言，邻国之间都是依据彼此间在历史上长期行使管辖权所及的范围，通过平等协商与谈判而划界的。

一般而言，陆地国界划界的法律依据主要包括以下几个：

1. 有效控制。有效控制是有关领土取得的国际法规则的重要变革和精巧设计，它是一种将有效的主权控制的实际实施来作为判断领土主权归属的权利渊源的理论。② 一般而言，在没有明确、合法的边界条约或划界法律文件，以及不存在国家继承的情况下，都是通过有效控制规则来确定争议领土的归属，从而划定当事国之间的边界。

---

① Ian Brownlie, International Law and the Use of Force by States, Clarendon Press, 1963, pp. 408-409.

② Robert Y. Jennings, The Acquisition of Territory in International Law, Manchester University Press, 1963, p. 35.

这种依据自古以来的有效控制而划定的边界是传统习惯边界，这种边界线实质上是毗邻国在历史上长期以来行使领土主权所及的范围。① 正如法国国际法学家福希叶所说的："国家的边界首先是基于自古以来没有异议的占有；一国对一地域行使主权达到一定的地点，而长时间以来没有引起任何反对这一事实，就足以肯定领土的边界；在这里也就构成国家间一种默示的协议。"② 一般而言，毗邻国在边界谈判中主要依据有效控制规则划定边界。例如中国与缅甸、中国与巴基斯坦等国基本上就是按这种法律依据划界的。

2. 条约。国家之间常常通过缔结条约的方式划界，或者就原有的边界条约重新加以调整。依据"约定必须遵守"原则，合法的边界条约就是划界的法律依据。

周鲠生教授认为，划界的条约包括以下几种③：首先是和约，因为有些和约涉及战败国割让其领土，而领土变更必然会有关于划界的规定，例如 1871 年《德法旧约》（关于法国割地）、1878 年《柏林公约》（关于保加利亚边界）、1919 年《凡尔赛和约》与《圣泽门和约》（关于波兰边界）。其次是割让条约，一国家可以把其拥有的领土通过条约来转让给另一个国家，有关割让条约一般有关于划界的规定，因此，这个条约就提供了划界的法律依据。例如 1858 年《中俄瑷珲条约》与 1860 年《中俄北京条约》就划定了中俄东北段条约。最后是专门的边界条约，即有关国家就边界的划定，或者就原有的边界正式标定或重新核定或调整等事项缔结的条约，例如 1960 年以来订立的《中缅边界条约》和《中尼（尼泊尔）边界条约》等。

---

① ［英］伊恩·布朗利：《国际公法原理》，曾令良、余敏友等译，法律出版社 2003 年版，第 157 页。

② Paul Fauchille, Traité de Droit International Public, Rousseau, 1925, Vol. Ⅰ, Part 2, p. 100.

③ 参见周鲠生：《国际法》（下册），武汉大学出版社 2007 年版，第 420 页。

通过条约划定的边界比较明确，可以减少边界争端;① 而且，一旦发生争端，边界条约还可以作为解决争端的有效依据。所以，依据条约划定的边界具有精确性与稳定性。例如，1969 年《维也纳条约法公约》与 1986 年《关于国家和国际组织间或国际组织间的条约法公约》的第 62 条都规定边界条约不适用"情势变迁"原则;1978 年《关于国家在条约方面继承的公约》第 11 条规定，国家继承本身不影响条约所划定的边界或条约规定的同边界有关的权利与义务。国际继承的实践中，继承国一般把边界条约作为"非人身条约"而予以继承。因此，当今世界一般是通过缔结条约来确定边界的。这正如芬尼克（Fenwick）在 20 世纪中期所指出的，"欧洲国家现有的边界大多数是根据国际条约来确定的;西半球的边界线，一部分是根据前殖民地独立时所缔结的条约或后来的割让条约来确定的;非洲的边界线几乎全是根据条约划定的;亚洲的边界线部分是根据条约划定的"。② 但是，需要指出的是，"条约确定的边界虽然不能仅仅因国家继承的事实或条约缔结后情况的基本改变而被提出异议，但这并不意味着对条约确定的边界是绝对不能提出异议的，或条约确定的边界比以其他方式确定的边界在法律上必定更具永久性"。③

3. "保持占有"。"保持占有"（uti possidetis）原则源自罗马法，它原指在罗马法的物权诉讼中，占有的一方在诉讼期间仍暂时保持占有，即"拥有的，就保持占有"之意。后来，美国国际法学者穆尔（Moore）在"哥斯达黎加—巴拿马边界仲裁案"中将罗马法中的"保持占有"原则运用于解决国家之间的边界争端，并

----

① 参见周鲠生:《国际法》（下册），武汉大学出版社 2007 年版，第 421 页。

② 转引自周鲠生:《国际法》（下册），武汉大学出版社 2007 年版，第 421 页。

③ ［英］詹宁斯、瓦茨修订:《奥本海国际法》（第一卷 第二分册），王铁崖等译，中国大百科全书出版社 1998 年版，第 61 页。

把占有的临时性变为永久性。① 19 世纪初，拉丁美洲国家从西班牙的殖民统治下纷纷获得独立，拉美的新国家基于方便和现实，也适用"保持占有"原则来解决它们之间的边界问题，将 1810 年独立运动爆发前其母国的行政边界作为它们划定边界的基础。② 这些国家之所以愿意保持或继承殖民统治者划定的行政边界，就是它们希望能够避免用武力解决边界争端。③ 虽然由于种种原因"保持占有"原则并没有避免拉美国家之间爆发边界争端，但是，在 20 世纪 50—60 年代民族解放运动中，该原则仍然被获得独立的亚洲和非洲国家所接受。④ 例如，"1964 年，非洲统一组织（The Organisation of African Unity）正式采用这一原则划界，该组织宣布独立时既存的殖民地边界构成了一个明确的事实，所有的成员国保证自己对这个边界的尊重。"⑤ "几乎全部非洲国家都承认这一原则，因为它可以限制非洲大陆边界冲突的次数与规模。"⑥

　　国际法院在解决边界争端的案件中也把"保持占有"原则作为存在国家继承的情况下划界的一个重要法律依据。国际法院在 1962 年"柏威夏寺案"、1986 年"边界争端案"、1992 年"陆地、岛屿和海上边界争端案"中都肯定和适用了"保持占有"原则。尤其是在 1983 年"边界争端"案和 1992 年"陆地、岛屿和海上边界争端案"中，国际法院认为该原则是法院应适用的国际法原

---

① 参见陈致中编著：《国际法案例》，法律出版社 1998 年版，第 162~163 页。

② 参见 A. O. Cukwurah, The Settlement of Boundary Disputes in International Law, Manchester University Press, 1967, pp. 112-113。

③ 参见 Ian Brownlie, Principles of Public International Law, 6ᵗʰ ed., Oxford University Press, 2003, pp. 129-130。

④ 参见 ［英］詹宁斯、瓦茨修订：《奥本海国际法》（第一卷 第二分册），王铁崖等译，中国大百科全书出版社 1998 年版，第 64 页。

⑤ 参见 ［英］蒂莫西·希利尔：《国际公法原理》（第二版），曲波译，中国政法大学出版社 2006 年版，第 114 页。

⑥ ［埃及］布特罗斯·加利：《非洲边界争端》，仓友衡译，商务印书馆 1979 年版，第 8 页。

则。① 此外，在国际社会中，"保持占有"原则还被适用于划定因合并、分立、分离所形成的新国家的国际边界。② "保持占有"原则被学者们认为是一项国际习惯法规则，它要求新独立国家继承在它们独立之前划定它们所实际控制的领土范围的边界。③ 正如里维尔所指出的，"在一个国家领土被合并的场合，它的边界当然失掉其为国际边界的地位，而变成他国的行政边界；反之，一国领土分裂而成立新国家的时候，原来的行政边界就变成了国际边界"。④ 例如，由苏联分立而形成的新国家的边界是按照原苏联各加盟共和国的行政管辖范围确定的。

"保持占有"与有效控制是两个十分相似的概念。它们都源自民法中的占有制度；都是在一定条件下，将相关国家对特定领土的有效控制或占有视为该国对这一领土拥有领土主权的表现或证据；它们都是一种推定。但是，"保持占有"与有效控制仍然存在本质的区别。首先，"保持占有"只适用于存在国家继承的情况的陆地划界，它是指在出现国家的分立、独立、合并、分离的情况下，新国家的边界应当继承其未取得国际法主体资格之前的管辖范围或原国家边界。例如，由殖民地独立而成立的新国家一般是继承其宗主国统治时期的国家边界，1993年由前南斯拉夫联邦分立而形成的新国家的边界则是继承其作为前南斯拉夫联邦组成部分时的行政管辖范围或行政边界。这正如国际法院在其审理的布基纳法索与马里

---

① 参见白桂梅：《国际法》，北京大学出版社2006年版，第348页。

② 参见 Ener Hasani, Uti Possidetis Juris: From Rome to Kosovo, Fletcher Forum of World Affairs, Vol. 27, No. 2, 2003, p. 85; Steven R. Ratner, Drawing a Better Line: Uti Possidetis and the Borders of New States, American Journal of International Law, Vol. 90, No. 4, 1996, p. 590; Matthew C. R. Craven, The European Community Arbitration Community on Yugoslavia, British Year Book International Law, Vol. 66, 1995, p. 385。

③ 参见 Steven R. Ratner, Drawing a Better Line: Uti Possidetis and the Borders of New States, American Journal of International Law, Vol. 90, No. 4, 1996, p. 590, pp. 598-601。

④ 转引自周鲠生：《国际法》（下册），武汉大学出版社2007年版，第421页。

的"边界争端案"中所提出的，在一般正常情况下，国家主权的变更并不影响边界，在发生国家继承的情况下有尊重先前边界的义务。① 而有效控制则不适用于存在国家继承情况的划界，它只适用于不存在正式、清楚的权利依据的陆地划界之中；依据有效控制划界，是一种先利用有效控制规则来判断争议领土的归属或划分争议领土，从而确定相关国家的有效控制范围，再以此来划界的方法。其次，依据"保持占有"划界是一种法律推定。因为，"保持占有"原则不但被国际法院加以适用，还反映在 1978 年《关于条约继承的公约》中，该公约第 11 条规定边界条约不适用"白板规则"。而依据有效控制划界更倾向于是一种事实推定。因为，有效控制规则并未明文见之于某一个国际条约或其他的国际法律文件，它只是国际法院或国际仲裁机构在审理边界争端的司法实践中以及一些国家在划界的实践中加以适用的国际习惯法规则，其还存在一定的不确定性。最后，依据"保持占有"所确定的边界是"继承边界"，而依据有效控制所划定的边界则是"历史边界"。②

依据"保持占有"划界，是为了通过维护一国的殖民边界或原有边界来实现领土的稳固，以减少国际边界争端，维护地区和平与安全，因此，国际法院在布基纳法索与马里的"边界争端案"的裁决中指出，依据"保持占有"原则划界，有利于维护非洲领土的现状，这对非洲国家来说是最聪明的做法。③ 但是，殖民者所划定的边界并不考虑这样划界是否合理，是否符合正义，因此，依据"保持占有"原则划定的边界常常不能保持稳定性。拉美国家在适用"保持占有"原则时就遇到了很多困难，并由此导致了很多边界争端，例如，"阿根廷—智利边界争端、玻利维亚—巴拉圭

---

①　参见 Frontier Dispute, Judgment, I. C. J. Reports 1986, pp. 554-556。

②　参见周忠海主编：《国际法》，中国政法大学出版社 2004 年版，第 256～257 页。

③　参见 Frontier Dispute, Judgment, I. C. J. Reports 1986, p. 567。

边界争端、洪都拉斯—尼加拉瓜边界争端"①，"哥斯达黎加—萨尔瓦多边界争端、厄瓜多尔—秘鲁边界争端"。② 因此，完全依据"保持占有"原则划界，往往会导致不公平、不合理的情况发生，还有必要考虑当地的一些实际情况对"继承边界"进行衡平调整。

4. 司法判决或仲裁裁决。发生边界争端时，若当事国将争端提交国际法院或仲裁机构裁判，有关划定边界的判决或裁决，就如同边界条约一样也是确定边界线的法律依据，它将对争端当事方具有一定的约束力。并且，出于实践的目的、在没有持续性的抗议的情况下对所有国家都有一定约束力。例如，阿根廷与智利就是按照1966 年"阿根廷—智利边界仲裁案"的裁决划界；又如，在"北海大陆架案"中，争端当事国就在特别协议中同意依照法院的判决来确定边界。③ 司法判决或仲裁裁决虽然是一个重要的划界法律依据，但"它本身并不具有处置性质，它的效力可以类比为割让条约的效力：一般情况下主权只有在依据裁决而予以占有时才会发生变更，裁决给予占有以主权价值。但在一些案例中，裁决也具有处置的性质。"④

5. 国际组织的决议。在联合国成立以前，战胜国可以取得处置战败国或一些弱国领土的权利能力，这样，就出现了一些大国联合起来或是通过某个国际组织来划定其他国家的边界线的情况。例如，"一战"结束后，国联在 1919—1920 年间就设立了若干个国

---

① ［联邦德国］马克斯·普朗克比较公法及国际法研究所主编：《国际公法百科全书 第二专辑 国际法院、国际法庭和国际仲裁的案例》，陈致中、李斐南译，中山大学出版社 1989 年版，第 3、99、254 页。

② 王孔祥：《拉美国家领土争端中的国际仲裁》，载《国际关系学院学报》2006 年第 6 期。

③ 参见 ［联邦德国］马克斯·普朗克比较公法及国际法研究所主编：《国际公法百科全书 第二专辑 国际法院、国际法庭和国际仲裁的案例》，陈致中、李斐南译，中山大学出版社 1989 年版，第 6、67 页。

④ ［英］伊恩·布朗利：《国际公法原理》，曾令良、余敏友等译，法律出版社 2003 年版，第 147 页。

际委员会，以决议的形式单方面划定了德国与比利时之间的边界、奥地利与捷克斯洛伐克之间的边界以及土耳其和其邻国间的边界；① 在"二战"结束前夕，反法西斯同盟也划定了波兰和德国之间的边界。国际法学者和国际常设法院以及后来的国际法院都承认大国或国际组织的这种划界权利能力，② 但是，很难为这种单方面划界找到一个令人信服的法律基础。③ 如果仅就第二世界大战结束前夕美国、苏联和英国划定德国的边界的法律基础而言，一般认为，它是基于"假定存在这样的权利：将包括边界变更这样的安全措施加之于侵略者身上，以作为在集体自卫或制裁性战争中对失败的侵略者的惩罚"。④ 此外，一些学者还认为，条约或国际会议、国际组织的授权⑤，以及被划界国的同意也可以作为这种单方面划界的法律基础。

联合国成立后，联合国安理会也通过决议单方面划定了一些国家的边界。联合国安理会的划界决议一般有两种形式，其一是直接在决议中确定边界线的走向与位置，例如安理会关于中东问题的第242 号与 338 号决议；其二是要求争端当事国按照它们以前缔结的

---

① 参见周鲠生：《国际法》（下册），武汉大学出版社 2007 年版，第427 页。

② 参见 J. H. W. Verzijl, International Law in Historical Perspective, Vol. Ⅰ, A. W. Sijthoff, 1968, pp. 305-307; Question of Jaworzina (Polish-Czechoslovakian Frontier), Advisory Opinion, 1923, P. C. I. J., Series B, No. 8, p. 5; Question of the Monastery of Saint-Naoum (Albanian Frontier), Advisory Opinion, 1924, P. C. I. J., Series B, No. 9, p. 6; PCA in the Lighthouses Arbitration (France-Greece), International Legal Materials, Vol. 23, No. 4, 1956, p. 659; L. and F. v. Polish State Railways, International Legal Materials, Vol. 24, No. 1, 1957, p. 77.

③ 参见 ［英］伊恩·布朗利：《国际公法原理》，曾令良、余敏友等译，法律出版社 2003 年版，第 146 页。

④ Ian Brownlie, International Law and the Use of Force by States, Clarendon Press, 1963, pp. 408-409.

⑤ 参见 James Crawford, The Creation of States in International Law, Oxford University Press, 1979, pp. 320-323。

边界条约划界，例如安理会关于伊拉克与科威特问题的第 687 号决议。①

虽然依据《联合国宪章》第 40 条的规定，在相关国家之间的边界争端足以威胁或影响国际和平与安全的情况下，联合国安理会有权作出决议对边界争端当事国之间的划界作出指导。而且，依据《联合国宪章》第 25 条②与第 103 条③的规定，安理会在其职权范围内所作出的决议不但对联合国会员国具有法律约束力，而且会员国对安理会决议必须遵守的义务还高于会员国依据其他条约所承担的义务。这在国际法院对 1992 年 "利比亚诉美国洛克比空难引起的 1971 年《蒙特利尔公约》的解释和适用问题" 案的判决中也得到了证明。④ 但是，对于安理会是否有权去重新划定相关国家之间的边界或把一个国家的领土转让给另一个国家，在理论上还存在争议，因为，安理会的这种做法很明显是违反了 "主权平等原则" 与 "不干涉内政原则"。而且，安理会的决议在很大程度上受大国的左右，安理会的单方面划界难免有强权政治之嫌。另外，依据安理会的决议划界在实践中还并不常见，很多国家也并不认可这种划界方式。

6. 构成国际法渊源的国家单方面行为。虽然国际法院在 "渔

---

① 参见 Steven R. Ratner, Land Feuds and Their Solutions: Finding International Law beyond the Tribunal Chamber, American Journal of International Law, Vol. 100, No. 4, 2006, p. 811。

② 《联合国宪章》第 25 条规定："联合国会员国同意依宪章之规定接受并履行安理会之决议。"

③ 《联合国宪章》第 103 条规定："联合国会员国在本宪章下之义务与其依任何其他国际协定所负之义务有冲突时，其在本宪章下之义务应居优先。"

④ 国际法院在此案中认为："作为联合国的会员国，利比亚和美国都有义务接受和执行安理会依《联合国宪章》第 25 条所作出的决议。这个义务初步看来也包括接受和执行安理会 748 号决议中的决议。根据《联合国宪章》第 103 条，会员国对于安理会作出的决议的义务优于它们依据任何在其他国际条约包括《蒙特利尔公约》所承担的义务。" 参见中国政法大学国际法教研室编：《国际公法案例评析》，中国政法大学出版社 1995 年版，第 257～258 页。

业案"的判决书中指出"一国所单方面划定的边界的效力取决于国际法"①，但是，在没有缔结合法有效的条约的情况下，一个国家单方面的承认或默认也可以作为转移领土或划定边界的法律依据。② 例如，虽然一国签署的割让条约或边界条约是无效的，但是，如果已经发生领土的事实转移，并且利益受损当事方对这种领土的非法变更或边界的非法划定予以承认，那么条约的有效与否都无关紧要了。③ 由此可见，"从行为与对主权的单方面承认而非协商一致承认中表现出来的隐含的同意"④ 可以作为划界的依据。一般而言，作为划界依据的国家单方面行为主要包括默认、承认、放弃等。⑤

7. 国际法中的衡平原则。衡平原则作为划界的法律依据有两个不同的适用范围：其一，是在不存在其他的划界法律依据的情况下，由国际法庭或国际仲裁机构依据国际法中的衡平原则来划界，在这种情况下，国际法庭或国际仲裁机构一般依据"衡平之考量"（equitable consideration）来划分争议领土，以划分争议领土的界线为边界线。例如，在"印度—巴基斯坦西部边界仲裁案"⑥ 中，由于遭遇到独一无二之特殊地理状况，复因相关证据不足，仲裁者

① ［联邦德国］马克斯·普朗克比较公法及国际法研究所主编：《国际公法百科全书 第二专辑 国际法院、国际法庭和国际仲裁的案例》，陈致中、李斐南译，中山大学出版社 1989 年版，第 537 页。

② 参见 Georg Schwarzenberger, International Law, 3rd ed. , Vol. I , Stevens and Sons Ltd. , 1957, p. 302; Frontier Land Case, Judgment, I. C. J. Reports, 1959, p. 238; Temple Case, Judgment, I. C. J. Reports, 1962, p. 133; Robert Y. Jennings, The Acquisition of Territory in International Law, Manchester University Press, 1963, pp. 36-40。

③ 参见 Union of India v. Jain and Others, International Legal Materials, Vol. 21, No. 2, 1954, p. 256。

④ ［英］伊恩·布朗利著：《国际公法原理》，曾令良、余敏友等译，法律出版社 2003 年版，第 145 页。

⑤ 参见 ［英］伊恩·布朗利著：《国际公法原理》，曾令良、余敏友等译，法律出版社 2003 年版，第 98 页。

⑥ Rann of Kutch Arbitration Award, International Legal Materials, Vol. 7, No. 3, 1968, p. 633.

最终是依据衡平原则来划界的。其二，是在依据其他的划界法律依据划界之后，如果还存在不合理或不公平的情况下，就依据国际法中的衡平原则对已初步划定的边界进行调整。例如，在"利比亚—马耳他大陆架划界案"中，国际法院首先依据中间线原则划定利比亚与马耳他之间的大陆架的边界线，但由于严格按中间线原则划界会引起一些不公平的情势，所以，为了公平起见，国际法院又把这条"中间线"往马耳他一边调整了18′。

据学者统计，在国际法院所受理的领土边界案件中，相关国家所提的领土主权归属或划界的依据包括"条约、地理、经济、文化、有效控制、历史、依法占有、杰出人物统治论和意识形态等。各国经常根据这几种依据向国际法院提起诉讼。而其中最常见的诉讼依据是有效控制、历史性权利、占有、地理因素、条约和种族文化同一性等"。① 国际司法机构在审理国际边界争端的司法实践中，由于经常、反复适用这些法律标准来审判国际边界争端，因此国际司法实践也逐渐发展出了一些有关划界的国际习惯，② 如"实效原则"③，依边界条约划界④，从殖民地独立形成的新国家或因国家合并、分立、分离所形成的新国家的边界依据"保持占有"原则

---

① Brian Taylor Sumner, Territorial Disputes at the International Court of Justice, Duke Law Journal, Vol. 53, No. 6, 2004, p. 53.

② 参见 A. L. W. Munkman, Adjudication and Adjustment—International Judicial Decision and the Settlement of Territorial and Boundary Disputes, British Year Book International Law, Vol. 46, 1972-1973, pp. 95-103。

③ 所谓"实效原则"是指，一个国家的边界应当按照该国行使属地管辖权的效力范围来划定。参见［美］汉斯·凯尔森：《国际法原理》，王铁崖译，华夏出版社 1989 年版，第 177~179 页。

④ 参见 Cordillera of the Andes Boundary Award, Reports of International Arbitral Awards, Vol. 9, 1902, p. 31; Maritime Frontier Case（1909）, George Grafton Wilson ed., The Hague Arbitration Cases, Ginn and Company, 1915, p. 102; Territorial Dispute, Judgment, I. C. J. Reports, 1994, p. 6; Temple of Preah Vihear Case, Judgment, I. C. J. Reports, 1962, p. 6; Land and Maritime Boundary, Judgment, I. C. J. Reports, 2002, p. 303。

划定①，依据承认、默认与禁止反言原则划界②，通过判断争议领土的归属来划界③，依据衡平划界④等。而且，有学者认为，从国际法院对喀麦隆诉尼日利亚的"领土和海域边界案"以及印度尼西亚和马来西亚之间的"利吉丹岛和西巴坦岛主权争议案"作出的判决看来，国际法院似乎正在努力构建解决领土和边界争端的清晰的、确定的和可预见的国际法规则，即，首先考察是否存在有关划界的合法的条约或国际法律文件，如果存在这样的国际法律文件，则按这些国际法律文件中的规定划界；如果不存在相关的国际条约，法院将通过比较双方提交的占领证据，利用有效控制规则判

---

① 参见 Honduras-Nicaragua Boundary Award, Reports of International Arbitral Awards, Vol. 11, 1906, p. 101; Honduras Borders Award, Reports of International Arbitral Awards, Vol. 2, 1933, p. 1307; Frontier Dispute Case, Judgment, I. C. J. Reports, 1986, p. 557; Maritime Delimitation and Territorial Questions, Judgment, I. C. J. Reports, 2001, p. 40; Conference on Yugoslavia, Arbitration Commission, Opinion, No. 3, para. 2, International Legal Materials, Vol. 31, No. 6, 1992, pp. 1499-1500。

② 参见 Eastern Greenland Case, P. C. I. L. Series A/B, Judgment, 1933, No. 55, p. 22; Temple of Preah Vihear Case, I. C. J. Reports, 1962, p. 2; Arbitral Award of the King of Spain Case, Judgment, I. C. J. Reports, 1962, p. 214。

③ 参见 Minquiers and Ecrehos Case, Judgment, I. C. J. Reports, 1953, p. 47; Island of Palmas Case and Walfisch Bay Case, Reports of International Arbitral Awards, Vol. 2, 1949, p. 207, p. 829; Argentine-Chile Frontier, International Law Reports, Vol. 38, p. 10; Rann of Kutch Arbitration Award, International Legal Materials, Vol. 7, No. 3, 1968, p. 633; North Sea Continental Shelf Cases, Judgment, I. C. J. Reports 1969, p. 3; Land, Island and Maritime Frontier Disputes Case, Judgment, I. C. J. Reports, 1986, p. 425; Sovereignty Over Pulau Ligitan and Pulau Sipadan, Judgment, I. C. J. Reports, 2002, p. 625。

④ 参见 Honduras-Nicaragua Boundary Award, Reports of International Arbitral Awards, Vol. 11, 1906, p. 101; Arbitral Award of the King of Spain Case, Judgment, I. C. J. Reports, 1962, p. 214; Maritime Delimitation and Territorial Questions Case, Judgment, I. C. J. Reports, 2001, p. 49; Land and Maritime Boundary, Judgment, I. C. J. Reports, 2002, p. 303。

定争议领土的归属或划界。① 这些在国际司法实践中形成的划界依据，得到了许多国家的认可，并被运用于诸多国家的划界实践之中，因而已经成为了国际习惯法。

笔者认为，不同的陆地划界需要解决不同的问题，它们既有一些共同的法律依据，又有一些特殊的法律依据，不能一概而论。对此，本书将依据从一般到特殊的顺序，分别加以论述陆地划界的法律依据。

陆地划界的一般法律依据。这主要是用来规范陆地划界的方式与划界主体的权利能力的法律依据。首先，依据"主权平等原则""禁止使用武力与武力威胁原则"与"和平解决国际争端原则"，所有的陆地边界都必须在相关国家平等自愿的基础上采用和平方式划定，禁止一国凭借武力或武力威胁的方式划界;② 其次，依据"主权平等原则"与"不干涉内政原则"，任何国家或国际组织都不得违反相关国家的意愿，强行为其他国家划界;最后，一国虽然能够单方面划定其边界线，但是，其划界行为以及划定的边界是否有效，则必须取决于国际法，这是 1951 年国际法院在"英挪渔业案"判决书中指出的，③ 并得到国际社会承认的一项划界法律规则。

陆地划界的特殊法律依据。如前所述，陆地边界划界一般可以分为两类，其一为确定因合并、分离、分立或独立而出现的新国家的边界，其二为划定与国家继承无关的国家边界。

对于新国家的边界，在有划界条约的情况下，应当依据条约划界。在没有划界条约的情况下，应当依据"保持占有原则"划界。如果完全以"保持占有原则"划界会产生一些不合理、不公正的

---

① 参见朱利江:《试论解决领土争端国际法的发展与问题》，载《现代国际关系》2003 年第 10 期;朱利江:《马来西亚和印度尼西亚岛屿主权争议案评论》，载《南洋问题研究》2003 年第 4 期。

② 参见 Mark W. Zacher, The Territorial Integrity Norm: International Boundaries and the Use of Force, International Organization, Vol. 55, No. 2, 2001, p. 215, pp. 223-234。

③ 参见 Fisheries Case, Judgment, I. C. J. Reports 1951, p. 132。

结果，就应当再依据衡平对"保持占有线"进行调整。①

对于非新国家的边界，如果该国家的边界已被正式划定，存在合法有效的边界条约与司法判决或仲裁裁决，就应当根据该条约或司法判决来划界。如果非新国家的边界未被正式划定，那么，由于国际法理论②、相关的国际法律文件③和一些国际司法案例④都规定，国家可以通过"许诺、承认、抗议、放弃、通知"等单边法律行为作出同意某种划界主张的意思表示，从而"可以与他方成立、变更或消灭国际法上的权利义务关系，在两方间产生国际法上的行为规则"⑤，所以，在不存在合法的边界条约或划界司法判决的情况下，还可以依据一国的单方面同意，如"承认、默认与禁止反言原则"划界。如果不存在上述正式、明确的划界法律依据，

---

① 参见陈致中编著:《国际法案例》,法律出版社 1998 年版,第 163~164 页。

② 参见李浩培:《国际法的概念和渊源》, 贵州人民出版社 1994 年版, 第 117~131 页；第 119 页, 注释①、②；第 122 页, 注释②；第 129 页, 注释①；第 130 页, 注释②、③。

③ 国际法委员会 1997 年把"国家单方法律行为"作为国际法编纂和逐渐发展的专题,并于 1998 年开始由特别报告员发表了一系列《关于国家单方法律行为的报告》。参见 First Report on Unilateral Act of States, UN. Int'l L Comm'n, 50th Sess., U.N. Doc. A/CN. 4 /486 (1998); Second Report on Unilateral Act of States, U.N. Int'l L Comm'n, 51st Sess., U.N. Doc. A/CN. 4 /500 (1999); Third Report on Unilateral Act of States, U.N. Int'l L Comm'n, 52nd Sess., U.N. Doc. A/CN. 4 /505 (2000); Forth Report on Unilateral Act of States, U.N. Int'l L Comm'n, 53rd Sess., U.N. Doc. A/CN. 4 /525 (2001); ...; Ninth Report on Unilateral Act of States, U.N. Int'l L Comm'n, 58th Sess., U.N. Doc. A/CN. 4 /569 (2006); 转引自 http://www.un.org/chinese/law/ilc/sessions.htm。

④ 参见 1974 年国际法院审理的澳大利亚诉法国核试验案, 1906 年西班牙国王审理的洪都拉斯诉尼加拉瓜边界仲裁案, 1912 年海牙仲裁院受理的土耳其诉俄国战争损害赔偿案, 1962 年国际法院审理的隆端寺案。转引自李浩培:《国际法的概念和渊源》,贵州人民出版社 1994 年版, 第 119~122 页, 第 129 页, 第 123~124 页, 第 125~127 页。

⑤ 李浩培:《国际法的概念和渊源》,贵州人民出版社 1994 年版, 第 117 页。

由于边界的功能在于"划分国家可以在其中行使其自身的主权权力的区域的范围"①，因此就应当根据"实效原则"，按照毗邻国有效控制的范围来划界。例如，在 1986 年"陆地、岛屿、海上边界争端案"中，国际法院就是通过确定争议地区的归属，以明确争端当事国各自的有效控制范围来划界的。② 最后，如果依据上述方法初步划定的边界还存在一些不公平或不合理的情况，就还应当依据国际法中的衡平，考虑各种相关的实际情况，对在第一阶段所划定的边界线进行衡平调整，以消除不公平、不合理的情况，最终确定边界的走向与具体位置。之所以如此，是因为划界问题涉及太多非法律的因素，除了涉及法律诉求之外，还与政治诉求、历史、地理、战略、经济等因素密切相关。③ 为了保证花费了巨大成本才划定的边界具有稳定性，就应当按照"多种考虑理论"④ 对第一阶段所确定的陆地边界进行衡平调整，以消除不公平、不合理的结果。

（三）划界的程序

一般而言，划界的程序要经过四个阶段。首先是分配，在这个阶段里，毗邻国通过谈判就它们之间的边界线的主要位置和走向达成协议；其次是狭义的划界，在这个阶段里，边界谈判国家缔结边界条约（母约），在条约中相关国家用文字描述边界线的主要位置和走向，并决定成立边界委员会在某个时期进行勘界；再次是标界，即由双方代表组成的边界委员会就边界条约上规定边界路线，实地进行勘测，更详细地划定边界的位置和走向，并树立界桩，作

---

①　Colonello Vittorio Adami, National Frontiers in relation to International Law, Translated by T. T. Behrens, Oxford University Press, 1927, p. 3.

②　邵沙平主编：《国际法院新近案例研究》，商务印书馆 2006 年版，第 30 页。

③　Peter Malanczuk, Akehurst's Modern Introduction to International Law, 7th ed. , Routledge, 1997, p. 157.

④　A. L. W. Munkman, Adjudication and Adjustment—International Judicial Decision and the Settlement of Territorial and Boundary Disputes, British Year Book International Law, Vol. 46, 1972-1973, p. 104.

为标志；最后是拟定边界议定书（子约）并绘制边界地图。

边界条约、议定书和地图是边界的基本法律文件。这三个文件的内容应该是一致的，但由于地理情况复杂，有时也会出现不一致的地方，如果这三个文件之间只有较小的出入，可以不成问题。但如果在这方面存在较大的矛盾，则一般遵照下列原则解决：界标位置与边界议定书和边界地图不符时，以边界议定书和边界地图为准；边界议定书与边界条约不符时，以边界条约为准；地图画法与约文不符时，以约文为准。但在实践中是有例外的。例如国际法院在"柏威夏寺案"中肯定的是边界地图的效力而不是边界议定书的效力。但这也不能被认为是一个普遍适用的原则，因为文字和地图一样容易出错。

三、边界争端概述

边界争端是指毗邻国之间，由于在确定划分它们领土主权的界限的边界线的具体走向或位置的问题上意见不一致而产生的争执。①

由于边界问题涉及国家领土主权的归属，因此，学术界公认，所有的边界争端都是领土问题。② 所以，边界争端与领土争端往往是交织在一起的，"即使在严格的领土争端中，争议领土的疆界也必须是有关事实的一部分……领土的所有权问题总是隐含在纯粹疆界争端中"。③ 胡伯在"帕尔玛斯岛仲裁案"中也认为，"边界争

---

① Steven R. Ratner, Land Feuds and Their Solutions: Finding International Law beyond the Tribunal Chamber, American Journal of International Law, Vol. 100, No. 4, 2006, p. 810.

② Robert Y. Jennings, The Acquisition of Territory in International Law, Manchester University Press, 1963, p. 14; A. O. Cukwurah, The Settlement of Boundary Disputes in International Law, Manchester University Press, 1967, p. 6; North Sea Continental Shelf Cases, Judgment, I. C. J. Reports, 1969, p. 6; Malcolm Shaw, Title to Territory in Africa: International Legal Issue, Oxford University Press, 1986, p. 224.

③ ［英］詹宁斯，瓦茨修订：《奥本海国际法》（第一卷，第二分册），王铁崖等译，中国大百科全书出版社1998年版，第64页。

端问题只是领土问题中的一部分"。① 所以，解决边界争端与领土争端的国际司法实践都会涉及一些相同的法律问题，例如，确定争端当事国在争议地区是否有效行使主权和管辖权的问题，证明边界条约的有效性问题，涉及边界线位置或领土变更的国家继承问题，影响边界线走向或领土范围的地理因素问题，以及划界或分配领土主权的衡平问题。此外，解决边界争端与领土争端的法律政策也相同，它们都要求促进边界线或长期占有领土的状况的稳定性，尊重划界条约或领土分配条约的法律义务，和平解决边界或领土争端。

但是，边界争端与领土争端仍然是两个相互独立的问题。② 因为：第一，领土主权的归属与边界的划定并不相同，领土所有权的变更并不取决于该领土要有一条确定的边界线，③ 这正如国际常设法院在"洛桑条约的解释问题"的咨询意见中所指出的，"即便是某个领土的边界还未确定，也不影响在条约中割让该领土，或放弃对该领土的所有权"。④ 第二，边界争端只会发生在两个毗邻国之间，而领土争端则不然。第三，国际领土争端与边界争端的内容仍有不同之处。解决领土争端主要是涉及明确特定领土的取得方式的合法性问题，如发现、先占、征服、割让以及时效等，以及比较哪个国家的权利主张更强。解决边界争端则主要是围绕解决以下几个问题展开的：确定边界线的一部分或全部是否经正式划定，在边界线未经正式划定的情况下如何划界，对确立有关领土的边界的某些文件、裁决、判决或历史发展进程如何进行适当解释，因邻国对边

---

① 参见 Thomas H. Holdich, Political Boundaries, Scottish Geographic Magazine, Vol. 32, 1916, p. 497。

② 参见 Robert Y. Jennings, The Acquisition of Territory in International Law, Manchester University Press, 1963, pp. 14-15。

③ 参见［英］伊恩·布朗利：《国际公法原理》，曾令良、余敏友等译，法律出版社 2003 年版，第 132 页；Robert Y. Jennings, The Acquisition of Territory in International Law, Manchester University Press, 1963, p. 14.

④ Interpretation of Article 3, paragraph 2, of the Treaty of Lausanne, Advisory Opinion, 1925, P. C. I. J., Series B, No. 12, p. 21.

境的侵占而引发的对边界线的单方面变动或调整的问题。① 第四，解决领土争端的国际法规则并不能全用来解决边界争端，"划界程序是根据特殊的规则而进行的，例如，其中最著名的就是主航道中间线原则"。② 第五，有时，边界争端的当事国的争议点在于如何分割双方争议的领土，而领土争端的当事国则不然，它们并不是要分割争议的领土，而是要完全占有该领土，排斥另一方在该领土上行使主权权力。

四、领土法发展的新趋势

国际司法机关所受理的案件，很大一部分涉及国际领土和边界争端。但传统国际法中的领土法规则却难以适用于国际司法实践。因此，国际司法机关在审理国际边界、领土争端案件中，常常会根据新情况或实际需要澄清、完善、解释和创新一些领土法规则。其中一些经典的国际司法判例影响巨大且意义深远，这极大地推动了现代领土法的发展。

（一）国际司法判例成为推动领土法发展的动力

国际边界、领土争端在国际争端中所占比例较大，在国际法院所受理的案件中，很大一部分案件涉及国际领土和边界争端问题。其中，一些国际司法判例影响巨大且意义深远，有效地推动了领土法新规则的形成与发展。

国际法院或国际仲裁庭在审理国际边界、领土争端案件中，常常会根据新情况或实际需要澄清、完善和解释有关领土法规则，提请注意领土法中的缺陷，并指出领土法发展的新趋势。国际法院的判决或国际仲裁机构的裁决虽然只能作为确定一般法律原则的辅助

---

① 周鲠生：《国际法》（下册），武汉大学出版社 2007 年版，第 427 页；[英] 詹宁斯，瓦茨修订：《奥本海国际法》（第一卷，第二分册），王铁崖等译，中国大百科全书出版社 1998 年版，第 64 页。

② [英] 伊恩·布朗利：《国际公法原理》，曾令良、余敏友等译，法律出版社 2003 年版，第 132 页。

手段（《国际法院规约》第 38 条），并不具有先例效力（《国际法院规约》第 59 条），其本身不具有创立法律的效力，① 但是，国际法院为维护其司法一贯性，又常常会在以后类似的案例中援引这些论述；并且，这些论述在一般国际实践中也得到普遍尊重，② 对各国后来的划界实践产生重要的影响，甚至可能产生法律确信力。所以，国际司法判例对领土法的发展意义重大，它们不仅可以发展、阐述现有领土法，而且有些判决还能够对领土法新规则的产生和认定有不可替代的推动或证据作用。③ 这正如劳特派特所认为的，"国际法院的一些先前的判决是它认为什么是法律的证明，它们是法院将来态度的可靠指示；所以，为了最实际的目的，它们表明了什么是国际法"。④ 例如，在"帕尔玛斯岛仲裁案"中，仲裁员胡伯指出，"发现"只能产生不完全的领土主权权利，只有"有效控制"才能取得完全的领土主权权利。胡伯的这个论述不但成为以后有关领土争端的国际司法判例的判决理由，还对各国后来的实践产生了重要的影响，并被各国普遍认为具有法律效力，从而形成了一项国际习惯法规则。又如，在审理不存在明确、清楚的法律依据或权利证据的领土争端案件时，国际法庭主要关注的是争端当事国在关键日期以前对争议地区实际行使主权权威的占领证据，而没有将传统国际法中有关领土取得方式的规则运用于其判决理由（ratio decidendi）的说明。⑤ 而这些在国际司法实践中得到长期、一致适

---

①　参见李振华：《国际法渊源新探》，载《法学评论》1993 年第 2 期。

②　参见陈磊：《试论国际法的渊源》，载《政法论丛》2007 年第 1 期。

③　李伟芳：《论国际法渊源的几个问题》，载《法学评论》2005 年第 4 期。

④　转引自李浩培：《国际法的概念和渊源》，贵州人民出版社 1994 年版，第 116 页。

⑤　参见 ［英］伊恩·布朗利：《国际公法原理》，曾令良、余敏友等译，法律出版社 2003 年版，第 144 页；A. L. W. Munkman, Adjudication and Adjustment—International Judicial Decision and the Settlement of Territorial and Boundary Disputes, British Year Book International Law, Vol. 46, 1972-1973, p. 103; D. H. N. Johnson, Acquisitive Prescription in International Law, British Year Book International Law, Vol. 27, 1950, p. 348.

用的判断争议领土归属的规则或标准逐步形成了国际习惯规则，成为了领土法中最具代表性的新规则。① 例如，时际法规则、关键日期规则以及有效控制规则。

另外，一些编纂国际法的机关，如联合国国际法委员会，在起草新的有关领土法的条约、公约时常常援引一些经典国际司法判例。例如，在1951年的"英挪渔业案"中，国际法院的判决中对领海基线的直线划法的确认，就被1958年的联合国《领海与毗连区的日内瓦公约》所采纳；而且，该案的判决对所谓的"群岛国原则"的发展也产生了重要影响，这些原则在《联合国海洋法公约》第47条中得到了集中体现。②

总之，在国际司法判例的推动下，领土法规则不但得到了逐步发展，而且其一些原则、制度得到了解释与澄清，从而尽量减少了适用衡平原则划界，这使得领土法更加具有稳定性、明确性与可预测性。

（二）"多种考虑因素的理论"成为解决国际边界争端的指导原则

由于国际边界争端涉及诸多非法律的因素，如政治、历史、地理、战略、经济、民族等因素，③ 因此，国际法庭或国际仲裁机构在解决国际边界争端时，为了寻求"最终划定一条精确、完整、

---

① Steven R. Ratner, Land Feuds and Their Solutions: Finding International Law beyond the Tribunal Chamber, American Journal of International Law, Vol. 100, No. 4, 2006, p. 810; A. L. W. Munkman, Adjudication and Adjustment——International Judicial Decision and the Settlement of Territorial and Boundary Disputes, British Year Book International Law, Vol. 46, 1972-1973, p. 103。

② 参见吴峰：《司法判例：现代国际法的重要渊源——ICJ、WTO 争端解决实践的视角》，载《大连干部学刊》2008 年第 3 期。

③ 参见 Peter Malanczuk, Akehurst's Modern Introduction to International Law, 7th ed., Routledge, 1998, p. 157。

确定的边界线"①，就往往奉行"多种考虑因素的理论"（The Multiple Considerations Theory）。② 即，国际法庭或国际仲裁机构，除了考虑国际边界争端当事国的法律诉求之外，还考虑当事国的政治诉求，以及与划界密切相关的历史、地理、战略、经济等因素。尤其是，当国际法院或国际仲裁机构遭遇到有着独一无二之特殊案情，且相关证据不足的国际边界争端时，国际法院或国际仲裁机构往往依据"衡平之考量"（equitable consideration）作出划界的裁判。一切与边界或领土争端相关的因素就成了法院或仲裁庭衡平考虑的依据。这时，"多种考虑的理论"就成为了国际法院或国际仲裁机构审理国际边界争端的主要指导原则。

所以，在解决国际边界争端时，已很难在法律解决方法和政治解决方法中划一条明确的界线，这两种争端解决方法有融合的趋势。国际法院和国际仲裁法庭在审理边界争端案件时常常考虑一些政治诉求，并作出政治性的妥协。③ 例如，在 1966 年"阿根廷—智利边界仲裁案"中，仲裁庭在坚持 1902 年英王爱德华七世对阿、智领土之间某些边界作出的裁决的前提下，利用衡平解释和适用了 1902 年的裁决，调整了阿根廷与智利在恩古安特罗河东段和南段支流汇合之处到塞罗德拉维珍峰一段的边界线，在阿根廷与智利各自所主张的边界线中寻求一条折衷边界线。④ 又如，国际法院在利用衡平之考量解决海洋划界争端时，也往往考虑一些非法律性因素。对于国际法院与国际仲裁庭适用一些政治性解决方法，很多国

---

① Interpretation of Article 3, paragraph 2, of the Treaty of Lausanne, Advisory Opinion, 1925, P. C. I. J., Series B, No. 12, pp. 19-20.

② 参见 A. L. W. Munkman, Adjudication and Adjustment——International Judicial Decision and the Settlement of Territorial and Boundary Disputes, British Year Book International Law, Vol. 46, 1972-1973, p. 104。

③ A. L. W. Munkman, Adjudication and Adjustment——International Judicial Decision and the Settlement of Territorial and Boundary Disputes, British Year Book International Law, Vol. 46, 1972-1973, pp. 2-3。

④ 参见 Argentine-Chile Frontier Case, United Nations Reports of International Arbitral Awards, Vol. 16, 1969, pp. 179-182。

际法学者，如穆尔（Moore）、劳特派特、科贝特（Corbett）等，都持赞成的态度。因为，第一，他们认为"妥协"包括以下的含义：（1）调整，（2）平衡冲突性的主张，（3）在对立的权利主张中寻找一个适当的平衡点，（4）适用衡平修改或补充实定法。所以，妥协并不必然与法律不可调和，它能够作为司法功能的一个正常的和必要的构成要素，可以作为缓解法律"刚性"或填补法律漏洞的一个工具，因此无论国际法庭还是国际仲裁庭都要运用"妥协"。① 第二，由于"划界本身就包括一个要分配领土的政治决定"②，所以，为了寻求一条明确而稳定的边界线，国际法院或仲裁法庭在没有明确的法律可适用或严格适用法律会造成不公平、不合理的结果的情况下，也可以适用一些政治性的解决方法，如妥协。③ 对此，卡克乌拉赫就指出，"妥协是边界争端的最好解决方法，尤其是在一个具有十分复杂的性质的边界或领土争端中，即任何一方当事国都有权寻求一个权利，除非妥协被明确地排除，利用

---

① 参见 A. L. W. Munkman, Adjudication and Adjustment—International Judicial Decision and the Settlement of Territorial and Boundary Disputes, British Year Book International Law, Vol. 46, 1972-1973, pp. 2-3; John B. Moore ed., International Adjudications, Ancient and Modern: History and Documents, Together with Mediatorial Reports, Advisory Opinions, and the Decisions of Domestic Commissions on International Claims , Vol. 1, Pt. 1, Oxford University Press, 1929, p. xc; Hersch Lauterpacht, The Function of Law in the International Community, Clarendon Press, 1966, p. 121; Percy E. Corbett, Law in Diplomacy, Princeton University Press, 1959, p. 136; John B. Moore ed., International Adjudications, Ancient and Modern: History and Documents, Together with Mediatorial Reports, Advisory Opinions, and the Decisions of Domestic Commissions on International Claims , Vol. 2, Pt. 2, Oxford University Press, 1929, p. 367。

② 参见 Stephen B. Jones, Boundary-Making: A Handbook for Statesmen, Treaty Editors and Boundary Commissions, Rumford Press, 1945, p. 5。

③ 参见 A. L. W. Munkman, Adjudication and Adjustment—International Judicial Decision and the Settlement of Territorial and Boundary Disputes, British Year Book International Law, Vol. 46, 1972-1973, p. 113。

妥协的方式平分争议领土，并不是看起来那样的不可想象"。① 另外，列举支持在国际仲裁或国际司法程序中适用政治性解决方法的学者，就必须提到丹尼斯（William Cullen Dannis）。丹尼斯曾经激烈地反对在仲裁中进行妥协，1911 年他还著文《妥协——仲裁的最大缺陷》来阐述自己的这一观点。② 但 1950 年他在评价 1899 年"委内瑞拉—英属圭亚那边界仲裁案"时却修正了自己的观点，丹尼斯指出，"无论是在国内司法程序中，还是在国际司法程序中，都不能完全地排除妥协"。③

另外，在国家之间进行的边界谈判中也常常关注证据和法律规则。④ 因为，法律是国际事务中一个重要的力量；各国在它们的关系中的每一个方面都依赖它，引用它，遵从它，并受它的影响。谈判就是"法律阴影之下的协商"，所以，利用谈判的方式划界，也应当依据国际法律规则划界。只有这样，边界才具有合法性，才能得到国际法的保护，才能被国际舆论以及争端当事国国内民众所接受，从而使边界具有稳定性。而且，相关国家在边界谈判中以国际法为依据提出各种权利主张，不但可以为谈判双方设立一个适宜的新标准，保障谈判顺利进行；还可以防止一国提出过分的要求，从而保证最终达成合理的协议。

---

① 参见 A. O. Cukwurah, The Settlement of Boundary Disputes in International Law, Manchester University Press, 1967, pp. 205-206。

② 参见 William Cullen Dannis, Compromise——the Great Defeat of Arbitration, Columbia Law Review, Vol. 11, No. 6, 1911, pp. 493-513。

③ William Cullen Dannis, The Venezula-British Guiana Boundary Arbitration of 1899, American Journal of International Law, Vol. 44, No. 4, 1950, p. 727。

④ 参见［英］伊恩·布朗利：《国际公法原理》，曾令良、余敏友等译，法律出版社 2003 年中文版，第 780 页；Rosalyn Higgins, The Development of International Law Through the Political Organs of the United Nations, Oxford University Press, 1963, p. 63；Oscar Schachter, The Quasi-Judicial Role of the Security Council and the General Assemble, American Journal of International Law, Vol. 58, No. 4, 1964, pp. 960-965。

（三）选择陆地划界法律依据的领土法规则逐步明确

在传统习惯国际法中，不存在调整选择陆地划界法律依据的国际法规范。因此，国际法院或国际仲裁机构在审理国际边界争端时，往往是依据具体案情以及争端当事国的权利主张来选择划界的法律依据或标准。

但是，据学者研究，国际法院对喀麦隆诉尼日利亚的"领土和海域边界案"以及印度尼西亚和马来西亚之间的"利吉丹岛和西巴坦岛主权争议案"作出的判决显示，国际法院似乎正在努力构建调整选择划界法律依据问题的清晰的、确定的和可预见的国际法规则，即，国际法院在审理领土和边界争议案件中，首先考察的是有关的国际条约是否已经对相关问题作出了规定；在没有相关国际条约规定的情况下，法院将在综合审查双方提交的证据之后，直接依据有效控制规则进行判决。① 这种选择陆地划界法律依据的规则，得到了广大的国家的承认和认可，并被运用于诸多国家的划界实践之中，有形成国际习惯法规则的趋势。这些有关陆地划界法律依据选择的新领土法规则的内容为：

1. 陆地划界的一般法律依据。这主要是用来调整陆地划界的方式与划界主体的权利能力的一般性法律原则。首先，依据"主权平等原则""禁止使用武力与武力威胁原则"与"和平解决国际争端原则"，所有的陆地边界都必须在相关国家平等自愿的基础上采用和平方式划定，禁止一国凭借武力或武力威胁的方式划界；② 其次，依据"主权平等原则"与"不干涉内政原则"，任何国家或国际组织都不得违反相关国家的意愿，强行为其他国家划界；再次，一国虽然能够单方面划定其边界线，但是，其划界行为以及划

---

① 朱利江：《试论解决领土争端国际法的发展与问题》，载《现代国际关系》2003 年第 10 期；朱利江：《马来西亚和印度尼西亚岛屿主权争议案评论》，载《南洋问题研究》2003 年第 4 期。

② 参见 Mark W. Zacher, The Territorial Integrity Norm: International Boundaries and the Use of Force, International Organization, Vol. 55, No. 2, 2001, p. 215, pp. 223-234。

定的边界是否对外国有效，则必须取决于国际法，这是 1951 年国际法院在"英挪渔业案"判决书中指出的，① 并得到国际社会承认的一项划界法律规则。

2. 陆地划界的特殊法律依据。由于确定陆地边界必须依次经历若干个环节，因此，不同的划界环节有不同的划界法律依据。琼斯（Jones）认为确定边界线的过程分为四个阶段：分配（allocation）、定界（delimitation）、标界（demarcation）与管理（administration）。他认为，分配是指确定国家间领土归属的政治决定，定界是指以文字的形式确定边界线的走向与位置，标界是指在地面上标明边界线，管理则是相关国家管理、维持边界线，它实际上属于边境制度调整的内容。② 由于分配与定界过程密不可分，因此，一般认为，确定边界的过程只包括定界与标界两个阶段。"定界包含用条约或其他方式来确定一条边界线，并且用文字或口头的形式加以明确肯定的意思。标界包含指在地面上具体地标出边界线，用界桩或其他有形的东西加以表明的意思。"③ 在定界过程，陆地划界的法律依据是确定边境地区归属或划分边境地区的法律依据，它主要是一些有关领土取得的法律规则；在标界过程中，陆地划界法律依据就是通过前面的定界所形成的有关确定相关领土归属的合法的法律文件，如边界条约或司法判决。所以，总而言之，划界的法律依据应当是判断领土归属的权利渊源。但是，需要指出的是，划界与领土主权的取得是不相同的。因为，虽然在转让领土时没有精确地确定边界线，但转让领土仍然会产生大量的领土处置权利，使领土被让与人享有从让与中获得的利益；另一方面，在割让条约中，划界问题也是被当作有待解决的条

---

① 参见 Fisheries Case, Judgment, I. C. J. Reports 1951, p. 132。

② 参见 Stephen B. Jones, Boundary-Making: A Handbook for Statesmen, Treaty Editors and Boundary Commissions, Rumford Press, 1945, p. 5。

③ Henry A. McMahon, International Boundaries, Journal of Royal Society of Arts, Vol. 84, No. 15, 1935-1936, p. 4.

件。①

　　具体而言，对于新国家的边界，在有合法的边界条约或划界判决的情况下，应当依据条约或司法判决划界。在不存在这些划界法律依据的情况下，应当依据"保持占有原则"划界。如果完全以"保持占有原则"划界会产生一些不合理、不公正的结果，就应当再依据国际法中的衡平对"保持占有线"进行调整。②

　　对于非新国家的边界，如果存在合法有效的边界条约与司法判决或仲裁裁决，就应当根据该条约或司法判决来划界。如果非新国家的边界未被正式划定，不存在合法的边界条约或划界司法判决，还可以依据一国的单方面同意，如"承认、默认与禁止反言原则"划界。如果不存在上述正式、明确的划界法律依据，就应当根据"实效原则"，按照毗邻国有效控制的范围来划界。如果依据上述方法初步划定的边界还存在一些不公平或不合理的情况，就还应当依据国际法中的衡平，考虑各种相关的实际情况，对在第一阶段所划定的边界线进行衡平调整，以消除不公平、不合理的情况，最终确定边界的走向与具体位置。

（四）有效控制规则逐渐发展为一项习惯国际法规则

　　所谓的有效控制规则是指，在领土争端中，在无法依据一个清楚、正式的法律权利证据确定争议领土归属的情况下，通过衡量争端当事国用以支持它们各自权利主张的占领证据的分量，考察哪个国家对争议领土的国家活动在关键日期之时构成了有效控制，从而确定争议领土归该国所有的法律规则。

　　有效控制规则不同于传统国际习惯法中以一种固定的模式来描述或说明领土取得的方式的规则；它是从国际司法实践中发展而来的，是通过比较各个争端当事国对争议领土所实施的统治行为的证

---

① 参见〔英〕伊恩·布朗利：《国际公法原理》，曾令良、余敏友等译，法律出版社 2003 年版，第 132 页。

② 参见陈致中编著：《国际法案例》，法律出版社 1998 年版，第 163～164 页。

据，以明确哪个争端当事国对争议领土享有更充分的权利，从而确定争议领土归其所有的分析方法。

就适用有效控制规则的经典案例而言，虽然国际法庭对其长期适用并不构成国家实践，但是，这构成了证明有效控制规则正在逐步形成习惯国际法规则的极具说服力的证据。而且，从很多国际司法判例中的争端当事国的诉状和答辩状可以看出，在相当长的时间里，很多"利益深受影响之国家"都一致主张可以通过有效控制取得领土主权。这表明，这些案例通过对各国后来的实践产生了影响，促进了有关有效控制规则的习惯国际法规则的形成。此外，由于争端当事国在国际法院的诉状和答辩状既能被视为国家实践，通常又能同时反映出相关国家的法律确信；而且，当相关实践足够密集时，法律确信一般就包含在这一实践当中，① 因此，也存在有关有效控制规则的法律确信。由此可见，有关判断争议领土归属的有效控制规则属于国际习惯法规则，具有法律效力。这正如1998年"厄立特里亚与也门之间的仲裁案"裁决书所说的："现代国际法要求，领土的取得（或分配）必须具备：在持续与和平的基础上通过管辖权与国家职能的行使，而展现出来的针对相关领土的主权权力和权威的有意识地行使。而且，如果进一步说的话，持续与和平地行使国家权威或职能只要与领土的性质以及其居民的多少相适应，就可以证明争议领土的归属。"②

五、领土与边界争端解决的新趋势

与其他国际争端比较起来，领土与边界争端具有长期性、复杂

---

① The 69th Conference of the International Law Association, Statement of Principles Applicable to the Formation of General Customary International Law, Principle 12, Report of the International Committee on the Formation of Customary (General) International Law, 2000, p. 718, § 10（c）.

② Territorial Sovereignty and Scope of Dispute, Award of the Arbitral Tribunal in the first stage of the proceedings between Eritrea and Yemen, Decision of 9 October 1998, Reports of International Arbitral Awards, Vol. XXII , 2001, p. 209, p. 268.

性、敏感性与反复性等特点。单一的国际争端解决方法难以解决领土与边界争端。因此，在国际实践中，当事国一般会适用多种方法来解决领土与边界争端。例如，洪都拉斯与尼加拉瓜两国对它们之间的领土与边界争端，先后适用了武力方法、国际仲裁、外交谈判、斡旋调停、司法方法等五种争端解决方法，最后才使得两国边界问题得到最终解决。另外，国际法院在审理领土与边界争端案件时，也会适用一些政治解决方法。例如，要求当事国用尽政治解决方法，或是要求当事国举行谈判。正是在国际司法实践与国家实践的推动下，领土与边界争端解决机制在解决程序与解决方法等方面都取得了诸多新发展。

（一）领土争端解决程序综合化

在国际社会中，国家通常会根据本国的战略偏好、社会文化传统、与对方的实力对比、国际格局、成本/收益分析等因素，分阶段地解决它们之间的领土争端。一般而言，当事国会首选谈判来解决它们之间的领土争端。一些国际法文件也倡导首选谈判来解决领土争端。例如，1959 年《南极条约》第 8 条、1979 年《月球协定》第 15 条将利用首选谈判来解决争端规定为缔约国的强制义务，1982 年《联合国海洋法公约》第 74 条与第 83 条甚至将"用尽谈判程序"设置为其缔约国启动其他和平方法来解决海洋划界争端的先决条件。在"英国诉希腊的巴勒斯坦让与权案"中，国际常设法院还提出："法院充分认识到制定规则的重要性，即只有不能通过谈判解决的争端才能提交法院。法院承认，事实上，在国家间分歧变成法律议题之前，应先通过外交谈判明确界定其争论焦点。"① 尽管只有争端当事国在有关协议或争端解决条款中明确或隐含地规定必须先进行谈判，国家才有进行初步谈判的国际义务；但是，这在一个侧面反映了谈判是解决领土争端的前置程序。并且，在国际实践中，首选谈判作为解决领土争端的方法，有利于妥

---

① Mavrommatis Palestine Concessions case, Judgment, P. C. I. J., series A., No. 2, p. 15.

善解决领土与边界问题。例如，中华人民共和国就一贯主张通过谈判与邻国解决边界问题，并取得了良好的成效。此外，依据主权平等原则，以哪种和平方法解决领土争端，取决于各当事国的共同意志。这意味着，即便当事国不准备利用谈判来解决彼此间的领土争端，也必须先进行谈判，就选择争端解决方法的问题达成合意。

尽管如此，对于一些国际争端，谈判也可能是不可行的、无效的、不适当的解决方法。在这种情况下，领土与边界问题谈判就可能久拖不决。因此，一些国家会采用"先易后难"的方式解决它们之间的领土争端。例如，荷兰与联邦德国对于它们之间的埃姆斯河口区域边界争端，以及科威特与沙特阿拉伯对于它们之间的岛屿归属与海洋划界争端，在有关划界问题的谈判陷入僵局的情况下，荷兰与联邦德国、科威特与沙特阿拉伯都选择暂时搁置主权争议，先共同开发争议地区的自然资源，经过长达二三十年的合作，等时机成熟后，再继续谈判解决争议领土的归属问题。① 此外，也有一些国家在谈判失败之后或在谈判不能在一定时限内解决争端的情况下，选择将领土争端诉诸国际仲裁或司法程序。例如，在 20 世纪 40 年代末，印度尼西亚与马来西亚就靠近婆罗洲的利吉丹岛和西巴丹岛的归属问题产生了争议。经过 30 多年的谈判，印度尼西亚与马来西亚仍未达成协议，两国于是在 1997 年，将它们之间的领土争端提交国际法院进行司法解决。2002 年，国际法院将所有的争议岛屿判给了马来西亚，印度尼西亚也接受了这一判决。还有一些国家会综合使用和平方法与强制方法，采取"先礼后兵"的方式来处理领土争端，但在现代国际社会中很少有使用武力来成功解决领土争端的案例，领土争端最终还是通过外交途径或司法方式得以解决的。

综上所述，在国际实践的推动下，国家在解决领土争端的过程中，很少单一适用某种争端解决方法，大多会应用多重或多样的争端解决方法。譬如，有的国家采用了以谈判为前置程序，法律解决

---

① 萧建国：《国际海洋边界石油的共同开发》，海洋出版社 2006 年版，第 33~34 页。

为后备程序的方式来解决领土争端；有的国家则在谈判的过程中，将海洋划界与共同开发结合起来，综合利用政治、经济、外交、法律、军事等多种手段妥善地解决了领土争端。

（二）领土争端解决方法融合化

国际争端解决方法分为政治方法与法律方法两种。从理论上看，政治解决方法是"实力导向型"争端解决方法，法律解决方法是"规则导向型"争端解决方法，两者是泾渭分明的。但在解决领土争端的实践中，却很难将这两种争端解决方法截然分开。领土争端解决机制呈现出"强制方法与和平方法、政治方法与法律方法、传统的国家间方法与现代国际组织途径之间出现了互补、协调与融合的趋势"①。

因为，第一，领土边界争端涉及法律、政治、历史、地理、战略、经济等多种因素，属于混合型争端。单一的政治方法难以裁判权益争端，单一的法律方法也无法处理一些"不具可裁判性"的政治纠纷。因此，要妥善解决领土争端，就必须综合考虑与争端相关的多种因素，将法律解决方法与政治解决方法有机糅合起来。

第二，虽然谈判是一个实力博弈的过程，但是在"主权平等"以及"禁止使用武力与武力威胁"被确认为国际关系准则与国际法基本原则的时代中，一方在谈判中企图仅仅凭借自己的实力向对方施加压力，迫使对方接受一些损害其领土主权的无理要求，只会导致谈判破裂。而且，即便谈判一方被迫接受丧权辱国的边界条约，该国政府也无法承受国内民众的愤怒，要么倒台，要么拒绝正式签署或履行不公平的边界条约，其结果只会使得不公平的谈判无果而终。为了避免这种情况发生，很多国家在领土边界谈判中都会自觉遵循国际法的指导，接受国际法为划界或领土归属设立的标

---

① 戴兴泓：《国际争端解决机制现状与展望》，载《社会科学家》2012年第 12 期。

准，以确保公平、合理地解决领土边界争端。① 例如，在联邦德国与波兰就统一后的德国与波兰之间的边界问题展开的谈判，以及20世纪90年代沙特阿拉伯与也门之间的边界谈判之中，谈判国都十分关注证据，并依据国际法律规则最终达成了谈判协议。② 因此，一些西方学者把谈判称为"法律阴影之下的协商"。③

第三，在解决领土争端的司法程序中，国际法院也会建议双方进行谈判的判决。这是当争端当事国的谈判一开始就陷入僵局，法院用上述方式解决法律适用问题之后，又在判决中对当事国明确提出履行谈判义务的要求的特殊判决形式。例如，在"北海大陆架案"中，国际法院认为有关大陆架划界的"基本法律思想是划界必须成为有关国家之间协议的目的，这个协议只能根据公平原则达成……各当事国为达成此项协议有义务进行谈判"。法院认为，谈判的义务"仅构成一项原则的特别适用，该原则强调了所有的国际关系，而且该原则在《联合国宪章》第33条中作为和平解决国际争端的方式之一得到进一步的确认"。④ 又如，在"渔业案"中，法院发现原告国英国和德国以及被告国冰岛在有争议的海域中均享有权利，"对于当事国双方的权利均应予以适当承认，即英国在有争议的海域中的权利，以及冰岛作为依赖渔业为生的毗邻国的优先权利"。法院认为，解决争端的最适当的方法显然是谈判，谈判的义务来自当事国各自权利的性质。所以，引导双方进行谈判是

---

① 参见 Prosper Weil, The Law of the Maritime Delimitation-Reflections, Translated by Maureen MacGlashan, Grotius Publication, 1989, pp. 5-6。

② Steven R. Ratner, Land Feuds and Their Solutions: Finding International Law beyond the Tribunal Chamber, American Journal of International Law, Vol. 100, No. 4, 2006, pp. 815-823.

③ Robert H. Mnookin, Bargaining in the Shadow of the Law: The Case of Divorce, Yale Law Journal, Vol. 88, No. 5, 1979, p. 950.

④ 参见 North Sea Continental Shelf (Federal Republic of Germany/ Denmark; Federal Republic of Germany/Netherlands), Judgment, I. C. J. Reports 1969, p. 34。

本案中司法职能的恰当发挥。① 在上述案件中，国际法院不仅指出争端应以谈判方式解决，而且要求当事国进行开诚布公的谈判，谋求公平合理地解决。这种判决方式在领土与边界的案件中较为常见。

　　第四，在某些情况下，为了和平解决当事国之间的领土争端，国际法院有时也不采取司法行为的方式来审理案件。例如，在1963年"北喀麦隆案"中，喀麦隆向国际法院控告英国违反了托管协定，造成北喀麦隆归属尼日利亚，而不属于喀麦隆共和国。英国表示不能接受此项指控。国际法院认为，北喀麦隆归属尼日利亚是联合国大会根据公民投票所作出的决议，法院的判决不能改变大会的决议，此点喀麦隆也承认。因此，国际法院作出判决，认为法院无进行审判此案的必要。法院拒绝裁判的理由就是，因为"法院的职能是解决争端，而非重新挑起已经获解决了的争端"。国际法院在该案中并没有在喀麦隆提出的是否违反托管协议的问题上行使管辖权，而是在"最原始性"的问题上行使了管辖权，即法院行使了《国际法院规约》第36条第6款所规定的"关于法院有无管辖权之争端，由法院裁决之"的权力，而判断法院对此案无管辖权。由于从该案的事实上看，在最基本的问题上不存在任何争议，因此国际法院在"北喀麦隆案"中行使这种否决权是非常恰如其分的，达到了和平解决领土争端的目的。从上述案件可以看出，国际法院并非严格将国际法作为裁判领土争端案件的依据，国际法院在裁判领土争端时，也会考虑该案的判决是否对解决相关争端具有实际的现实的作用，是否缺乏目的或目标，是否能够达成以司法手段解决争端促进和平的目的。因此，这也反映解决领土争端的司法方法与政治方法是相互融合的、相互影响的。

　　第五，由于国际法无论在确定争议领土归属的实体法规则还是程序法规则方面都存在一些缺陷，严格适用法律方法未必都能妥善解决所有的领土边界争端，而且划界本身就包括一个要划分争议领

---

① 参见 Fisheries Case（United Kingdom v. Norway），Judgment, I. C. J. Reports 1951, pp. 116-206。

土的政治决定，因此，为了寻求一条明确而稳定的边界线，并使得判决结果得到当事国承认与执行，国际司法机构在解决一些领土边界争端时也会适用一些政治方法。例如，国际司法机构在审理一些领土边界争端时，会对严格依法划定的边界或判决结果进行一些"调整"。比方说，在 1993 年"格陵兰—扬马延海域划界案"中，国际法院决定采用中间线方法来划定争议海域的边界，但是，国际法院考虑到争议海域的毛鳞鱼具有季节性洄游的习性，这种鱼类的主要捕捞地域在争议当事方主张重叠区的南部，而丹麦位于争议地区的西边。如果严格适用中间线划界，丹麦就无法捕捞毛鳞鱼，因此可能会使得丹麦拒绝接受判决结果。为了避免出现这种结果，国际法院向东移动了依据中间线原则划定的边界。国际法院在"布基纳法索—马里边界争端案"与"萨尔瓦多—洪都拉斯陆地、岛屿与海洋边界案"中也对依据国际法初步划定的边界进行了相应的调整。国际司法机构在做这种调整时会考虑一些与争端"十分相关的情况""高度相关的情况"或是"比其他情况更为贴切的因素"等，但国际司法机构却没有解释为何要这样调整、为何要考虑这些因素。可见，这种"调整"实质上就是"政治性的权衡"。对此，很多著名的国际法学者都持肯定态度。他们认为，由于"权衡"包括调整、平衡冲突性的主张、在对立的权利主张中寻找一个适当的平衡点、适用衡平修改或补充实定法等含义，因此，在国际司法程序中进行政治性的权衡或折中，是司法功能的一个正常的和必要的构成要素，无论国际法庭还是国际仲裁庭都要权衡或折中当事国的权利主张。①

　　由此可见，在解决领土争端的实践中，已经很难在法律方法和政治方法中划分一条明确的界线，这两种争端解决方法有融合的趋势。

---

　　① 参见 William Cullen Dannis, The Venezula-British Guiana Boundary Arbitration of 1899, American Journal of International Law, Vol. 44, No. 4, 1950, p. 727。

第一章　有效控制规则概述

第一节　有效控制规则的含义

虽然经典国际法教科书对领土取得方式做了精确的分类，如先占、时效、添附、割让、征服等，但是，这种理论"不仅从原则上讲不大合理，而且使得对真实情况的理解更为困难"①，尤其是，"领土主权问题通常十分复杂，涉及各种法律原则在实际事实中的适用，这个程序的结果也不能总是被简单地归属于任何简单的起主导作用的规则或'取得方式'"②，因此，国际法庭或国际仲裁机构在审理领土争端案件时很自然地主要关注于争端当事国在关键日期以前对争议地区行使主权权力的证据，而没有将传统国际法中有关领土取得方式的规则运用于其判决理由的说明。③ 这些在国际司法实践中得到长期、一致适用的判断争议领土归属的规则被认为是

---

① ［英］伊恩·布朗利：《国际公法原理》，曾令良、余敏友等译，法律出版社 2003 年版，第 144 页。

② ［英］伊恩·布朗利：《国际公法原理》，曾令良、余敏友等译，法律出版社 2003 年版，第 144 页。

③ 参见 ［英］伊恩·布朗利：《国际公法原理》，曾令良、余敏友等译，法律出版社 2003 年版，第 144 页；A. L. W. Munkman, Adjudication and Adjustment—International Judicial Decision and the Settlement of Territorial and Boundary Disputes, British Year Book International Law, Vol. 46, 1972-1973, p. 103; D. H. N. Johnson, Acquisitive Prescription in International Law, British Year Book International Law, Vol. 27, 1950, p. 348.

"国际法庭所适用的'法律'的一部分"①，是领土法的新发展。②
有效控制规则就是这些领土法新规则之一。

所谓有效控制就是指，国家基于主权者行事的意图对某一领土
长期、和平与持续地实施有效控制或统治的事实状态。有效控制实
质上是国家行使其主权权力的表现形式。而且，由于"在同一领
土上只能存在着一个国家，或者说国家是'不可渗透的'"③，在
正常情况下，一国的国内法律秩序对其领土有排他的效力，在该领
土内一切个人都只受这一国家的主权权威的支配，因此，在固定领
土上的有效控制是唯一的、排他的。所以，在不存在限制行使领土
主权的情况下，有效控制长期以来是国际法庭或国际仲裁机构裁判
争议领土归属的法律依据。在领土争端中，国际法庭在无法依据一
个清楚或正式的法律权利——如条约或国家继承——来确定争议领
土归属的情况下，往往通过考察在关键日期以前哪个国家在争议领
土的国家活动构成了有效控制，从而推定占领国对争议领土享有领
土主权，除非被另一方当事国的反证推翻。④ 这种确定争议领土归

---

① A. L. W. Munkman, Adjudication and Adjustment—International Judicial
Decision and the Settlement of Territorial and Boundary Disputes, British Year Book
International Law, Vol. 46, 1972-1973, p. 4.

② 参见 Steven R. Ratner, Land Feuds and Their Solutions: Finding International
Law beyond the Tribunal Chamber, American Journal of International Law, Vol. 100,
No. 4, 2006, p. 810; A. L. W. Munkman, Adjudication and Adjustment—
International Judicial Decision and the Settlement of Territorial and Boundary
Disputes, British Year Book International Law, Vol. 46, 1972-1973, p. 103。

③ ［美］汉斯·凯尔森：《国际法原理》，王铁崖译，华夏出版社 1989
年版，第 181 页。

④ 参见 Malcolm N. Shaw, International Law, 5th ed., Cambridge University
Press, 2003, 北京大学出版社 2005 年影印英文版，上册，第 436 页; Steven R.
Ratner, Land Feuds and Their Solutions: Finding International Law beyond the
Tribunal Chamber, American Journal of International Law, Vol. 100, No. 4, 2006,
p. 810; W. Michael Reisman, Case Report: The Government of the State of Eritrea
and the Government of the Republic of Yemen, American Journal of International Law,
Vol. 93, No. 3, 1999, p. 668, p. 679; Surya P. Sharma, Territorial Acquisition,
Disputes, and International Law, Martinus Nijhoff Publishers, 1997, p. 338。

属的规则就是有效控制规则。准确地说，有效控制规则是指，在领土争端中，如果无法依据一个清楚、正式的法律权利证据来确定争议领土的归属，就通过衡量争端当事国用以支持它们各自权利主张的占领证据的分量，考察哪个国家对争议领土的国家活动在关键日期之时构成了有效控制，从而确定争议领土归该国所有的法律规则。

有效控制规则不同于传统国际习惯法中以一种固定的模式来描述或说明领土取得的方式的规则。它是从国际司法实践中发展而来的，是通过比较各个争端当事国对争议领土所实施的统治行为的证据，以明确哪个争端当事国对争议领土享有更充分的权利，从而确定争议领土归其所有的分析方法。其经典案例是 1928 年 "帕尔玛斯岛仲裁案"，1931 年 "克利柏顿岛仲裁案"，1933 年 "东格陵兰岛法律地位案"，1953 年 "敏基埃群岛和埃克里荷斯群岛案"，1998 年 "厄立特里亚与也门之间的仲裁案"①，2002 年 "利吉丹岛和西巴丹岛主权归属案"②，2007 年 "尼加拉瓜与洪都拉斯加勒比海领土和海洋争端案"③，2008 年 "白礁岛、中岩礁和南礁主权归属案"④。

第二节　有效控制的构成要素

"一般认为，有效控制的构成要素是意大利国王伊曼纽尔三世

---

① Nuno Sérgio Marques Antunes, The Eritrea-Yemen Arbitration: First Stage-The Law of Title to Territory Re-averred, The International and Comparative Law Quarterly, Vol. 48, No. 2, 1999, pp. 362-386.

② Sovereignty over Pulau Ligitan and Pulau Sipadan (Indonesia/Malaysia), Judgment, I. C. J. Reports 2002, p. 678.

③ Territorial and Maritime Dispute between Nicaragua and Honduras in the Caribbean Sea (Nicaragua v. Honduras), Judgment of 8 October 2007, para. 165, para. 172.

④ Sovereignty over Pedra Branca/Pulau Batu Puteh, Middle Rocks and South Ledge (Malaysia/Singapore), Judgment of 23 May 2008, paras. 274-277.

1904 年在处理巴西和英属（之前是荷属）圭亚那领土争端时，通过仲裁裁决所确立的。伊曼纽尔三世认为有效控制应当包含占领意图（animus occupandi）和占领行为（corpus occupandi）两个要素。"① 此后，国际法庭与国际仲裁机构对此也持肯定态度。例如，国际常设法院在"东格陵兰岛案"的判决书中指出"……一个主权权利主张如果不是基于某种特定行为或割让条约的权利依据，而是基于权威的持续显示，则其必须包含两个因素：作为主权者行事的意图和意愿，以及国家权威的实际行使或显示"。② 因此，有效控制包括两个构成要素：有效权威的行使（the exercise of effective authority）与占领意图（animus occupandi）。

一、有效权威的行使

对有效权威的行使的权威解释最早出现在 1928 年"帕尔玛斯岛仲裁案"的裁决中。在此案中，胡伯认为，"在一定区域持续与和平地宣示国家职能是领土主权的构成要素，这个原则不但可以从独立国家以及它们的边界的形成过程中找到佐证，而且已为国际法理论与实践广泛接受"。③ 因此，他提出，"在领土争端案例中，实际、持续与和平地宣示国家职能才是判断领土主权存在与否的合理的和自然的标准"。④ 由此可见，有效控制中的"有效权威的行使"是指国家职能或国家权威的持续与和平地实际宣示，它具有支配性和排他性。我们还需要进一步明确，国家权威行为的范围以及国家权威行为的有效行使的认定标准。

---

① J. H. W. Verzijl, International Law in Historical Perspective, Vol. Ⅲ, A. W. Sijthoff, 1970, p. 340, note 4. 转引自侯旭：《国际法上的有效占领》，中国政法大学 2006 年硕士学位论文，第 7 页。

② Legal Status of Eastern Greenland（Denmark v. Norway），Judgment, 1933, P. C. I. J., Series A/B, No. 53, pp. 45-46.

③ Island of Palmas case（Netherlands, USA）4 April 1928, Reports of International Arbitral Awards, Vol. Ⅱ, United Nations, 1949, p. 840.

④ Island of Palmas case（Netherlands, USA）4 April 1928, Reports of International Arbitral Awards, Vol. Ⅱ, United Nations, 1949, p. 840.

（一）国家权威的内容

国家权威是主权的表现形式，① 因此，国家权威行为是宣示或体现国家主权权力的行为（à titre de souverain）。一般而言，它包括由国家机构所行使的立法、司法、行政和公共管理行为。② 这正如国际法院弗兰克法官在 2002 年"利吉丹岛和西巴丹岛主权归属案"判决书中的反对意见中所说的，"要证明哪些行为是否符合胡伯在'帕尔玛斯岛仲裁案'中所提的要求，即显示有效控制的行为必须是'那些属于领土主权的国家活动所实施的行为'，就必须考察那些行为是不是……以对争议领土负责的主权者身份所实施的国家活动"③。在 2008 年"白礁岛、中岩礁和南礁主权归属案"的判决书中，国际法院就将新加坡在白礁岛附近水域对失事船舶进行调查、新加坡官方允许其他国家访问白礁岛、新加坡 1977 年在岛上装备军事通信设施、新加坡官方计划开放该岛的广告宣称、新加坡声称该岛属于该国的官方报告以及马来西亚政府出版地图的官

---

① 参见［英］詹宁斯、瓦茨修订：《奥本海国际法》（第一卷 第一分册），王铁崖等译，中国大百科全书出版社 1995 年版，第 92 页，第 292 页。

② 参见［英］伊恩·布朗利：《国际公法原理》，曾令良、余敏友等译，法律出版社 2003 年版，第 330 页；Michael Akehurst, Jurisdiction in International Law, British Year Book International Law, Vol. 46, 1972-1973, pp. 145-257；Robert Y. Jennings, Extraterritorial Jurisdiction and the United States Antitrust Laws, British Year Book International Law, Vol. 33, 1957, pp. 146-157；Karl M. Messen, Antitrust Jurisdiction under Customary International Law, American Journal of International Law, Vol. 78, No. 4, 1984, pp. 783-810；Joseph P. Griffin, Possible Resolutions of International Disputes over Enforcement of U. S. Antitrust Laws, Stanford Journal of International Law, Vol. 18, No. 2, 1982, pp. 279-309；Oscar Schachter, General Course in Public International Law, Recueil des Cours（1982）, Vol. Ⅴ, Vols. 178, Martinus Nijhoff Publishers, 1985, pp. 240-265。

③ Dissenting Opinion of Judge Franck, Sovereignty over Pulau Ligitan and Pulau Sipadan（Indonesia/Malaysia）, Judgment, I. C. J. Reports 2002, p. 696.

方行为视为体现国家主权权力的行为。① 此外，在 2007 年"洪都拉斯与尼加拉瓜在加勒比海领陆与海洋争端案"的判决书中，国际法院也认为能够构成有效控制的行为包括：立法与行政管理行为，民法与刑法的司法适用与执行行为，对移民的行政管理，对渔业的立法与行政管理行为，签订石油开采的特许协议，公共事务管理。② 在 2002 年"利吉丹岛和西巴丹岛主权归属案"的判决书中，国际法院则明确表明只考虑争端当事国的立法和行政管理性质的行为。③ 但是，与传统国际法理论不同，④ 在现代国际法中国家的有效控制行为"并不必然指实际上居住或物质上持有意义的占领"⑤，只将移民定居与实际使用领土视为有效控制的事实要素的传统国际法理论已为现代的国际法庭或国际仲裁机构所摒弃。目前，判断是否构成宣示或体现国家主权权力的行为的标准，已从对领土的实际占有与排除他国的统治，变为在领土上行使和宣示政府职能。⑥

此外，需要注意的是，判断某项行为是否是宣示或体现国家主权权力的行为，还需要根据时间、地点、具体案件的实际情况而定。⑦

----

① 参见 Sovereignty over Pedra Branca/Pulau Batu Puteh, Middle Rocks and South Ledge（Malaysia/Singapore），Judgment of 23 May 2008, para. 234, para. 239, para. 248, para. 250, para. 266, para. 272。

② 参见 Territorial and Maritime Dispute between Nicaragua and Honduras in the Caribbean Sea（Nicaragua v. Honduras），Judgment of 8 October 2007, para. 177, para. 182, para. 186, para. 190, para. 202, para. 205。

③ Sovereignty over Pulau Ligitan and Pulau Sipadan（Indonesia/Malaysia），Judgment, I. C. J. Reports 2002, p. 678.

④ 传统国际法认为，只有在占领的地区移民定居，才构成"实际的而非政治性的占有"。参见［英］劳特派特修订：《奥本海国际法》（上卷 第二分册），王铁崖、陈体强译，商务印书馆 1981 年版，第 77 页。

⑤ ［英］伊恩·布朗利：《国际公法原理》，曾令良、余敏友等译，法律出版社 2003 年版，第 148 页。

⑥ 参见 C. H. M. Waldock, Disputed Sovereignty in the Falkland Islands Dependencies, British Year Book International Law, Vol. 25, 1948, pp. 315-317。

⑦ 参见 Nuno Sérgio Marques Antunes, The Eritrea-Yemen Arbitration: First Stage-The Law of Title to Territory Re-averred, The International and Comparative Law Quarterly, Vol. 48, No. 2, 1999, p. 374。

例如，对于国家在争议岛屿上修建灯塔或其他航行辅助设施的行为，国际法院就依据相关争端的法律或事实背景，以及这些行为的法律意义，来作出了不同的判断。在"敏基埃群岛和埃克里荷斯群岛案"中，国际法院就不认为这些行为是显示国家权威的行为；① 但是，在卡塔尔诉巴林的"海洋划界和领土问题案"中，国际法院考虑到争议岛屿 Qit'at Jaradah 的地理位置与大小，却认为"在很小的岛屿上建造导航设施是具有法律意义的"，因此判定这些行为是宣示或体现国家主权权力的行为。②

而对于个人或组织所实施的行为，只有有证据表明这些行为是在主权者的权威和控制之下实施的，或是受国家管理的，能够确切体现国家的意志，因而可以归因于国家的活动，才可以将这些行为视为国家的有效权威行为。例如，在"帕尔玛斯岛仲裁案"中，由于荷兰东印度公司实际上是荷兰在印尼的殖民统治机构，其行为可以归因于荷兰政府，仲裁员才认为荷兰东印度公司在 1677 至 1795 年间同当地王储签订四个确认荷兰对包括帕尔玛斯岛在内的地区拥有宗主权的条约的行为，是体现荷兰的国家主权的行为。③而在"卡西基里/色杜杜岛争端案"④ 以及"厄立特里亚与也门之间的仲裁案"⑤ 中，国际法院和仲裁庭就认为渔民的一些经济性活动不构成宣示或体现国家主权权力的行为。国际法院在 2002 年"利吉丹岛和西巴丹岛主权归属案"判决书中还明确指出："如果

---

① 参见 Minquiers and Ecrehos case（France/United Kingdom），Judgment, I. C. J. Reports 1953, p. 71。

② 参见 Maritime Delimitation and Territorial Questions between Qatar and Bahrain（Qatar v. Bahrain），Judgment, Merits, I. C. J. Reports 2001, pp. 99-100。

③ 参见 Island of Palmas case（Netherlands，USA）4 April 1928, Reports of International Arbitral Awards, Vol. II，United Nations, 1949, p. 856, p. 867。

④ Kasikili/Sedudu Island（Botswana/Namibia），Judgment, I. C. J. Reports 1999（II），p. 1095.

⑤ Territorial Sovereignty and Scope of Dispute, Award of the Arbitral Tribunal in the first stage of the proceedings between Eritrea and Yemen, Decision of 9 October 1998, Reports of International Arbitral Awards, Vol. XXII，2001, p. 290.

由私人所实施的行为不是基于官方的规章制度或以政府权威的名义行使，就不能被视之为有效控制行为。"① 国际法院在 2007 年 "尼加拉瓜与洪都拉斯加勒比海领土和海洋争端案" 中也持相同的观点。②

（二）构成有效权威行使的国家行为的认定标准

在国际司法实践中，并非所有的国家统治行为都可以构成有效控制。只有在和平、实际、充分、长期和持续的程度上行使主权权力，国家的统治行为才可以构成有效权威的行使。③ 但对于国家行使或显示主权权力的行为的数量，国际法庭则不作具体的要求，法庭更注重的是行为的性质。例如，在 2002 年 "利吉丹岛和西巴丹岛主权归属案" 中，虽然法庭注意到马来西亚所依据的国家行为在数量上并不多，但是，法庭认为，这些行为在性质上具有多样性，包括了立法、行政和准司法行为，并且，它们持续了较长的时间，显示了马来西亚对这两个岛屿行使主权的意图。因此，这些行为就足以作为证明马来西亚有效控制这两个岛屿的证据，从而表明马来西亚对这两个岛屿拥有主权。④ 此外，在 2007 年 "尼加拉瓜与洪都拉斯加勒比海领土和海洋争端案" 中，国际法院也认为，虽然洪都拉斯对 Bobel Cay 的有效控制行为不多，但这些行为可以

---

① Sovereignty over Pulau Ligitan and Pulau Sipadan (Indonesia/Malaysia), Judgment, I. C. J. Reports 2002, p. 683.

② 参见 Territorial and Maritime Dispute between Nicaragua and Honduras in the Caribbean Sea (Nicaragua v. Honduras), Judgment of 8 October 2007, para. 194。

③ 参见 Nuno Sérgio Marques Antunes, The Eritrea-Yemen Arbitration: First Stage-The Law of Title to Territory Re-averred, The International and Comparative Law Quarterly, Vol. 48, No. 2, 1999, pp. 372-373; Surya P. Sharma, Territorial Acquisition, Disputes, And International Law, Martinus Nijhoff Publishers, 1997, pp. 100-104; C. H. M. Waldock, Disputed Sovereignty in the Falkland Islands Dependencies, British Year Book International Law, Vol. 25, 1948, pp. 335-337。

④ 参见 Sovereignty over Pulau Ligitan and Pulau Sipadan (Indonesia/Malaysia), Judgment, I. C. J. Reports 2002, pp. 684-685。

证明洪都拉斯作为主权者行事的意图，并且可以构成对争议岛屿的一个较少的但真实的权威显示，因而可以构成有效控制。①

对构成有效权威行使的认定标准的具体分析如下：

第一，主权的行使或显示必须是和平的。1928年"帕尔玛斯岛仲裁案"的判决书认为，所谓和平是针对其他国家而言的，它是指在关键日期以前，一国对某一争议地区行使领土主权没有引起其他国家的竞争性的诉讼或诸如抗议等其他反对行为。② 1933年"东格陵兰岛法律地位案"也强调"没有国家反对"和"没有其他国家提出主权要求"的事实就意味着占领是和平的。③ 由此可见，"主权的行使或显示必须是和平的"意味着，国家对某一领土宣示主权的行为没有遭到别国长期、一贯地抗议或反对，或是"没有一开始就受到竞争性主权行为的反对"④。例如，在2008年"白礁岛、中岩礁和南礁主权归属案"的判决书中，国际法院认为"老柔佛州的苏丹对白礁岛的占有没有受到这个地区其他国家的反对，就满足领土主权的和平显示的条件"。⑤ 在2002年"利吉丹岛和西巴丹岛主权归属案"中，国际法院也认同占领没有受到其他国家（特别是权利主张竞争国）的反对，就意味着主权的行使或显示是和平的。⑥

---

① 参见 Territorial and Maritime Dispute between Nicaragua and Honduras in the Caribbean Sea（Nicaragua v. Honduras），Judgment of 8 October 2007, para. 208。

② 参见 Island of Palmas case（Netherlands, USA）4 April 1928, Reports of International Arbitral Awards, Vol. Ⅱ, United Nations, 1949, p. 839, p. 868。

③ 参见 Legal Status of Eastern Greenland（Denmark v. Norway），Judgment, 1933, P. C. I. J., Series A/B, No. 53, p. 54。

④ C. H. M. Waldock, Disputed Sovereignty in the Falkland Islands Dependencies, British Year Book International Law, Vol. 25, 1948, p. 335.

⑤ Sovereignty over Pedra Branca/Pulau Batu Puteh, Middle Rocks and South Ledge（Malaysia/Singapore），Judgment of 23 May 2008, para. 68.

⑥ 参见 Sovereignty over Pulau Ligitan and Pulau Sipadan（Indonesia/Malaysia），Judgment, I. C. J. Reports 2002, p. 678。

第二，主权的行使或显示必须是实际的。这要求主权的行使或显示必须是真实的，而不是粉饰成主权行为的字面上的声明。① 这正如仲裁员在"克利柏顿岛案"中所说的，"实际的而非名义上的占有，……包含了一个或一系列行为，通过这些行为，国家真正地占领了争议领土，并在那儿采取措施实施排他性的主权权威"。② 由此可见，实际行使主权要求国家对争议领土产生真正的影响，而不仅仅是停留在字面或口头上的权利要求。它一般要求"国家对争议领土真正地行使了管辖权，或是在国际交往中真正处理过与该领土有关的事项"。③ 例如，"帕尔玛斯岛仲裁案"裁决就指出，"如果主权主张是基于国家权威的持续与和平的显示，这些显示的事实必须明确地涉及争议领土"。④ 国际法院在"西撒哈拉案"的咨询意见中也指出，对构成领土主权性质法律关系有决定性意义的是，该国对该领土有效地行使主权，有效地实施排他的国家活动。⑤ 此外，国际法院在 2002 年"利吉丹岛和西巴丹岛主权归属案"判决书中认为，法院只能考虑那些构成权威的、毫无疑义地涉及争议领土的行为。因此，只有那些一般意义上的立法或行政管理行为的用语或影响清楚地涉及争议领土，这些行为才能被视为显示了有效控制。⑥ 国际法院在 2007 年"尼加拉瓜与洪都拉斯加勒比海领土和海洋争端案"的判决书中，也认为只有与争议领土有

---

① 参见 C. H. M. Waldock, Disputed Sovereignty in the Falkland Islands Dependencies, British Year Book International Law, Vol. 25, 1948, p. 335。

② Judicial Decisions Involving Questions of International Law—France—Mexico, American Journal of International Law, Vol. 26, No. 2, 1932, p. 390, p. 393.

③ C. H. M. Waldock, Disputed Sovereignty in the Falkland Islands Dependencies, British Year Book International Law, Vol. 25, 1948, pp. 335-336.

④ Island of Palmas case (Netherlands, USA) 4 April 1928, Reports of International Arbitral Awards, Vol. II, United Nations, 1949, p. 857.

⑤ 参见 Western Sahara, Advisory Opinion, I. C. J. Reports 1975, p. 43。

⑥ 参见 Sovereignty over Pulau Ligitan and Pulau Sipadan (Indonesia/Malaysia), Judgment, I. C. J. Reports 2002, pp. 682-683。

直接关联性的行为才是有效的占领行为。①

当然，实际地行使主权权力并不意味着在任何时候、对该土地上的任何地点都产生重要的影响。② 还应当根据具体的情况，如争议土地的性质、居民的居住情况、竞争性权利主张的数量等因素综合考量国家的统治行为是否构成实际行使主权权力。③ 对此，胡伯在"帕尔玛斯岛仲裁案"判决中强调，"领土主权可以根据时间和地点的条件，呈现出不同的形式。尽管在原则上要求持续地行使主权，但是，主权权力在不同时间、不同地点的行使是不同的"。④ 国际常设法院在"东格陵兰岛案"中也指出，"我们在读有关领土主权归属争议的案件的判决书时不难发现，如果另一方当事国不能提出一个更强的权利主张，法庭会满意于一方较少的有关其主权权利的实际行使的证据。这种情况在有关人烟稀少或无人居住国家的地区的主权权利要求的案件中尤其常见"。⑤ 对于一些适宜于人类居住的地区，实际行使国家主权权力，必然要求占领国的居民在此地定居以及占领国政府在此地建立起完善的行政管理体制；对于一些自然条件不适于人类居住，但蕴含丰富的自然资源或具有重要的战略价值的地区，只要占领国在此地建立最低限度的政府权威，并能有效地维持其在此地的最高统治地位以及此地的最低程度的秩序，占领国的占领行为就构成了国家权威的实际行使；而对于一些不适宜人类居住、战略或经济价值不高的地区，只要国家在此地长

① 参见 Territorial and Maritime Dispute between Nicaragua and Honduras in the Caribbean Sea（Nicaragua v. Honduras），Judgment of 8 October 2007, para. 201。

② 参见 Thomas N. Perkins, Judicial Decisions Involving International Law—The Island of Palmas（or Miangas），American Journal of International Law, Vol. 22, No. 4, 1928, p. 877。

③ 参见朱利江：《马来西亚和印度尼西亚岛屿主权争议案评论》，载《南洋问题研究》2003 年第 4 期。

④ Island of Palmas case（Netherlands, USA）4 April 1928, Reports of International Arbitral Awards, Vol. Ⅱ, United Nations, 1949, p. 840.

⑤ Legal Status of Eastern Greenland（Denmark v. Norway），Judgment, 1933, P. C. I. J., Series A/B, No. 53, p. 46.

期、持续地宣示领土主权，并显示其占领意图，而不要求国家对此地进行"实际占有和行政管理"，这些非实际占领行为就构成实际行使或宣示国家权威。①

第三，主权的行使或显示必须是充分的。主权的行使或显示的充分性，是用来衡量占领国行使主权权力到何种程度方才可能推定存在一个有效的领土主权。由于主权具有对内是最高的、对外是独立的特征，因此，一般而言，国家主权或权威的行使必须达到在相关领土上建立起完善的国家政权体系，能够独立地、排他地行使管辖权的程度，才能称为充分行使主权权力。国际常设法院在"东格陵兰岛案"中认为，"充分地显示国家权威就意味着产生一个有效的领土主权，即具备实施主权的意图与显示国家活动这两个因素"。② 虽然国际常设法院在此案中没有明确解释国家主权行使到何种程度才可以视之为充分行使，但是，据沃尔多克解释，这个充分的程度意味着"国家的行为必须能够表明，任何一个真正的主权国家在同等情况下都会如此行事"。③

但是，国家主权的行使与领土的地理位置、居民居住情况、重要性等因素密切相关，例如，在一个不适于常人长期居住的"蛮荒之地"所行使的行政管理的强度自然不能和在人口稠密之地所行使的行政管理的强度相比，因此，判断国家主权的行使或宣示是否足够充分的标准是一个充满弹性的概念。在"帕尔玛斯岛仲裁案"中，胡伯对此所设立的标准是，"不能仅仅将主权的宣示局限于排除其他国家的活动，因为领土主权的功能在于在国家之间区分其各自居民的活动范围，因此，主权的行使应当要对其居民提供一

---

① 参见 Myres S. McDougal ed. , Law and Public Order in Space, Yale University Press, 1963, pp. 846-847。

② Legal Status of Eastern Greenland (Denmark v. Norway), Judgment, 1933, P. C. I. J. , Series A/B, No. 53, p. 51, p. 52, p. 54, p. 63.

③ C. H. M. Waldock, Disputed Sovereignty in the Falkland Islands Dependencies, British Year Book International Law, Vol. 25, 1948, p. 336.

个国际法上的最低程度的保护。但这也要根据具体情况而定"。①
在"克利柏顿岛仲裁案"中，仲裁员虽然认为，"只有国家在争议
领土上建立起一个完善的行政管理体制，主权的宣示才是充分的；
但是，对于一块完全不适宜于居住的领土，从占领国最初在那里出
现的时候起，该领土就可能处于该国绝对的和完全没有争议的控制
之下，那么，从这时候起，占有就应被认为已经实现，有效控制因
此就已完成"。② 由此可见，评价国家活动要行使到何种程度才可
能确立一个有效的领土主权，必须依据相关领土的具体情况而
定。③ 对于一些人口稠密、资源丰富、位于人类文明中心地带的领
土而言，国家必须要建立一个完善的行政管理机制，才能构成充分
行使主权权力；但对于一些人烟稀少、地理环境恶劣、不适于人类
居住、地理位置偏远的地区而言，一国仅宣称对该地拥有主权的声
明或偶尔实施一些体现国家权威的行为，或在该地建立一个基本的
管理组织，就足以构成国家在该地充分行使主权权力的有力证
据。④ 这正如同国际法院在 2002 年 "利吉丹岛和西巴丹岛主权归

① Island of Palmas case（Netherlands, USA）4 April 1928, Reports of International Arbitral Awards, Vol. Ⅱ, United Nations, 1949, p. 839.

② Judicial Decisions Involving Questions of International Law—France—Mexico, American Journal of International Law, Vol. 26, No. 2, 1932, pp. 393-394.

③ 参见 C. H. M. Waldock, Disputed Sovereignty in the Falkland Islands Dependencies, British Year Book International Law, Vol. 25, 1948, p. 336。

④ 参见 Henry Reynolds, Reviving Indigenous Sovereignty? Macquarie Law Journal, Vol. 6, No. 1, 2006, pp. 8-10; Nuno Sérgio Margues Antunes, The Eritrea-Yemen Arbitration: First Stage—The Law of Title to Territory Re-averred, The International and Comparative Law Quarterly, Vol. 48, No. 2, 1999, p. 376; Daniel P. O'Connell, International Law, 2nd ed., Vol. 1, Stevens & Sons, 1970, p. 413; Myres S. McDougal ed., Law and Public Order in Space, Yale University Press, 1963, pp. 862-863; Georg Schwarzenberger, Title to Territory: Response to a Challenge, American Journal of International Law, Vol. 51, No. 2, 1957, pp. 315-316; C. H. M. Waldock, Disputed Sovereignty in the Falkland Islands Dependencies, British Year Book International Law, Vol. 25, 1948, p. 336; M. F. Lindley, The Acquisition and Government of Backward Territory in International Law, Longmans, 1926, p. 271。

属案"中所指出的，对于像利吉丹岛和西巴丹岛这样的无人居住或无人永久居住、且经济价值不大的争议地区，有效管理行为事实上通常很少见，因此，马来西亚在这些岛屿上所进行的控制和管理收集龟蛋、保护鸟类、修建和维护灯塔和航行辅助物等措施，就足以构成充分行使国家主权权力。①

第四，主权的行使或显示必须是长期的。在国际司法案例中，国际法院特别强调主权权威的行使必须要经历一个较长的时间才能构成有效控制。例如，在 2002 年"利吉丹岛和西巴丹岛主权归属案"判决书中，国际法院就认为国家行为必须要经历一段相当长的时间内行使，才能构成国家权威的行使。② 国际法院在 2007 年"尼加拉瓜与洪都拉斯加勒比海领土和海洋争端案"的判决书中也强调了这一点。③

但是，对于主权的行使要经历多长的时间才能构成有效控制的问题，国际法院并没有给出一个确切的标准，而且，也不可能确定一个确切的标准。这必须依据具体案情而定，如领土的性质、居民的居住情况以及竞争性权利主张的情况。④ 例如，在 2002 年"喀麦隆与尼日利亚间陆地与海洋边界案"中，由于乍得湖地区是重要的农业区，居民较多，而且，自喀麦隆与尼日利亚两国独立时起它们就对该地的归属产生争议，因此，国际法院认为，由于到国际法院受理该案件为止，尼日利亚实际控制该地区仅仅只有二十年左右的时间，所以，尼日利亚提出依据有效控制取得该地区主权的主

---

① 参见 Sovereignty over Pulau Ligitan and Pulau Sipadan (Indonesia/Malaysia), Judgment, I. C. J. Reports 2002, p. 682, p. 685。

② 参见 Sovereignty over Pulau Ligitan and Pulau Sipadan (Indonesia/Malaysia), Judgment, I. C. J. Reports 2002, p. 685。

③ 参见 Territorial and Maritime Dispute between Nicaragua and Honduras in the Caribbean Sea (Nicaragua v. Honduras), Judgment of 8 October 2007, para. 175。

④ 参见 Malcolm N. Shaw, International Law, 5th ed., Cambridge University Press, 2003, 北京大学出版社 2005 年影印英文版，上册，第 428 页。

张难以成立，因为这段时间太短了。① 在 2008 年"白礁岛、中岩礁和南礁主权归属案"中，由于白礁岛不但距离新加坡与马来西亚两国不远，而且，该岛具有十分重要的战略地位，柔佛州苏丹国在历史上还对该岛行使过管辖权，因此，国际法院考察了自 1850 年至 1980 年将近 140 年的时间里的新加坡及其前任（英国）与马来西亚及其前任（柔佛州苏丹国）对该岛行使主权的行为；并且，国际法院主要是依据新加坡与英国在 1953 年至 1980 年的近三十年间对白礁岛所实施的国家行为，判决该岛的主权属于新加坡。

第五，主权的行使或显示必须是持续的。持续地行使或显示主权是有效控制的核心构成要件，对此，"帕尔玛斯岛仲裁案"与"东格陵兰岛案"的判决书都有论述。② 如果不是由于不可抗力的原因，国家主权的行使或显示在较长的时间里发生中断，这不但是国家有意放弃主权的证据，还是国家有效控制证据的一个瑕疵。

但是，持续地行使主权的程度也要依实际情况而定。这正如"帕尔玛斯岛仲裁案"裁决所述的，"对于遥远而又人烟稀少或只有少数土著居民的小岛来说，持续行使主权权力不可能是毫无间断的"。③ 因此，对于一些人烟稀少并且不适宜于人类居住的地区而言，主权行使的持续性不可避免地要减弱；在这些地区不定期地、并且存在相对较长的时间间隔地行使主权，也可以满足构成持续行使主权权力的条件。④

---

① 参见 Land and Maritime Boundary between Cameroon and Nigeria (Cameroon v. Nigeria：Equatorial Guinea intervening)，Judgment of 10 October 2002，I. C. J. Reports 2002，p. 352。

② 参见 C. H. M. Waldock，Disputed Sovereignty in the Falkland Islands Dependencies，British Year Book International Law，Vol. 25，1948，p. 337。

③ Island of Palmas case（Netherlands，USA）4 April 1928，Reports of International Arbitral Awards，Vol. Ⅱ，United Nations，1949，p. 867。

④ C. H. M. Waldock，Disputed Sovereignty in the Falkland Islands Dependencies，British Year Book International Law，Vol. 25，1948，p. 337.

二、占领意图

所谓占领意图是指占领国以主权者行事、以期在占领的领土上建立起最高的与排他的权威的意图，它对构成有效控制，并证明主权的存在具有十分重要的意义。① 例如，在"某些边境土地主权案"中，对于荷兰自 1843 年以来在争议领土上所行使的管理行为是否可以证明它拥有对该地的主权的问题，国际法院评论道，"由于这两块混乱不清的飞地具有复杂的体制，难以证明荷兰是以行使主权的意图来行使那些国家活动，所以，荷兰的国家活动难以证实它的主权要求"②。又如，国际法院在"敏基埃群岛和埃克里荷斯群岛案"③ 的判决书中指出，在一般情况下，涉及灯塔和导航设施的修建与维持等行为的"与水相关的活动"(water-related activities)通常与保证航海安全有关，难以体现国家的占领意图，因此不能将其视为有效控制的证据。此外，在 2002 年"利吉丹岛和西巴丹岛主权归属案"判决书中，国际法院也认为，决定这些国家行为是否显现了"行为国以主权者身份行使主权的意图"④ 是十分重要的。国际法院在 2007 年"尼加拉瓜与洪都拉斯加勒比海领土和海洋争端案"的判决书中，再次强调了这一点。⑤

---

① 参见 Legal Status of Eastern Greenland（Denmark v. Norway），Judgment，1933，P. C. I. J.，Series A/B，No. 53，pp. 45-46，p. 63；Dissenting Opinion of Judge Armand-Ugon，Case concerning Sovereignty over certain Frontier Land，Judgment，I. C. J. Reports 1959，p. 250；Western Sahara，Advisory Opinion，1. C. J. Reports 1975，p. 42。

② Case concerning Sovereignty over certain Frontier Land，Judgment，I. C. J. Reports 1959，p. 229.

③ Minquiers and Ecrehos case（France/United Kingdom），Judgment，I. C. J. Reports 1953，pp. 70-71.

④ Sovereignty over Pulau Ligitan and Pulau Sipadan（Indonesia/Malaysia），Judgment，I. C. J. Reports 2002，p. 685.

⑤ 参见 Territorial and Maritime Dispute between Nicaragua and Honduras in the Caribbean Sea（Nicaragua v. Honduras），Judgment of 8 October 2007，para. 175。

一般而言，除非国家明确声明其占领意图，国家的占领意图是从国家活动的性质、强度以及案件的具体情况中推定出来的。这正如瑟尔威（Thirlway）所说的，"在查明……国家意图这个十分棘手的问题中……推定在指引国际法庭的法律推理中发挥着重要的作用"。① 但是，由于"有关国家意图的情节证据可能很难获得，或可能根本不存在"②，国家占领意图的推定结果可能很难预料，因此，罗斯（Ross）把这个"作为主权者而行事的意图"的主观要求描述为"空洞的幻想"。③ 尽管如此，布朗利还是认为，"占领意向或与此相关规则仍具有必要的作用"。④

第三节　有效控制的范围

既然占领必须是实效的才能有效，那么，有效控制的范围就只包括那些已经被国家实际控制了的地区。所以，在一般情况下，确定一国在某一地区有效控制的范围，不能取决于这个国家的占领意图，而是取决于这个国家的以所有者的名义统治该领土的负责当局能在这个地区逐渐确立它的主权到什么范围与程度。住在远处的部落的纳贡、武装部队于必要时巡查边远地区的事实、有关该领土的条约的缔结，以及许多其他的事实，都可以表明占领国在其有效控制的地区真正能行使它所确立的主权权威的范围。⑤

---

① H. W. A. Thirlway, Evidence before International Courts and Tribunals, T. Bernhard ed., Encyclopedia of Public International Law, Vol. 2, Elsevier Science Pub Co., 1995, p. 303.

② H. W. A. Thirlway, Evidence before International Courts and Tribunals, T. Bernhard ed., Encyclopedia of Public International Law, Vol. 2, Elsevier Science Pub Co., 1995, p. 303.

③ 参见 Alf Ross, A Textbook of International Law: General Part, Longmans, Green and Co., 1947, p. 147。

④ ［英］伊恩·布朗利：《国际公法原理》，曾令良、余敏友等译，法律出版社 2003 年版，第 149 页。

⑤ 参见［英］劳特派特修订：《奥本海国际法》（上卷 第二分册），王铁崖、陈体强译，商务印书馆 1981 年版，第 78~79 页。

但是，如同判断是否构成有效控制的标准一样，有效控制的范围如何，还应当根据各个具体情形来加以确定，如被占领地区的地理位置、自然环境、重要程度，以及其他国家的竞争性权利主张。对于一些地处偏远且不适宜人类居住的地区，有效控制的范围可以根据占领国的占领意图、向其他国家发出的占领通知或相关地区的面积来确定。例如，在"东格陵兰岛案"中，国际常设法院在判断丹麦在东格陵兰岛有效控制的范围时，就很重视下述事实——直到 1931 年为止，除丹麦外，没有其他国家主张过对东格陵兰岛的主权。

第四节 有效控制规则在司法实践中的适用

一、1928 年帕尔玛斯岛仲裁案

"帕尔玛斯岛仲裁案"是早期适用有效控制规则的经典案例。有效控制规则就建立在胡伯于 1928 年"帕尔玛斯岛仲裁案"裁决书中所阐述的理论——"领土主权的持续与和平的显示……与领土主权权力差不多"[1] ——的基础之上。该案涉及的是美国与荷兰就位于菲律宾群岛（当时处于美国主权之下）与荷兰东印度公司（当时处于荷兰主权之下）之间的孤岛——帕尔玛斯岛的归属问题产生的争议。在此案中，美国认为：西班牙在 16 世纪基于发现取得了帕尔玛斯岛的主权，而 1898 年西班牙又在《巴黎条约》中将该岛割让给美国，因此，美国对该岛拥有主权。而荷兰则辩称，荷兰东印度公司以及荷兰从 1677 年至争议产生时都对帕尔玛斯岛拥有或行使了主权，因此，荷兰对该岛拥有主权。针对争端当事国各自的权利主张，仲裁员胡伯提出，"在出现争端的情形中，实际上

---

[1] Island of Palmas case（Netherlands, USA）4 April 1928, Reports of International Arbitral Awards, Vol. Ⅱ, United Nations, 1949, p. 839.

持续地与和平地国家职能的显示是认定领土主权的合理与自然的标准"①。因此，胡伯认为美国基于发现、承认、毗邻性所提出的权利主张不充分。胡伯继而对荷兰基于对该岛的国家权威和平地、持续地显示的权利主张进行考察。② 胡伯认为，荷兰通过荷兰东印度公司与荷兰在 1677 年至 1899 年期间与当地国家签署的宗主权条约，就确立了荷兰对包括帕尔玛斯岛在内的地区的宗主权；此后，从 1700 年至 1906 年期间，由宗主国（荷兰）与其附庸国轮流统治着该岛。在考虑到帕尔玛斯岛的地理位置，以及在 1806—1906 年期间，荷兰在统治这个岛屿时没有受到任何挑战或抗议之后，胡伯接受了荷兰所提供的一系列有效控制证据。不过，胡伯也指出，荷兰在十八九世纪对该岛的有效统治行为并不太多，而且荷兰所提出的用以证明其持续宣示了其领土主权的证据也存在着大量漏洞。然而，在比较美国与荷兰两国的有效控制证据之后，胡伯得出结论，"所有的证据都倾向于显示，在 1700 年至 1906 年期间，存在着和平显示荷兰主权的不容置疑的行为……并且，这些证据足以证明荷兰主权的存在"。③

二、1931 年克利柏顿岛仲裁案

1931 年"克利柏顿岛仲裁案"明确了认定领土与边界争端当事国之间竞争性占领行为的效力的标准。在此案中，争端当事国一方法国认为其对克利柏顿岛拥有主权，而另一方当事国墨西哥则对此提出竞争性权利主张。墨西哥认为，西班牙是最早发现该岛的，因此，墨西哥作为西班牙的继承国可以对该岛拥有主权。而法国则是基于一些实际的国家主权行为，如法国军官对该岛的主权宣告、向美国政府质问美国是否对该岛有主权要求等，进行辩解。对此，

---

① Island of Palmas case（Netherlands, USA）4 April 1928, Reports of International Arbitral Awards, Vol. Ⅱ, United Nations, 1949, p. 840.

② Island of Palmas case（Netherlands, USA）4 April 1928, Reports of International Arbitral Awards, Vol. Ⅱ, United Nations, 1949, p. 867.

③ Island of Palmas case（Netherlands, USA）4 April 1928, Reports of International Arbitral Awards, Vol. Ⅱ, United Nations, 1949, pp. 870-871.

仲裁员认为，"依据具有法律效力的自古以来的惯例，毫无疑问，除了占领意图，实际而非名义上的占有是占领的必要条件。这种占有包括一种或一系列行为，占领国通过这些行为将有争议的领土置于其占领之下，并在那里采取措施行使排他性的权威。严格地说，在正常情况下，只有当国家在该地建立一个能使其法律受到尊重的机构时，占领才发生。……对于一块事实表明其不适宜于居住的领土，如果该领土从占领国最初在那里出现的时候起就处于该国的绝对的和没有争议的控制之下，从此时起，占有就应被认为是实现了，占领也因此完成了"。① 因此，克利柏顿岛的主权应属于法国。

三、1933 年东格陵兰岛法律地位案

1933 年"东格陵兰岛法律地位案"的判决解决了丹麦在关键日期前未实际完全控制的东格陵兰岛的东海岸地区的法律地位问题。国际常设法院在此案中接受了胡伯在"帕尔玛斯岛仲裁案"裁决书中的关于"持续与和平地行使国家权威"的观点，也采纳了"克利柏顿岛仲裁案"中有关认定有效控制完成的标准；并提出，"主权的权利主张如果不是基于某种特定的行为或权利，如割让条约，而是仅仅基于国家权威的持续显示，它包含了两个必须显示存在的因素：作为主权者行动的意图和意愿，此种权威的实际行使或显示"。② 法院接着指出，"对于不得不裁判一个针对特定领土的主权权利主张的任何法庭而言，必须考虑的一个因素就是，其他国家对该领土所提出的主权的权利主张的程度。在大多数被交付国际法庭审理的涉及领土主权争端案件中，都有两个竞争性的权利主张，法庭将判决哪一个权利主张更强"。③ 此外，法院还强调要考虑争议领土的地理情况和居民居住情况，从而确定满足有效控制

① Judicial Decisions Involving Questions of International Law—France—Mexico ［J］. American Journal of International Law, 1932, 26（2）: 393-394.

② Legal Status of Eastern Greenland（Denmark v. Norway）, Judgment, 1933, P. C. I. J. , Series A/B, No. 53, pp. 45-46.

③ Legal Status of Eastern Greenland（Denmark v. Norway）, Judgment, 1933, P. C. I. J. , Series A/B, No. 53, p. 46.

的条件。国际常设法院考察了丹麦与挪威在若干个历史时期的有效控制证据，依据上述理由作出了有利于丹麦的判决。法院认为，仅仅考察 1921 年至 1931 年丹麦针对东格陵兰岛（包括该岛的东海岸）实施的一系列立法和行政行为，就可以明确地认定丹麦具备了建立有效的主权的两个因素，即行使主权的意图和国家行为的宣示。① 这就可以成功地支持丹麦的主张，也就是在关键日期时它拥有整个格陵兰岛的主权。② 因此，挪威在关键日期的占领及其任何措施都是非法的和无效的。③ 笔者认为，国际常设法院并没有明确指出丹麦胜诉的理由，而只是通过比较两国的有效控制证据来裁判争议领土的归属；挪威之所以败诉，是因为其所提出的有效控制证据不如丹麦的有效控制证据那样充分、那样多。

四、1953 年敏基埃群岛和埃克里荷斯群岛案

1953 年"敏基埃群岛和埃克里荷斯群岛案"涉及英法两国对于英吉利海峡法国一侧两片岛礁（敏基埃群岛和埃克里荷斯群岛）归属的领土争端。在此案中，英法两国都辩解，它们对于敏基埃群岛和埃克里荷斯群岛都基于通过长期、持续的有效控制而取得了古代权利（ancient title）或原始权利（original title），并且，它们各自在关键日期前都有效地维持着它们的权利。④ 为支持各自立场，英法两国举出了大量证据，包括古代的条约，中世纪的特许令，中世纪的法院判决，以及几个世纪以来范围广泛的民事刑事审判实践。然而，"在国际法院看来，具有决定意义的，不是从中世纪发生的一些事件中推断出来的间接假设，而是与敏基埃和埃克里荷斯

---

① Legal Status of Eastern Greenland（Denmark v. Norway），Judgment, 1933, P. C. I. J., Series A/B, No. 53, pp. 62-63.

② Legal Status of Eastern Greenland（Denmark v. Norway），Judgment, 1933, P. C. I. J., Series A/B, No. 53, p. 64.

③ Legal Status of Eastern Greenland（Denmark v. Norway），Judgment, 1933, P. C. I. J., Series A/B, No. 53, p. 64.

④ Minquiers and Ecrehos case（France/United Kingdom），Judgment, I. C. J. Reports 1953, pp. 50-53.

岛直接相关的占领证据"。① 法院认为该案的关键问题还是认定有效控制问题,② 这在具体场合中相当于确认主权。③ 因此,法院在判断争议领土的归属时,着重考虑了与管辖权和地方行政管理的行使以及与立法有关的行为的证据价值,④ 并依据争端当事国对争议领土的主权的实际行使的事实,评估英法两国都宣称对争议领土拥有主权的竞争性权利主张。⑤ 由于法国并没有举出足够的证据来表明它对该岛和平与持续地显示或行使了国家权威,而英国则列举了其在 18 世纪至 20 世纪对争议领土行使过诸如行政、司法和立法等国家职能的证据,⑥ 所以,在审查英法两国各自所提出的有效控制证据之后,法院认为,英国所举出的证据是最接近"有效控制"这一概念的。因此,法院基于英法双方各自所提出的有效控制证据的相对强弱而作出判决:"埃克里荷斯和敏基埃群岛的主权……均属于英国。"⑦

五、2002 年利吉丹岛和西巴丹岛主权归属案

2002 年"利吉丹岛和西巴丹岛主权归属案"是第一个独立运用有效控制规则,通过比较哪个争端当事方所提出的证明其已经进

---

① Minquiers and Ecrehos case (France/United Kingdom), Judgment, I. C. J. Reports 1953, p. 57.

② Minquiers and Ecrehos case (France/United Kingdom), Judgment, I. C. J. Reports 1953, pp. 55-57.

③ Minquiers and Ecrehos case (France/United Kingdom), Judgment, I. C. J. Reports 1953, pp. 58-59.

④ 参见 Minquiers and Ecrehos case (France/United Kingdom), Judgment, I. C. J. Reports 1953, p. 65。

⑤ 参见 Minquiers and Ecrehos case (France/United Kingdom), Judgment, I. C. J. Reports 1953, p. 67。

⑥ 参见 Minquiers and Ecrehos case (France/United Kingdom), Judgment, I. C. J. Reports 1953, pp. 66-67, 71-72。

⑦ Minquiers and Ecrehos case (France/United Kingdom), Judgment, I. C. J. Reports 1953, p. 72.

行了有效统治的证据更有力，来确定争议领土的归属的案例。① 该案涉及的是印度尼西亚与马来西亚就靠近婆罗洲的利吉丹岛和西巴丹岛的归属问题而产生的争议。在该案中，印尼和马来西亚所提的权利证据都是条约、国家继承。② 然而，国际法院认为，在此案中无论是条约③还是国家继承④都不足以证明争议领土的归属，因此，法院将考虑争端当事方所提供的涉及有效控制的证据是否可以作为判定利吉丹岛和西巴丹岛的归属的依据。⑤ 法院接着回顾了它已经在大量的案件中依据有效控制与主权权利之间的法律关系作出的判决。法院指出，"布基纳法索与马里边界争端案"的判决书对该案的判决具有指导意义。审理"边界争端案"的特别法庭在指出"必须对多种可能性加以区分"之后，声明"有效控制不能与任何法律权利并存，……而如果不存在这种情况，则一定要考虑有效控制"。⑥ 鉴于在本案中不存在一个确定争议领土归属的明确、正式的法律权利证据，法院把争端当事双方用以证明它们构成有效

---

① 参见朱利江：《马来西亚和印度尼西亚岛屿主权争议案评论》，载《南洋问题研究》2003 年第 4 期。

② 参见 Sovereignty over Pulau Ligitan and Pulau Sipadan（Indonesia/Malaysia），Judgment, I. C. J. Reports 2002, p. 643。

③ 参见 Sovereignty over Pulau Ligitan and Pulau Sipadan（Indonesia/Malaysia），Judgment, I. C. J. Reports 2002, p. 668。

④ 参见 Sovereignty over Pulau Ligitan and Pulau Sipadan（Indonesia/Malaysia），Judgment, I. C. J. Reports 2002, pp. 669-678。

⑤ 参见 Sovereignty over Pulau Ligitan and Pulau Sipadan（Indonesia/Malaysia），Judgment, I. C. J. Reports 2002, p. 678。

⑥ Sovereignty over Pulau Ligitan and Pulau Sipadan（Indonesia/Malaysia），Judgment, I. C. J. Reports 2002, p. 678；Frontier Dispute（Burkina Faso/Republic of Mali）case, Judgment, I. C. J. Reports 1986, p. 587；Territorial Dispute（Libyan Arab Jarnahiriya/Chad），Judgment, I. C. J. Reports 1994, p. 38；Land and Maritime Boundary between Cameroon and Nigeria（Cameroon v. Nigeria：Equatorial Guinea intervening），Judgment of 10 October 2002, I. C. J. Reports 2002, pp. 353-354.

控制来作为判断争议领土归属的一个独立和单独的依据。① 法院接着依据国际常设法院在 1933 年"东格陵兰岛法律地位案"判决书中对有效控制的构成要素和认定争端当事方国家活动证据力的标准的阐述，② 评估了印尼与马来西亚各自所依仗的国家活动。法院认为，印尼所列举的这些行为都不具有立法或行政管理性质，因此不能构成反映以主权者行事的意图与意愿的体现国家主权权力的行为（à titre de souverain）；③ 而马来西亚在争议岛屿上所实施的对采集龟蛋的管理和控制措施以及建立鸟类保护区都应当被视为对争议岛屿宣示主权的立法与行政管理行为。④ 另外，对于马来西亚在利吉坦岛和西巴丹岛上建立灯塔和导航设施的行为，法院认为，虽然在"敏基埃群岛和埃克里荷斯群岛案"中这些行为不被认为是国家权威的显示，⑤ 但是，在卡塔尔诉巴林的"海洋划界和领土问题案"中，国际法院认为"在很小的岛屿上建造导航设施是具有法律意义的。考虑到争议岛屿 Qit′at Jaradah 的大小，巴林在该岛上所实施的活动应当被认为足以支持它提出对该岛享有主权的主张"。⑥ 国际法院认为同样的考虑也适用于该案。⑦ 最后，法院评论道，"马来西亚所依据的行为，不管它们是以其本国的名义还是以大英帝国的继承者的名义作出，在数量上并不多，但是，这些行为在性

---

① 参见 Sovereignty over Pulau Ligitan and Pulau Sipadan (Indonesia/Malaysia), Judgment, I. C. J. Reports 2002, p. 678。

② 参见 Sovereignty over Pulau Ligitan and Pulau Sipadan (Indonesia/Malaysia), Judgment, I. C. J. Reports 2002, pp. 682-683。

③ 参见 Sovereignty over Pulau Ligitan and Pulau Sipadan (Indonesia/Malaysia), Judgment, I. C. J. Reports 2002, p. 683。

④ 参见 Sovereignty over Pulau Ligitan and Pulau Sipadan (Indonesia/Malaysia), Judgment, I. C. J. Reports 2002, p. 684。

⑤ 参见 Minquiers and Ecrehos case (France/United Kingdom), Judgment, I. C. J. Reports 1953, p. 71.

⑥ Maritime Delimitation and Territorial Questions between Qatar and Bahrain (Qatar v. Bahrain), Judgment, Merits, I. C. J. Reports 2001, pp. 99-100.

⑦ 参见 Sovereignty over Pulau Ligitan and Pulau Sipadan (Indonesia/Malaysia), Judgment, I. C. J. Reports 2002, p. 685。

质上多种多样，并包括了立法、行政和准司法行为。它们持续了相当长的一个时期，并且，……显示了对这两个岛屿行使国家职能的意图。而且，法院还不能忽视这个事实，即在这些行为发生的时期内，无论是印尼还是其前任荷兰均未表示过异议或提出过抗议"。① 因此，"根据案情，特别是考虑到双方提供的证据，法院判决马来西亚依据有效控制而拥有对利吉丹岛和西巴丹岛的主权"。②

六、2008 年白礁岛、中岩礁和南礁主权归属案

2008 年"白礁岛、中岩礁和南礁主权归属案"是国际法院适用有效控制的最新案例。此案涉及的是马来西亚与新加坡之间就位于新加坡海峡东入口的白礁岛以及该岛附近的中岩礁和南礁的归属产生的争议。由于白礁岛具有控制新加坡海峡的战略价值，因此，该案的争议焦点在于该岛的归属。马来西亚声称，从 16 世纪开始白礁岛就是柔佛州的一部分，因此，长期以来它就对白礁岛拥有原始权利，而且它对该岛的主权从未发生过变化。③ 而新加坡则认为，在 1847 年以前该岛是无主地，新加坡当时的殖民地宗主国——英国在 1847 年至 1851 年通过显示主权权力的合法占有取得对该岛的主权，并且，该主权权力被英国政府有效地维持着，直至作为英国殖民当局继承者的新加坡共和国取得该主权。④ 法院认为有必要确定新马两国的主张是否属实。⑤ 法院回顾了 1933 年"东

① 参见 Sovereignty over Pulau Ligitan and Pulau Sipadan (Indonesia/Malaysia), Judgment, I. C. J. Reports 2002, p. 685.

② 参见 Sovereignty over Pulau Ligitan and Pulau Sipadan (Indonesia/Malaysia), Judgment, I. C. J. Reports 2002, pp. 685-686.

③ 参见 Sovereignty over Pedra Branca/Pulau Batu Puteh, Middle Rocks and South Ledge (Malaysia/Singapore), Judgment of 23 May 2008, para. 37.

④ 参见 Sovereignty over Pedra Branca/Pulau Batu Puteh, Middle Rocks and South Ledge (Malaysia/Singapore), Judgment of 23 May 2008, para. 39-41。

⑤ 参见 Sovereignty over Pedra Branca/Pulau Batu Puteh, Middle Rocks and South Ledge (Malaysia/Singapore), Judgment of 23 May 2008, para. 42。

格陵兰岛法律地位案"与 1928 年"帕尔玛斯岛仲裁案"裁决书对有效控制概念的论述,① 认为老柔佛州苏丹当局对白礁岛的占领未受到这个地区其他国家的反对,并且,在各个方面看起来都满足"领土主权的和平与持续的显示"的条件,② 因此,法院判定老柔佛州苏丹当局对白礁岛拥有原始权利,③ 在 1844 年英国开始准备在白礁岛上建立灯塔之时,马来西亚对该岛拥有主权。④ 然而,法院没有以此为据将白礁岛判给马来西亚。法院考虑到新加坡声称它是从 1844 年开始取得该岛的主权,⑤ 因此法院提出还有必要考察该岛在 1844 年以后的法律地位。⑥ 法院认为,国家的同意以及拥有主权的国家未对另一国的宣示主权行为作出反应可以导致领土主权的转移。虽然这看起来像是基于时效,⑦ 但是,新马两国都认为时效的概念在该案中不起任何作用。新加坡甚至辩解道,"即便马来西亚显示了其对该岛的历史性权利,新加坡也将拥有对该岛的主权,因为新加坡对该岛持续地实施了主权,而马来西亚什么都没做"。⑧ 而且,法院也没有在其判决理由中提到时效,法院决定通

---

①　参见 Sovereignty over Pedra Branca/Pulau Batu Puteh, Middle Rocks and South Ledge (Malaysia/Singapore), Judgment of 23 May 2008, para. 64-67。

②　参见 Sovereignty over Pedra Branca/Pulau Batu Puteh, Middle Rocks and South Ledge (Malaysia/Singapore), Judgment of 23 May 2008, para. 68。

③　参见 Sovereignty over Pedra Branca/Pulau Batu Puteh, Middle Rocks and South Ledge (Malaysia/Singapore), Judgment of 23 May 2008, para. 69, para. 75, para. 80。

④　参见 Sovereignty over Pedra Branca/Pulau Batu Puteh, Middle Rocks and South Ledge (Malaysia/Singapore), Judgment of 23 May 2008, para. 117。

⑤　参见 Sovereignty over Pedra Branca/Pulau Batu Puteh, Middle Rocks and South Ledge (Malaysia/Singapore), Judgment of 23 May 2008, para. 118。

⑥　参见 Sovereignty over Pedra Branca/Pulau Batu Puteh, Middle Rocks and South Ledge (Malaysia/Singapore), Judgment of 23 May 2008, para. 119。

⑦　参见 Sovereignty over Pedra Branca/Pulau Batu Puteh, Middle Rocks and South Ledge (Malaysia/Singapore), Judgment of 23 May 2008, para. 120-121。

⑧　参见 Sovereignty over Pedra Branca/Pulau Batu Puteh, Middle Rocks and South Ledge (Malaysia/Singapore), Judgment of 23 May 2008, para. 123。

过考察新马两国在 1844 年以后的行为来确定争议领土的归属。①
法院认为，英国与新加坡在 1953 年以后对该岛实施了大量的体现
国家主权权力的行为（à titre de souverain），如调查海难事故，控
制外国对该岛的访问，新加坡在该岛安装海军通信设施以及制定对
该岛的开发计划等。但是，马来西亚及其前任并没有对这些它们已
经发现了的新加坡的国家行为作出任何反应。② 而且，自 1850 年 6
月以后，柔佛州的行政当局及其继承者（马来西亚）再也没有提
及该岛，甚至连要登临该岛都要向新加坡政府提出申请。20 世纪
60、70 年代的马来西亚官方地图也把白礁岛标示为新加坡的领土，
这显示出马政府认为新加坡对该岛拥有主权。此外，1953 年柔佛
州的行政官员还声称柔佛州不主张对白礁岛拥有所有权。这个官方
声明具有十分重要的证据价值，从一个侧面反映了马来西亚已经认
同了新加坡对白礁岛的领土主权要求。③ 因此，法院认为，这些相
关的事实（包括双方的行为）反映了白礁岛的法律地位的变化。
通过比较新加坡与其前任政府对白礁岛所实施的体现国家主权权力
的行为，和与之同一时期发生的马来西亚与其前任政府的行为
（包括它们没有对英国与新加坡的行为作出任何反应），法院认为
白礁岛的主权在 1980 年时已经转让给了新加坡。④ 所以，法院最
终判决白礁岛的主权属于新加坡。⑤

---

①　参见 Sovereignty over Pedra Branca/Pulau Batu Puteh, Middle Rocks and
South Ledge（Malaysia/Singapore），Judgment of 23 May 2008, para. 125。

②　参见 Sovereignty over Pedra Branca/Pulau Batu Puteh, Middle Rocks and
South Ledge（Malaysia/Singapore），Judgment of 23 May 2008, para. 274。

③　参见 Sovereignty over Pedra Branca/Pulau Batu Puteh, Middle Rocks and
South Ledge（Malaysia/Singapore），Judgment of 23 May 2008, para. 275。

④　参见 Sovereignty over Pedra Branca/Pulau Batu Puteh, Middle Rocks and
South Ledge（Malaysia/Singapore），Judgment of 23 May 2008, para. 276。

⑤　参见 Sovereignty over Pedra Branca/Pulau Batu Puteh, Middle Rocks and
South Ledge（Malaysia/Singapore），Judgment of 23 May 2008, para. 277。

第五节 对有效控制规则的评价

一、有效控制规则的法律地位

有效控制规则是从国际法庭长期、一致适用的判决理由（ratio decidendi）中推论出来的。虽然司法判例只能作为确定法律原则的辅助手段（《国际法院规约》第38条），并不具有先例效力（《国际法院规约》第59条）；但是，实际上很多国际司法判例对国际法的发展产生了决定性的影响，如"帕尔玛斯岛仲裁案""关于为联合国服务而受损害的赔偿问题的咨询意见""关于灭种罪公约的保护问题的咨询意见""英挪渔业案"等，它们已经超出了仅具有确认国际法律规则的存在和内容等机能的辅助资料地位，发挥着形成国际法律规范的作用。虽然如此，但这还是取决于国际社会对这些国际司法判例的接受程度。①

就适用有效控制规则的经典案例而言，虽然国际法庭对该制度的长期适用并不构成国家实践，但是，这构成了证明有效控制规则正在逐步形成习惯国际法规则的极具说服力的证据。而且，从前文所述的案例中的争端当事国的诉状和答辩状可以看出，在相当长的时间里，很多"利益深受影响之国家"都一致主张可以通过有效控制取得领土主权。这表明，这些案例通过对各国后来的实践产生了影响，从而促进有关有效控制规则的习惯国际法规则的形成。此

---

① 参见 Hersch Lauterpacht, The Development of International Law by International Court, Stevens, 1958, pp. 8-22; H. Waldock, General Course on Public International Law, Recueil des Cours, 1962, Ⅱ, Vol. 106, A. W. Sijthoff, 1963, pp. 88-95; H. Thirlway, The Law and Procedure of the International Court of Justice 1960-1989 (Part Two), British Year Book International Law, Vol. 61, 1990, p. 3, pp. 127-133; Malcolm N. Shaw, International Law, 5ᵗʰ ed., Cambridge University Press, 2003, 北京大学出版社 2005 年影印英文版，上册，第 103~105 页；[英] 伊恩·布朗利：《国际公法原理》，曾令良、余敏友等译，法律出版社 2003 年版，第 14~16 页；[日] 松井芳郎等主编：《国际法》（第四版），辛崇阳译，中国政法大学出版社 2004 年版，第 27 页。

外，由于争端当事国在国际法院的诉状和答辩状既能被视为国家实践，通常又能同时反映出相关国家的法律确信；而且，当相关实践足够密集时，法律确信一般就包含在这一实践当中，① 因此，也存在有关有效控制规则的法律确信。

由此可见，有效控制规则属于国际习惯法规则，具有法律效力。这正如仲裁庭在 1998 年 "厄立特里亚与也门之间的仲裁案" 裁决书中所说的，"现代国际法要求，领土的取得（或划分）必须具备：在持续与和平的基础上通过管辖权与国家职能的行使，而展现出来的针对相关领土的主权权力和权威的有意识地行使。而且，如果进一步说的话，持续与和平地行使国家权威或职能只要与领土的性质以及其居民的多少相适应，就可以证明争议领土的归属"。②

二、有效控制规则的效力根据

有效控制虽然长期以来都是国际法庭裁决的理由，但是，有效控制规则的效力根据又何在呢？对此，笔者拟分成 "无主地的取得" 和 "对主权竞争者的权利证据的评估" 两个内容对此进行分析。

对于无主地的取得而言，由于领土主权是一国对于领土的所有权（dominium）和统治权（imperium）的综合，③ 因此，一国在以

① 参见 The 69th Conference of the International Law Association, Statement of Principles Applicable to the Formation of General Customary International Law, Principle 12, the Report of the International Committee on the Formation of Customary（General）International Law, 2000, p. 718, § 10（c）。

② Territorial Sovereignty and Scope of Dispute, Award of the Arbitral Tribunal in the first stage of the proceedings between Eritrea and Yemen, Decision of 9 October 1998, Reports of International Arbitral Awards, Vol. XXII , 2001, p. 209, p. 268.

③ 参见周鲠生：《国际法》（上册），武汉大学出版社 2007 年版，第 320~323 页；[日] 松井芳郎等主编：《国际法》（第四版），辛崇阳译，中国政法大学出版社 2004 年版，第 100 页；Territorial Sovereignty and Scope of Dispute, Award of the Arbitral Tribunal in the first stage of the proceedings between Eritrea and Yemen, Decision of 9 October 1998, Reports of International Arbitral Awards, Vol. XXII, 2001, p. 209, p. 219, pp. 317-318。

主权者行事的意图下对某一无主地"和平与持续地行使国家权威"，无疑就是该国对该无主地拥有主权的证据或表征。此外，由于对领土主权的证明极为困难，而有效控制作为领土主权的表现形式，其存在易于证明，所以，国际法庭与国际仲裁机构往往推定无主地的占领国就是其主权国。因此，在这种情况下，国际法就将对事实的支配（有效控制）升格为法律的支配（领土主权），从而使有效控制具有优先取得主权的功能。这样，我们就不难理解为什么胡伯在"帕尔玛斯岛仲裁案"的裁决书中指出，仅凭发现并不能创设一个完全的主权权利，而只能创设一个不完全的权利。而国际法之所以这样规定，不外乎两点考虑：其一，对国际社会和平秩序的维护；其二，维护国家的领土主权。因为，国际法承认因先占而取得无主地的主权，本身就是一种社会秩序，它可以在一定程度上防止国家之间滥用武力去争夺领土，从而维持国际社会的和平与秩序；而且，这反过来又有利于保护先占国的领土主权不受侵犯。

在不涉及无主地取得的领土争端中，为什么能够依据国家有效控制的证据来确定争议领土的归属呢？对此，笔者又拟分成两种情况来进行讨论：其一，是在无法以条约或国家继承为依据确定争议领土的归属的情况下，为何可以通过判断构成对争议领土的有效控制来推定争议领土的归属，如 2002 年国际法院对"利吉丹岛和西巴丹岛主权归属案"的判决；其二，是有效控制如何可以破除争议领土原始权利国的主权权利，使主权发生转移，如 2008 年国际法院对"白礁岛、中岩礁和南礁主权归属案"的判决。具体分析如下：

对于第一种情况而言，由于有效控制，即国家基于占领意图而对领土持续与和平地行使国家职能的事实状态，是领土主权的构成要素，因此，在不存在限制主权行使的情况下，有效控制与领土主权是不能分离的。所以，有效控制具有证明存在领土主权的功能。这样，当两个争端当事国就领土的归属发生纠纷，而双方都不能提出足够的证据来证明该领土的归属的时候，如果一方争端当事国在争议领土上基于占领意图而对该领土持续与和平地行使国家主权权利，自然可以构成有效控制，而又可以从有效控制这一事实状态推定该国对争议领土拥有主权，除非另一方争端当事国提出有力的反证。这种确定领土主权归属的方法，类似于民法中占有的权利推定①——"我占据着一块土地，在没有相反的情况以前，我就被认定为这块土地的所有人"。② 而这种权利推定制度同样可以存在于国际法之中。郑斌（Bin Cheng）教授在《适用于国际法院与法庭中的一般法律原则》一书中指出，"对于国际法庭而言，可以推定某一事实或某一事件的状态是真实的，让持相反意见的当事方去推翻它，而不必非得主张它们是真实的。这些推定成为了法律推理的最初前提"。③ 因此，只有一国对争议地区的控制与管理构成有效控制，那么就可以推定有效控制国为争议领土的主权所有国。

至于第二种情况，笔者认为，实际上是综合运用了以有效控制规则为核心规则，以关键日期学说，承认、默认与禁止反言为辅助性规则的方法来确定争议领土的归属。而适用这种方法的根据或理由在于：第一，仅凭原始权利或历史性的权利的存在，不足以确定争议领土的归属。因为，原始权利虽然可以作为确定争议领土归属的证据之一，但是，原始权利并非绝对的或一成不变的，如果该权利未得到有效地维持，仍然可能丧失。这正如国际法院在"敏基

---

① 由于在传统国际法中，领土不再被视为是君主或政府的私有财产，因此，罗马法中有关不动产取得的规则不能再适用于国家领土的取得，但是，民法中有关私有财产取得的一些真理性认识或推理仍然可以适用于领土取得。参见［英］劳特派特修订：《奥本海国际法》（上卷 第二分册），王铁崖、陈体强译，商务印书馆 1981 年版，第 68 页。有关民法中占有制度参见［德］鲍尔·施蒂尔纳：《德国物权法》（上册），张双根译，法律出版社 2005 年版，第 63 页；姚瑞光：《民法物权论》，台湾大中国图书公司 1988 年版，第 403 页；杨佳红：《民法占有制度研究》，西南政法大学 2006 年博士学位论文；王利明：《试述占有的权利推定规则》，载《浙江社会科学》2005 年第 6 期；程啸、尹飞：《论物权法中占有的权利推定规则》，载《法律科学》2006 年第 6 期；姜战军：《论占有权利推定对不动产上占有的适用》，载《法律科学》2006 年第 6 期。

② ［法］蒲鲁东：《什么是所有权》，孙署冰译，商务印书馆 1996 年版，第 79 页。

③ Bin Cheng, General Principle of Law as Applied by International Courts and Tribunals, Stevens & Sons, 1953, p. 304.

埃群岛和埃克里荷斯群岛案"中对原始权利的评价，法院认为虽然大量的古代文件表明英国对敏基埃群岛和埃克里荷斯群岛拥有原始权利，不过这些文件和今日的形势已无多大的关系，因此，在法院看来，着重点应当放在目前主权的实际行使方面，而不是放在不同的法律制度建立的古代权利上面。所以，法院认为，具有决定重要性的事实就是直接与占有敏基埃群岛和埃克里荷斯群岛有关的证据，因而法院的部分任务在于对声称对争议岛屿享有主权的相反主张进行评估。[①] 由此可见，在存在竞争性权利主张的情况下，原始权利不能作为一个清楚或充分的权利证据，还需要证明原始权利国持续地行使着其主权权利。[②] 第二，有必要维护因原始权利国长期对其某块领土怠于行使其主权权利、但其他国家通过对此地"和平与持续行使主权权利"而形成的新的国际秩序，以维护相关地区的和平与安全。例如，即便一方当事国 A 在先前对争议领土享有一个合法的原始权利，但是，如果 A 国在相当长的时期内由于其自身的原因而不对其领土有效地行使主权权威，而另一方当事国 B 在关键日期以前的相当长的时间里，以行使主权权力的意思，和平、持续地对该领土实施了有效的管辖；并且，有证据表明 A 国承认或默认 B 国对争议领土的有效控制行为，那么，就可以认定 B 国通过有效控制取得争议领土的主权。笔者认为这是确定领土主权归属的一个合理方法。因为，如果在不存在限制原始权利国行使主权权力的情况下，有效控制行为的行使与拥有主权的法律地位长期处于一种分离的状态，原有的原始权利就可能自然而然地灭失。因为当权利主体长期怠于行使其权利从而使其权利对象的存在状态发生了变化、并引起了复杂的社会关系时，国际法为了维持和平的国际社会秩序，不得不在原权利主体与物的实际的占有者之间作出选

[①]　参见 Minquiers and Ecrehos case（France/United Kingdom），Judgment, I. C. J.　Reports 1953, p. 55-59; Individual Opinion of Judge Levi Carneiro, Minquiers and Ecrehos case（France/United Kingdom），Judgment, I. C. J. Reports 1953, p. 97。

[②]　参见 Separate Opinion of Judge Ad Hoc Sreenivasa Rao, Sovereignty over Pedra Branca/Pulau Batu Puteh, Middle Rocks and South Ledge（Malaysia/Singapore），Judgment, para. 39。

择，以牺牲原所有者为代价，换取社会生活秩序的安定。因此，为了维持由有效控制所形成的国际社会的秩序与稳定，有效控制在符合一定条件下，如时际法规则、关键日期理论、承认、默认、禁止反言等，就具有取得主权权利的功能。

三、有效控制与先占

先占是一个国家以主权者行事的意识占领无主地而取得其主权的占取行为。先占是国际法中最古老的领土取得方式，也是一种原始的领土取得方式。① 而通过前文的分析，笔者认为，先占并非主权产生的依据，它只不过是取得主权的一个形式标志而已。

在涉及无主地主权的取得时，先占与有效控制之间的关系十分密切，很难对它们进行区分，以致很多学者认为，在无主地的取得的情况下，有效控制就是先占的构成要素，是先占得以成立的基石。但是，笔者认为，先占是有效控制的初始阶段，有效控制是先占的法律结果，因为，对于无主地的取得，始于先占；而要最终取得对无主地的主权，必须要求先占国的控制或管理行为构成有效控制。

四、有效控制与取得时效

很难区分取得时效与有效控制之间的差异，因为，第一，两者都建立在行使国家权威的基础之上；② 第二，两者都可以适用于判

---

① 参见 Malcolm N. Shaw, International Law, 5th ed. , Cambridge University Press, 2003, 北京大学出版社 2005 年影印英文版，上册，第 424～425 页；Malcolm N. Shaw, The Western Sahara case, British Year Book International Law, Vol. 49, 1978, p. 119, pp. 127-134。

② 参见 Malcolm N. Shaw, International Law, 5th ed. , Cambridge University Press, 2003, 北京大学出版社 2005 年影印英文版，上册，第 424 页；Robert Y. Jennings, The Acquisition of Territory in International Law, Manchester University Press, 1963, p. 23; D. H. N. Johnson, Acquisitive Prescription in International Law, British Year Book International Law, Vol. 27, 1950, pp. 344-348; Kasikili/Sedudu Island（Botswana/Namibia）, Judgment, I. C. J. Reports 1999, p. 1101, p. 1103, p. 1105, p. 1145。

断存在竞争性权利主张的非无主地的归属。① 例如，贝克特（Eric Beckett）虽然在"帕尔玛斯岛仲裁案"与"东格陵兰岛案"之间做过这种区分，但他也不得不承认，从这两个案件的裁判理由中作出这种决定是不容易的。② 而且，虽然贝克特认为"帕尔玛斯岛仲裁案"是基于取得时效作出对荷兰有利的裁决，但实际上，胡伯在"帕尔玛斯岛仲裁案"裁决书中只三处提到了"时效"这一术语，③ 他并未提到"帕尔玛斯岛仲裁案"的裁决是依据取得时效制度作出。胡伯认为，"如果没有行使主权的具体显示，国际法是不能够假定推导出一个类似领土主权那样的权利的"④，而且在他看来，"所谓的时效仅仅意味着国家权威的持续与和平的显示"。⑤ 此外，在 2008 年"白礁岛、中岩礁和南礁主权归属案"中，虽然专案法官 Dugard 认为新加坡的权利主张看起来非常像是基于时效，但是，新加坡则强调"时效的概念在该案中不起作用"，马来西亚也同样这样认为；而且，法院在判决理由中也只字未提时效，慎重

---

①　参见 Malcolm N. Shaw, International Law, 5th ed. , Cambridge University Press, 2003, 北京大学出版社 2005 年影印英文版，上册，第 424 ~ 426 页；[英] 伊恩·布朗利：《国际公法原理》，曾令良、余敏友等译，法律出版社 2003 年版，第 148 页，第 158 页；Robert Y. Jennings, The Acquisition of Territory in International Law, Manchester University Press, 1963, p. 23；Dissenting Opinion of Judge Franck, Sovereignty over Pulau Ligitan and Pulau Sipadan (Indonesia/Malaysia), Judgment, I. C. J. Reports 2002, p. 697；C. Parry, British Digest of International Law, Vol. Ⅴ, Cambridge, 1965, p. 535；Frontier Land case, Judgment, I. C. J. Reports 1959, p. 209。

②　参见 D. H. N. Johnson, Acquisitive Prescription in International Law, British Year Book International Law, Vol. 27, 1950, p. 348。

③　参见 Island of Palmas case (Netherlands, USA) 4 April 1928, Reports of International Arbitral Awards, Vol. Ⅱ, United Nations, 1949, p. 839, p. 840, p. 868。

④　Island of Palmas case (Netherlands, USA) 4 April 1928, Reports of International Arbitral Awards, Vol. Ⅱ, United Nations, 1949, p. 839.

⑤　Island of Palmas case (Netherlands, USA) 4 April 1928, Reports of International Arbitral Awards, Vol. Ⅱ, United Nations, 1949, p. 868.

地避免产生判决是基于时效作出的暗示。① 由此可见，笔者认为，只能从理论上来区分有效控制与取得时效的差异。

第一，两者的性质不同。有效控制是国际法庭在司法实践中通过考察有效控制证据的分量来确定争议领土归属的动态分析方法；② 而取得时效是学者们在理论中区分领土取得的一种静态的说明性概念。③

第二，两者的适用范围不同。学者们一般认为，取得时效仅适用于已占有的领土，并且它只适用于海洋权利。④ 而有效控制规则则适用于存在竞争性权利主张的领土，它"既可以是无主地，也可以是其主权尚未根本确定的领土"。⑤ 此外，取得时效还适用于以武力的方式非法占领他国领土的情况，而有效控制则只适用于和平的占领方式。⑥

第三，两者的效力根据不同。学者们一般认为，取得时效的效力取决于国家的明示或默示的同意，⑦ 或是对国际秩序的

---

① 参见 Dissenting Opinion of Judge Ad Hoc Dugard, Sovereignty over Pedra Branca/Pulau Batu Puteh, Middle Rocks and South Ledge (Malaysia/Singapore), Judgment, para. 31, para. 33。

② 参见 [英] 伊恩·布朗利：《国际公法原理》，曾令良、余敏友等译，法律出版社 2003 年版，第 158 页。

③ 参见 [英] 伊恩·布朗利：《国际公法原理》，曾令良、余敏友等译，法律出版社 2003 年版，第 144 页。

④ 参见 D. H. N. Johnson, Acquisitive Prescription in International Law, British Year Book International Law, Vol. 27, 1950, pp. 348-353; [英] 伊恩·布朗利：《国际公法原理》，曾令良、余敏友等译，法律出版社 2003 年版，第 158 页。

⑤ Dissenting Opinion of Judge Franck, Sovereignty over Pulau Ligitan and Pulau Sipadan (Indonesia/Malaysia), Judgment, I. C. J. Reports 2002, p. 697.

⑥ 参见 Malcolm N. Shaw, International Law, 5ᵗʰ ed., Cambridge University Press, 2003, 北京大学出版社 2005 年影印英文版，上册，第 426~427 页。

⑦ 参见 I. C. Macgibbon, The Scope of Acquiescence in International Law, British Year Book International Law, Vol. 31, 1954, p. 143; Georg Schwarzenberger, International Law, 3ʳᵈ ed., Vol. 1, Stevens and Sons, 1957, p. 307; [英] 伊恩·布朗利：《国际公法原理》，曾令良、余敏友等译，法律出版社 2003 年版，第 158 页。

维持。①而有效控制规则的效力根据则在于有效控制的权利推定功能和权利取得功能。在有效控制规则中，默认仅仅起到证明有效控制的存在是十分巩固的证据作用，而不构成法律主张的要素。②

第四，两者的价值取向不同。取得时效体现的是一种"干涉主义"，它追求的是使各国都充分、积极地利用其领土资源，做到物尽其用。而有效控制规则的价值取向则在于"法律对值得保护的利益的寻求"③，其目的在于有效维护国际社会的稳定和秩序。

第五，两者的逻辑推理不同。取得时效强调的是时间因素对法律权利的重要作用，④ 这正如法谚所说的：时间可以解决一切（Time cures all things）。而有效控制规则侧重的则是"比较争端当事方所依据的有效控制证据的相对效力"。

第六，两者的内容不同。取得时效"是一个与默许、禁止反言的观点以及抗议或无抗议的效果合在一起取得或破坏领土主权的方式"⑤，而有效控制规则则是与时际法规则、关键日期理论、承认、默认、禁止反言等规则紧密联系在一起，⑥ 来比较争端当事国的权利证据的案件分析方法。

---

① 参见［英］詹宁斯、瓦茨修订：《奥本海国际法》（第一卷 第二分册），王铁崖等译，中国大百科全书出版社 1998 年版，第 90 页。

② 参见 Malcolm N. Shaw, International Law, 5th ed., Cambridge University Press, 2003, 北京大学出版社 2005 年影印英文版，上册，第 427 页。

③ 参见［英］伊恩·布朗利：《国际公法原理》，曾令良、余敏友等译，法律出版社 2003 年版，第 144 页。

④ 参见 Rosalyn Higgins, Time and the Law: International Perspectives on an Old Problem, The International and Comparative Law Quarterly, Vol. 46, No. 3, 1997, pp. 501-520。

⑤ 参见［英］詹宁斯、瓦茨修订：《奥本海国际法》（第一卷 第二分册），王铁崖等译，中国大百科全书出版社 1998 年版，第 89 页。

⑥ 参见侯旭：《国际法上的有效占领》，中国政法大学 2006 年硕士学位论文，第 22~24 页。

第二章　有效控制规则肇源

近年来，有效控制规则（rule of effectivités）是我国领土法学界研究的热点问题。我国不少学者不但认为有效控制规则是一项新的领土法规则，还将有效控制规则作为论证南海诸岛、钓鱼岛及中印争议地区的领土主权属于中国的法律依据。① 然而，我国学界对国际法中有效控制规则的研究，主要集中于利用案例分析法，总结、归纳国际法院在审理领土争端的司法实践中识别"有效控制"的标准。并且，由于见仁见智，我国学者对"有效控制"的构成要件众说纷纭。我国学者很少去探讨法语术语"effectivités"的由来，这导致我国学者对法语"effectivités"的中文翻译也是莫衷一是，有"有效控制""有效占领""主权活动""实际统治"等多种表述。更有甚者，我国不少学者把"有效控制"与"有效控制规则"混为一谈，而没有从建构意义上去深入研究国际法中有效控制规则的内涵与特征等基本理论问题。另外，在国际司法实践中，国际法院也从未释明其适用有效控制规则裁判领土争端的理论依据。② 那么，国际法院与国际仲裁庭在它们判决书中所提到的"有效控制"究竟从何而来？国际法院与国际仲裁庭认定国家对争议地区的主权活动构成有效控制的标准又是什么？究竟何谓国际法中有效控制规则，该规则具有何种特征？亚里士多德曾经说："如

---

① 参见曾皓：《阿克赛钦主权归属中国的国际法依据》，载《南亚研究》2020 年第 3 期；王玫黎：《论有效控制理论在南海岛屿主权争端中的运用》，载《太平洋学报》2014 年第 5 期；张卫彬：《中日钓鱼岛之争中的有效统治证据分量考》，载《太平洋学报》2012 年第 12 期。

② 参见 Georg Schwarzenberger, Title to Territory: Response to a Challenge, American Journal of International Law, Vol. 51, No. 2, 1957, p. 309。

果我们对某一政治或其他问题的认识不甚清晰，那么我们就应当去追溯其原始而明白发生的端绪，这样我们就可以获得最明朗的认识。"① 因此，笔者也准备从探究有效控制规则产生、发展的历史入手，来探讨上述的理论问题，并求教于各位方家。

第一节 "有效控制"起源于欧洲列强为瓜分非洲而创立的有效性原则

与中文"有效控制"对应的外文术语是"effectivités"。该词是法语单词，意为"有效性"。②"effectivités"一词，是19世纪末期欧洲列强为争夺非洲而创立的国际法术语。

19世纪80年代，欧洲国家掀起了瓜分非洲的浪潮。在此之前，欧洲国家之间的领土变更，是通过类比适用国内民法中有关不动产转让的法律制度来加以解决的，如继承、赠送、割让等。③ 而这些有关领土取得的国际法规则，不能用于调整欧洲国家取得非洲地区领土主权的行为，也不能解决由此产生的纷争。为了规范和协调列强因争夺非洲殖民地而产生的利益冲突，保证瓜分非洲"有序进行"，并证明欧洲列强合法取得了对非洲殖民地的领土主权，欧洲国家创立了诸如"有效性原则"等一些新的有关领土取得的国际法原则与规则。国际法中的领土法，也因此逐步独立于罗马法中有关财产法律规则，成为国际法法律体系中一个法律部门。④ 这

---

① ［古希腊］亚里士多德：《政治学》，吴寿彭译，商务印书馆1965年版，第4页。

② 薛建成编译：《拉鲁斯法汉双解词典》，外语教学与研究出版社2001年版，第655页。

③ 参见 Norman Hill, Claims to Territory in International Law and Relations, Oxford University Press, 1945, p. 143。

④ 参见 Sookyeon Huh, Title to Territory in the Post-Colonial Era: Original Title and Terra Nullius in the ICJ Judgments on Cases Concerning Ligitan/Sipadan (2002) and Pedra Branca (2008), The European Journal of International Law, Vol. 26, No. 3, 2015, p. 711。

正如肖所说的：“法律是政治环境的反映，并在大多数情况下以符合现实的方式演进，因此领土法也会在国际关系的影响下，生成一系列反映国际社会现实的领土取得规则。”①

有效控制（effectivités）这一术语，正是在欧洲列强创新领土法的进程中问世的。1884 年，比、法、德、英等 15 个国家在柏林召开了瓜分非洲的柏林会议，以讨论刚果河和尼日尔河盆地的归属问题。② 在柏林会议上，为遏制英国在非洲的扩张，德、法等国提出了瓜分非洲的有效性原则：如果一国要取得非洲大陆“野蛮人”“未开化种族”或“半开化种族”居住地的领土主权，或要在这些地区设立一个新的保护国，该国不能仅凭“发现”和象征性占有，而必须“按资本”和“按实力”对其声索的地区进行“有效占领”。③ 为了明确判断西方列强对其非洲殖民地的占领是否具有“有效性”，欧洲列强在 1885 年《柏林会议关于非洲的总议定书》第 34、35 条中议定了两条标准，其中第 35 条为“有效控制”标准。④ 为“方便使用”，列强们还在柏林会议上创造了“一个新的法语词汇”——“effectivités”，即有效控制。⑤ 所谓“有效控制”是指：“如果一国要占领非洲领土或宣布设立一个新保护国，该国就应当在其占领的地区公开地建立一个足以维护该国既得权利，以及保护贸易和过境运输自由的领土据点或统治机构，但无需在其占

---

① Malcolm N. Shaw, International Law, 8th Edition, Cambridge University Press, 2017, p. 1019.

② 参见钱乘旦、许洁明：《英国通史》，上海社会科学院出版社 2012 年版，第 305 页。

③ 参见郑家馨主编：《殖民主义史（非洲卷）》，北京大学出版社 2000 年版，第 352 页。

④ 参见世界知识出版社编：《国际条约集（1872-1916）》，世界知识出版社 1986 年版，第 97 页。

⑤ 参见 Charles Salomon, L'Occupation des Territoires Sans Maître, A. Giard, 1889, pp. 307-308；转引自罗刚：《论国际法上领土取得的“实际统治”原则：一个批判性的视角》，载《边界与海洋研究》2018 年第 3 期。

领地区建立一套完整的行政体系。"① 此后，西方列强或通过使用武力，或利用特殊的形势展开外交，对其声索的非洲殖民地进行了有效占领。劳特派特、布朗利、凯尔森、斯塔克等国际法学者认为，有效控制构成了"有效性原则"或"实效原则"的核心内容。劳特派特还认为，有效性原则是类比罗马法中的占有规则创立的，它要求西方列强取得非洲未被占领或未开化的领土，应当满足罗马法中占有制度所规定的"体素"与"心素"的要求，并对这些地区实施实际的、排他的统治行为。② 可见，自"有效控制"面世时起，它就是一种描述国家独立地、排他地与有效地支配或控制其占领的地区的事实关系的法律术语，它最初是"有效占领"的构成要素之一。③

有效性原则的出台"标志着西方列强在非洲'取得领土'有了可依据的国际法"。④ 进入 20 世纪后，有效性原则已牢固地植根于国际法之中。"国家要取得其发现的地区的领土主权，就必须在合理期间内对该地区实施有效控制，否则该国因发现而取得的'待完善的权利'就有可能丧失或被其他国家取代。不过，国家对相关地区实施占领行为的'有效性'需要根据具体情况而定。"⑤ 凯尔森还认为："国家的疆界是按照有效性原则决定的，只有占领是有效的，才具有取得领土的效果。"⑥ 虽然我们不能把现今的有

---

① Jeffrey Herbst, States and Power in Africa: Comparative Lessons in Authority and Control, Princeton University Press, 2000, p. 72.

② 参见 H. Lauterpacht, Private Law Sources and Analogies of International Law, Archon Books, 1970, pp. 100-101。

③ 参见罗欢欣：《国际法上的领土权利来源：理论内涵与基本类型》，载《环球法律评论》2015 年第 4 期。

④ J. D. Harqreavas, "The Berlin Conference, West Africa, and the Eventual Partition", in Stig Förster, Wolfgang J. Mommsen and Ronald Robinson ed., Bismarck, Europe, and Africa: The Berlin Africa Conference 1884-1885 and the Onset of Partition, Oxford University Press, 1988, p. 131.

⑤ William Edward Hall, International Law, 8th Edition, Clarendon Press, 1924, p. 125.

⑥ 参见 [美] 汉斯·凯尔森：《国际法原理》，王铁崖译，华夏出版社 1989 年版，第 177~178 页。

效控制规则与过去的有效性原则混为一谈，但是笔者认为，有效控制起源于有效性原则却是确定无疑的。萌芽时期的有效控制带有浓厚的殖民色彩，它是欧洲列强为了"有秩序"地瓜分非洲，利用其"法律上的霸权"而创立新的有关领土取得的国际法规则的产物。①

后世的西方国际法学者无论其母语是否为法语，在他们的论著中都直接使用法语术语"effectivités"。只不过，"二战"以后，联合国领导的非殖民化运动迅速和无条件地终结了殖民主义，国际法治、民主逐渐成为国际社会的价值观念，西方的国际法学者在他们的论著中都有意地"过滤"掉了有效控制曾经是"霸权主义国际法"② 产物的历史。另外，西方国际法学者对"effectivités"一词的理解或解释也是众说纷纭。英国学者肖（Shaw）认为，"effectivités"意为"sovereign activities"，即"主权活动"。③ 英国学者克劳福德（James Crawford）则认为，"effectivités"意为"actual administration"，即"实际管理"。④ "德国学者李斯特（Franz von Liszt）认为'effectivités'意为'tats chliche Herrschaft über das Gebiet'，即'有效控制领土'。日本学术界普遍认为，'effectivités'意为日语中的'实効支配'，即'实际支配'。"⑤ 我国学者对法语"effectivités"含义的理解与翻译也多种多样，有"有效控制""有效占领""有效统治""实际统治""主权活动"等多种表述。笔者认为，虽然学者们对"effectivités"的解释各不相同，但是他们都是用该术语描述国家对其占领的地区进行排他的、有效的统治的一种事实关系。这表明"effectivités"是国家对特定地区的"支配

① 参见 José E. Alvarez, International Organizations as Law-makers, Oxford University Press, 2005, pp. 199-200。

② Detlev F. Vagts, Hegemonic International Law, American Journal of International Law, Vol. 95, No. 4, 2001, pp. 843-848.

③ Malcolm N. Shaw, International Law, 8th Edition, Cambridge University Press, 2017, p. 1043.

④ James Crawford, Brownlie's Principles of Public International Law, 9th Edition, Oxford University Press, 2019, p. 216.

⑤ 转引自罗刚：《论国际法上领土取得的"实际统治"原则：一个批判性的视角》，载《边界与海洋研究》2018 年第 3 期。

力"或"控制力",这种支配力或控制力又来源并体现了占有国对其有效控制的地区的领土主权。因此,将"effectivités"译为"有效控制"可能更为合适。

第二节　有效控制规则是一种发端于国际
司法判例的领土主权证明方法

"二战"结束以后,"互相尊重主权与领土完整""禁止以武力相威胁或使用武力"成为国际法基本原则。"国家领土不得成为他国以使用威胁或武力而取得之对象""使用威胁或武力取得之领土不得承认为合法",也随之成为国际关系基本准则。因此,在现代国际法中,"时效""强制性割让""征服"等传统国际法中的领土取得方式都失去了合法性。另外,由于当今世界上已经没有无主地,"先占"已经失去了存在的现实意义。以人工"添附"的方式取得领土的情况也比较少见。可以说,在当今世界,国家创立与变更领土主权的主权活动已经不常见。但领土法并未因此失去发展动力,成为了一个日渐萎缩的"死法"。因为,世界各地存在不少的领土与边界争端,领土争端当事国习惯性地将它们之间的领土与边界争端诉诸国际法院或国际仲裁机构,由此产生了大量的领土争端国际司法判例。尽管国际司法判例不是实际的法律渊源,但是,"国际司法判决已经成为国际法的发展中一个重要因素,而且国际司法判例的权威和说服力有时使它们具有比它们在形式上所享有的更大的意义。"① 一些权威国际法学者还认为,国际司法判例能推动一般国际法的发展,具有接近于形式渊源的性质。② 例如,郑斌认为,国际司法判例是确定国际法规则和原则的最重要的方法。③

---

① ［英］詹宁斯、瓦茨修订:《奥本海国际法》(第一卷 第一分册),王铁崖等译,中国大百科全书出版社 1995 年版,第 24 页。

② 参见 James Crawford, Brownlie's Principles of Public International Law, 9th Edition, Oxford University Press, 2019, pp. 37-39。

③ B. Cheng, General Principles of Law as Applied by International Courts and Tribunals, Stevens, 1953, p. 1.

阿库斯特认为，国际司法判例可以作为国际习惯法的证据。① 国际司法判例成为推动现代领土法发展的新动力。国际法中的有效控制规则，正是在国际司法判例推动下产生的领土法新规则。②

有效控制规则发端于 20 世纪 20—30 年代国际仲裁庭与常设国际法院的司法判例，其代表案例是 1928 年"帕尔马斯岛案"与1933 年"东格陵兰岛法律地位案"。胡伯仲裁员在审理 1928 年"帕尔马斯岛案"时提出，由于一国的国内法存在登记制度，且国内拥有完善的司法体系，因此国内法承认抽象的物权，可以不要求权利人以某种方式展示该权利。但是，在国际法中不存在承认抽象物权所必需的物权制度与司法体系，因此，国际法不能将领土主权视为一种抽象的权利，而不要求主权国具体地、实际地展示或行使其对某一特定领土的主权权威。③ 胡伯进一步指出："如果当事国之间没有划定在地形上具有足够精确的传统习惯边界线，或者如果划定的边界线存在空缺，或者如果传统习惯边界线存在争议的空间，当事国对争议地区实际地、持续地、和平地与公开地行使国家职能，就是判断领土主权归属的正当和自然的标准。"④ 胡伯的上述观点指明了有效控制规则的理论依据：和平与持续地展示国际权力，具有产生领土主权的功能。它既是一国对该地区享有领土主权的表现形式，也是创立并维持领土主权的重要方式。所以，可以在符合高度盖然性的基础上，从一国对某一地区实施排他的、绝对的有效控制的事实中，推定该国拥有某一地区的领土主权。援引胡伯的这一观点作为裁判理由，因此成为了后世国际法庭与国际仲裁庭在适用有效控制规则裁判领土争端时必做的"功课"。

另外，胡伯还提出，可以通过分时段地评估与比较争端当事国

① ［英］M. 阿库斯特：《现代国际法概论》，汪瑄等译，中国社会科学出版社 1981 年版，第 43~44 页。

② 参见黄德明、黄赟琴：《从白礁岛案看领土取得的有效控制原则》，载《暨南学报（哲学社会科学版）》2009 年第 5 期。

③ 参见 Island of Palmas case（United States of America v. The Netherlands），Award of The Tribunal, R. I. A. A. , Vol. II, 1928, p. 839。

④ 参见 Island of Palmas case（United States of America v. The Netherlands），Award of The Tribunal, R. I. A. A. , Vol. II, 1928, p. 840。

对争议地区实施主权活动的证据，以确定争议领土在不同时期的主权归属或法律地位，从而查明争议地区的领土主权创立、维持的历史脉络，并在此基础上作出裁决。胡伯的这种审判方法与法律推理模式，同样为后世法庭与仲裁庭所模仿。例如，在 1933 "东格陵兰岛法律地位案"、1953 年 "曼逵尔岛和艾逵胡岛案" 以及 2008 年 "白礁岛、中岩礁和南礁主权归属案" 中，国际法院都是效仿 "帕尔马斯岛案"，判断争议领土在不同时期的法律地位，以查明在关键日期之时争议地区的主权归属，并在此基础上作出判决。

总之，胡伯在审理 "帕尔马斯岛案" 时界定的领土主权的权源、取得方式与判断标准，奠定了有效控制规则的理论依据；胡伯所创立的判断争议地区主权归属的审判方法与法律推理模式，创立了有效控制规则的核心内容。因此，完全有理由认为，1928 年 "帕尔马斯岛案" 是有效控制规则产生的源头。5 年之后的 1933 年 "东格陵兰岛法律地位案"，是推动有效控制规则形成的又一个重要国际司法判例。

在 1933 年 "东格陵兰岛法律地位案" 中，常设国际法院不但界定了有效控制的概念："在行使国家权威时采取的行为，通过这种行为，一国表明其作为某一领土的主权者行事的意图"；而且提出了有效控制的构成要件——国家将某一地区占为所有的意图（主观要件），国家实际而非名义行使主权权力的活动（客观要件）。① 更为重要的是，在 1933 年 "东格陵兰岛法律地位案" 中，常设国际法院指出，国际法中的领土主权是相对的，而非绝对的，当法院在决定争议地区属于哪个争端当事国时，它将考虑所有对抗性的主权主张，并将争议地区判给那个相对而言提出更优越（或更强）法律主张的国家。② 因此，常设国际法院在 1928 年 "帕尔马斯岛案" 的基础上进一步完善了 "相对式" "盖然性" 的领土争端裁判方法：判决不是在明确界定属于先占或时效的基础上作出

---

① 参见 Malcolm N. Shaw, International Law, 8th Edition, Cambridge：Cambridge University Press, 2017, pp. 1045-1049。

② 参见 Legal Status of Eastern Greenland（Denmark v. Norway），Judgment, P. C. I. J. Series A/B, No. 53, 1933, pp. 45-46。

的，而是根据对相竞争的主权行为所作的权衡。质言之，国际司法机构虽然推定对争议地区实施有效控制的国家拥有对该地区的领土主权，但是只要提出竞争性主权要求的国家能够通过反证推翻上述推定，或者如法院所说，在证据竞争中提出更具优势的权利主张，国际法院会作出有利于该国的判决。这正是适用有效控制规则解决领土争端的精髓所在。

作为常设国际法院的继承者的国际法院，在审理各方当事国都缺乏确切的书面证据以证明其拥有绝对权利的领土争端时，延续并发展了常设国际法院所创立的法律推理、裁判方法：通过考察与评估争端当事国在关键日期以前一段较长的时期内，对争议地区行使或展示主权权威的证据，作出判决。

在国际法院的司法判例中，"effectivités"一词最早见诸 1986年"布基纳法索与马里边界争端案"判决书。在该案中，国际法院指明了有效控制规则的适用条件：唯有在不存在其他法律权源的情况下，才能将有效控制视为领土主权的权源。并且，在 2002 年"利吉丹岛和西巴丹岛主权归属案"、2007 年"尼加拉瓜与洪都拉斯加勒比海领土和海洋争端案"、2008 年"白礁岛、中岩礁和南礁主权归属案"、2012 年"尼加拉瓜与哥伦比亚领土和海洋争端案"中，国际法院都适用了有效控制规则作出了判决。在国际法院的审判实践中，国际法院对发展有效控制规则的最大贡献就是明确了有效控制的认定标准。

尽管《国际法院规约》并未采用英美法系中的"遵循先例原则"，但国际法院的判例大体上是一致的。国际法院经常援引常设国际法院及国际法院早先的判决来支持其判决。国际法院关于领土争端的判例也不例外。更加之，"二战"结束以后，随着"禁止使用武力及武力威胁""和平解决国际争端"被载入《联合国宪章》、成为国际强行法规则，越来越多的国家将它们之间的领土争端诉诸国际法院解决。国际法院在审判领土争端时反复提出的、用以裁判争议地区领土主权归属的基本原则、主要规则与法律推理，引起了不少国际法学者的关注，成为了领土法研究的热点问题。例如，布朗利（Brownlie）、肖（Shaw）、克劳德福（Crawford）、赛尔维

（Thirlway）等国际法学者，采取实证研究方法，通过分析、评述国际司法判例来探讨领土取得方式问题，从中总结出了领土法的新发展——有效控制规则。相应地，国际法院及国际仲裁庭在司法判例中有关有效控制规则的适用限制、构成要素等论述，成为了有效控制规则的核心内容。① 综上所述，国际法中的有效控制规则是经验归纳而非理论演绎的产物，其基础就在于国际法院及国际仲裁庭的司法实践。所谓有效控制规则，是自 20 世纪以来国际法院与国际仲裁机构在国际司法实践中创立的一种新的领土争端裁判方法：对于不存在诸如条约、保持占有（uti possidetis）等法律权源（title）② 的领土争端，国际法院与国际仲裁庭将通过权衡和比较争端当事国双方在关键日期以前，对争议地区实施有效控制活动的证

---

① 参见宋岩：《领土争端解决中的有效控制规则研究》，中国政法大学出版社 2018 年版，第 16 页。

② 在国际公法中，权源（title）是一个多义词。在本书中，所谓领土主权的权源特指，表明领土主权归属一个国家的依据或来源，它既涉及法律，也包括事实因素。在国际司法实践中，该概念经常被用来指领土主权的来源或领土主权的证据。在审理 1986 年"布基纳法索/马里边界案"时，国际法院认为，领土主权的法律权源是指，可以证明领土主权存在及其实际来源的任何证据。不过，在此后的 1999 年"卡西吉利岛/塞杜杜岛案"、2002 年"利吉丹岛和西巴丹岛主权归属案"与 2007 年"尼加拉瓜与洪都拉斯在加勒比海领土和海洋争端案"等司法判决中，国际法院又将"领土的权源"（territorial title）定义为："为了确立领土权利，而由国际法赋予其内在法律效力的书面证据。"不过，在司法实践中，领土争端当事国往往基于国际法认可的方式提出支持其领土要求或权利主张的权源。该权源不但包括条约、保持占有（uti possidetis）、相关国际会议或国际组织的决议、国际司法判决，还可能是当事国对争议地区主权归属的单方面行为，如承认、默认与放弃等。国际法院一般会根据解决争端应适用的法律依据，审查当事国提出的证据材料，并结合相关事实，来确定争议地区领土主权的权源。参见 Frontier Dispute（Burkina Faso/Republic of Mali），Judgment, I. C. J. Reports 1986, p. 564; Kasikili/Sedudu Island（Botswana/Namibia），Judgment, I. C. J. Reports 1999, p. 1098; Sovereignty over Pulau Ligitan and Pulau Sipadan（Indonesia/Malaysia），Judgment, I. C. J. Reports 1999, p. 667; Territorial and Maritime Dispute between Nicaragua and Honduras in the Caribbean Sea（Nicaragua v. Honduras），Judgment, I. C. J. Reports 2007, p. 723。

据的分量，将争议地区的领土主权判给能提出更优或更强权利主张的争端当事国。① 这一判决理由被国际法院与国际仲裁庭长期、一贯、反复适用。因此一些国际法学者认为：国际司法判例推动了领土法的发展，② 创立了现代领土法中最具代表性的新规则——有效控制规则。③ 审理"厄立特里亚与也门之间的仲裁案"的仲裁庭也认为，有效控制规则是"有关领土取得的现代国际法"。④

第三节　国际司法机关认定有效控制的标准

有效控制不同于有效控制规则。前者是一种可以作为领土主权权源的主权活动，后者是国际法院及国际仲裁庭证明领土主权归属的一种分析方法或推理模式。⑤ 有效控制的认定标准，是有效控制规则的核心内容。⑥ 我国学者对有效控制的认定标准众说纷纭。笔者认为，应当通过深入研究国际法院的司法判例，以归纳推理的方式总结出有效控制的构成要件。

在审理 2002 年"利吉丹岛和西巴丹岛主权归属案"时，国际法院援引常设国际法院在 1933 年"东格陵兰岛法律地位案"判决

---

① 参见朱利江：《试论解决领土争端国际法的发展与问题——最新案例剖析》，载《现代国际关系》2003 年第 10 期。

② 参见 J. G. Merrills, Commentary: The International Court of Justice and the Adjudication of Territorial and Boundary Disputes, Leiden Journal of International Law, Vol. 13, No. 4, 2000, p. 901。

③ 参见 Steven R. Ratner, Land Feuds and Their Solutions: Finding International Law beyond the Tribunal Chamber, American Journal of International Law, Vol. 100, No. 4, 2006, p. 810。

④ Award of the Arbitral Tribunal in the First Stage of the Proceedings between Eritrea and Yemen (Territorial Sovereignty and Scope of the Dispute), 9 October 1998, Reports of International Arbitral Awards, Vol. 22, 2001, p. 268.

⑤ 参见曾皓：《论领土法的新发展——以国际司法判例为视角》，载《湘潭大学学报（哲学社会科学版）》2010 年第 3 期。

⑥ 参见 Malcolm N. Shaw, International Law, 8th Edition, Cambridge University Press, 2017, p. 1053。

书中的观点，提出有效控制由以下两个要素构成：作为主权者行事的意图，以主权者名义行使或展示主权权威的活动（acts à titre de souverain）。① 国际法院的这一观点被学者们作为有效控制认定标准的重要依据，前述第一个要素被认为是有效控制的主观要件，第二个要素则为有效控制的客观要件。

一、认定有效控制的主观要件

有效控制的主观要件，是指国家对某一地区实施特定性质与一定数量的主权活动时的主观心理状态。主观要件是相对于客观要件而言的，它对于国家的客观活动具有某种支配性。有学者认为，最早提出有效控制主观要件的是作为 1932 年"克利伯顿岛仲裁案"独任仲裁员的意大利国王维克托·埃曼努尔三世。埃曼努尔三世在审理此案中提出："根据具有法律约束力的古老习惯，占领意图（animus occupandi）是构成占领的必要条件之一。"② 常设国际法院在 1933 年"东格陵兰岛法律地位案"中也认为，可以构成领土主权权源的持续展示国家权威，除客观展示权力以外，应当包含"作为主权者行事的意图或意愿"这一主观要件，即当事国具有对争议地区主张领土主权的意图。③ 沃尔多克与菲茨莫里斯等学者都认为，这种意图实际上就是"占领意图"。④ 罗斯（Ross）则进一步提出，"占领意图"（animus occupandi）是类比罗马法中"占有

---

① 参见 Sovereignty over Pulau Ligitan and Pulau Sipadan（Indonesia/Malaysia），Judgment，I. C. J. Reports 2002，p. 682。

② Arbitral Award on the Subject of the Difference Relative to the Sovereignty over Clipperton Island，American Journal of International Law，Vol. 26，No. 2，1932，p. 393.

③ Legal Status of Eastern Greenland（Denmark v. Norway），Judgment，P. C. I. J. Series A/B，No. 53，1933，pp. 45-46.

④ 参见 C. H. M. Waldock，Disputed Sovereignty in the Falkland Islands Dependencies，British Year Book International Law，Vol. 25，1948，p. 334；G. Fitzmaurice，The Law and Procedure of the International Court of Justice，1951-4：Points of Substance，Part Ⅱ，British Year Book International Law，Vol. 32，1955-1956，pp. 55-58。

意图"（animus possidenti）而提出的国际法学术语，① 它类似于萨维尼提出的"对物所有的意思"或"为所有人的意思"。②

国际法院也认为，未能反映争端当事国对争议地区行使主权的意图的行为不能构成有效控制。③ 但是，国际法院并未说明有效控制的主观要件的判断标准。直到审理 2008 年"白礁岛、中岩礁和南礁主权归属案"时，国际法院才提出，可以依据"当事国的行为表现，尤其是长期的行为"，来判断当事国在争议地区的主权行为是否具有"取得主权的意图"。④ 此外，审理 1998 年"厄立特里亚与也门之间的仲裁案"的仲裁庭也指出："国家的占有意图可以通过对群岛公开地宣示权利要求或主权主张，以及公开寻求管理群岛上活动的立法行为来证明。"⑤

由此可见，应当通过考察国家行为的客观表现，来推断行为国是否具有"作为主权者行事的主观意图"。例如，2002 年"利吉丹岛和西巴丹岛主权归属案"中，国际法院认为，印尼的海军为了抓捕海盗而登上西巴丹岛，并派军机在利吉丹岛和西巴丹岛上空进行侦察，均无法证明印尼有将争议岛屿及其附件海域视为本国领土的意图。因此，肖认为，即便查明国家的主观意图十分重要，但是国际法院与仲裁庭还是把它们的工作重点放在了考察有效控制的客观要素之上。⑥

---

① Alf Ross, A Textbook of International Law: General Part, Longmans, 1947, p. 147.

② 参见王利明：《物权法论》（修订二版），中国政法大学出版社 2008 年版，第 796 页。

③ 参见 Sovereignty over Pulau Ligitan and Pulau Sipadan（Indonesia/Malaysia），Judgment, I. C. J. Reports 2002, p. 683。

④ Sovereignty over Pedra Branca/Pulau Batu Puteh, Middle Rocks and South Ledge（Malaysia/Singapore），Judgment, I. C. J. Reports 2008, p. 61.

⑤ Award of the Arbitral Tribunal in the First Stage of the Proceedings between Eritrea and Yemen（Territorial Sovereignty and Scope of the Dispute），9 October 1998, Reports of International Arbitral Awards, Vol. 22, 2001, p. 269.

⑥ 参见 Malcolm N. Shaw, International Law, 8th Edition, Cambridge University Press, 2017, p. 1046。

二、认定有效控制的客观要件

有效控制的客观要件，是指国家对某一地区所实施的具有特定性质的主权活动，从而能在客观上宣示或行使国家对该地区的主权权威。国际法庭与仲裁庭在审理不同的领土争端案件时，判断国家的主权活动是否构成有效控制所适用的标准并不完全相同。例如，胡伯在审理 1928 年"帕尔马斯岛仲裁案"时提出，认定国家对争议地区的主权展示是否构成有效控制的标准是：连续性、和平性与公开性。而常设国际法院在"东格陵兰岛法律地位案"判决书中则提出，只有国家连续、和平、有效地对争议地区行使主权权威，才能取得对该地区的领土主权。① 另外，中外学者对国家主权活动应具备哪些必要特征，才能符合有效控制客观要件也是众说纷纭：不但有"四要件""五要件"之争，而且对有效控制行为的特征也分歧较大。② 还有学者提出，"国家实施的管理行为只要满足'实际'要求与'充分'要求，即可以构成有效控制，而毋庸考虑国家行使管理行为的'和平'与'持续'要求"。③ 笔者认为，从国际法院与国际仲裁机构的审判实践来看，有效控制的客观要件包括如下内容：

（一）有效控制是一种可归因于国家的主权行为

在国际法中，对主权行为没有明确的定义。一般而言，主权行为是指国家机构及特定人员以国家名义行使主权权力的活动。在 2007 年"尼加拉瓜与洪都拉斯加勒比海领土和海洋争端案"中，国际法院认为，能够构成有效控制的主权行为主要包括：由国家机关所实施的相关立法活动、行政管理活动、适用本国国内法的司法

---

① 参见朱利江：《试论解决领土争端国际法的发展与问题》，载《现代国际关系》2003 年第 10 期。

② 参见李毅：《论国际法中的"有效控制"规则及其适用》，载《现代法学》2020 年第 2 期。

③ 黄瑶、凌嘉铭：《从国际司法裁决看有效控制规则的适用——兼论南沙群岛主权归属》，载《中山大学学报（社会科学版）》2011 年第 4 期。

活动，以及由军队实施的巡航、巡逻、搜救等军事活动。① 国际法院还认为，如果私人行为不是基于官方的法律、行政规章或是在国家政府机关控制下进行的②，或者不是由国家允许从事此类活动的法人或公司代表国家实施的③，私人行为就不能产生任何法律后果。国际仲裁庭也认为，除非私人行为可以归因于国家，否则私人行为不能为国家产生领土主权的权源。例如，审理"迪拜与沙迦边界争端案"的仲裁庭就认为："对一个领土的有效控制并不取决于个人本身的行动，而只取决于公共当局或代表其行事的个人的行动。"④

（二）主权行为的特征

国家对争议地区展示或行使主权权威的主权行为，应当具备实际性、和平性、连续性、公开性、长期性等特征。较早论述主权行为识别标准的是胡伯。他在审理"帕尔马斯岛仲裁案"时指出，能作为领土主权权源的统治活动应当具备连续性、和平性与公开性等特征。⑤ 胡伯的观点得到了后世国际法庭与仲裁庭的认可与遵循，并逐步发展成为当前国际法院及国际仲裁庭认定能够构成有效控制的主权行为的标准。

第一，所谓实际性是指，国家对争议地区行使或显示主权权威的活动必须是真实存在的，而不是被当事国粉饰为有效控制的字面

---

① 参见 Territorial and Maritime Dispute between Nicaragua and Honduras in the Caribbean Sea (Nicaragua v. Honduras), Judgment, I. C. J. Reports 2007, pp. 713-722。

② 参见 Sovereignty over Pulau Ligitan and Pulau Sipadan (Indonesia/Malaysia), Judgment, I. C. J. Reports 2002, p. 683。

③ 参见 Kasikili/Sedudu Island (Botswana/Namibia), Judgment, I. C. J. Report 1999, p. 1105。

④ Dubai/Sharjah Border Arbitration, Award of 19 Oct. 1981, International Law Reports, Vol. 91, 1993, p. 606.

⑤ 参见 Island of Palmas case (United States of America v. The Netherlands), Award of The Tribunal, R. I. A. A., Vol. II, 1928, pp. 867-869。

上或口头上的权利要求。① 这正如仲裁员在"克利柏顿岛仲裁案"裁决中所说的:"国家必须对争议地区实施一项或一系列行为。通过这些行为,国家真正地在其占领的领土上行使排他性的主权权威。"② 胡伯在"帕尔玛斯岛仲裁案"裁决中也指出:"如果当事国的主权主张是基于其连续、和平地展示国家权威的事实而提出来的,这些主权展示的事实必须与争议领土明确相关。"③ 这些经典国际司法判例为后来的常设国际法院及国际法院遵循,并作为判决理由加以援引。国际法院在 2002 年"利吉丹岛和西巴丹岛主权归属案"判决书中认为,法院只能考虑那些直接针对争议领土实施的主权行为。④ 国际法院在 2007 年"尼加拉瓜与洪都拉斯加勒比海领土与海洋争端案"的判决书中也认为,只有与争议领土有直接关联性的主权行为才能具有实际性,才能构成有效控制。⑤

不过,国际法院并未明确规定,当事国对争议地区行使何种主权行为、行使多少主权行为,以及这些主权行为要达到何种效果或程度,才能构成实际地展示或行使主权权威。胡伯在审理"帕尔玛斯岛仲裁案"时提出了一个弹性标准——国家可以根据时间和地点的条件,以及相关领土的具体情况,比如领土的地理位置与战略价值、领土是否有居民等,通过不同的方式展示或行使主权权

---

① 参见 C. H. M. Waldock, Disputed Sovereignty in the Falkland Islands Dependencies, British Year Book International Law, Vol. 25, 1948, p. 335。

② Judicial Decisions Involving Questions of International Law—France-Mexico, American Journal of International Law, Vol. 26, No. 2, 1932, p. 390, p. 393.

③ Island of Palmas case (Netherlands, USA) 4 April 1928, Reports of International Arbitral Awards, Vol. Ⅱ, United Nations, 1949, p. 857.

④ 参见 Sovereignty over Pulau Ligitan and Pulau Sipadan (Indonesia/Malaysia), Judgment, I. C. J. Reports 2002, pp. 682-683。

⑤ 参见 Territorial and Maritime Dispute between Nicaragua and Honduras in the Caribbean Sea (Nicaragua v. Honduras), Judgment, I. C. J. Reports 2007, p. 719。

威。① 常设国际法院在"东格陵兰岛法律地位案"中还指出，可以根据对方当事国所提出的权利主张是否具有优先性、争议地区居民多少，来判断当事国一方所实施的主权行为是否满足了法律要求。② 国际法院在审理 2002 年"利吉丹岛和西巴丹岛主权归属案"、2007 年"尼加拉瓜与洪都拉斯加勒比海领土和海洋争端案"、2008 年"白礁岛、中岩礁和南礁主权归属案"、2012 年"尼加拉瓜与哥伦比亚领土和海洋争端案"时，都直接援引了上述判决，将其作为认定当事国的主权行为是否具有实际性的法律标准。例如，在 2002 年"利吉丹岛和西巴丹岛主权归属案"中，国际法院认为，由于争议岛屿没有常住居民，且经济价值不大，当事国对这些岛屿实施的主权行为都很少，因此，即便马来西亚只在争议岛屿上实施了少量的、间歇较长、不太强有力的主权行为，比如控制和管理收集龟蛋、保护鸟类、修建和维护灯塔和航行辅助物等，这些措施也足以构成该国实际地、充分地行使国家主权权力的主权行为。③ 可见，判断当事国主权行为是否具有有效性的标准，是一个充满弹性与或然性的概念。

第二，所谓和平性是指一国非以武力、胁迫取得对争议地区的占领或维持其占领。不过，在国际司法实践中，国际法庭与仲裁庭认为，如果一方当事国在关键日期以前对争议地区行使或展示主权权威时，另一方当事国没有对此提出抗议或竞争性主权要求，该国的主权行为就符合和平性的要求。④ 胡伯在审理 1928 年"帕尔玛斯岛仲裁案"时认为，所谓和平是针对其他国家而言的，它是指在关键日期以前，一国对某一争议地区行使领土主权没有引起其他

① 参见 Island of Palmas case（United States of America v. The Netherlands），Award of The Tribunal，R. I. A. A.，Vol. II，1928，p. 840。

② 参见 Legal Status of Eastern Greenland（Denmark v. Norway），Judgment，P. C. I. J. Series A/B，No. 53，1933，p. 46。

③ 参见 Sovereignty over Pulau Ligitan and Pulau Sipadan（Indonesia/Malaysia），Judgment，I. C. J. Reports 2002，pp. 682-685。

④ 参见 Surya P. Sharma，Territorial Acquisition，Disputes and International Law，Martinus Nijhoff Publishers，1997，p. 100。

国家的竞争性的诉讼或诸如抗议等其他反对行为。① 1933 年"东格陵兰岛法律地位案"也认为"没有国家提出抗议"或"没有国家提出竞争性主权主张",就足以证明国家的主权行为具有和平性。② 国际仲裁庭与常设国际法院在上述判例中有关认定和平性的标准得到了国际法院的认可与遵循。例如,在 2002 年"利吉丹岛和西巴丹岛主权归属案"中,国际法院指出,当事国的主权行动未受到其他国家(特别是另一方当事国)的反对,就意味着其主权行为具有和平性。③ 在 2008 年"白礁岛、中岩礁和南礁主权归属案"中,国际法院也认为:"柔佛占领白礁岛没有受到这个地区其他国家的反对,就满足和平地展示其主权权威的要求。"④

第三,所谓连续性是指,国家经常地、一贯地或不间断地对争议地区宣示和行使主权权力。例如,国际法院在审理 2012 年"尼加拉瓜诉哥伦比亚领土和海洋争端"时认为,哥伦比亚数十年来对争议海洋地物行使主权权力的活动符合"连续性与一贯性"的要求,这强有力地支持了哥伦比亚对争议海洋地物的主权诉求。⑤ 胡伯认为:"仲裁庭应当根据当事国主权展示活动的间断时间的长短的证据,来判断其行为是否符合连续性的标准。"⑥ 这就是说,间歇与间断可能导致国家的主权活动不构成有效控制。不过,那种认为只有不间断地对争议地区展示主权权威才构成有效控制,是不

---

① 参见 Island of Palmas case(Netherlands, USA) 4 April 1928, Reports of International Arbitral Awards, Vol. Ⅱ, United Nations, 1949, p. 839, p. 868。

② 参见 Legal Status of Eastern Greenland(Denmark v. Norway), Judgment, 1933, P. C. I. J., Series A/B, No. 53, p. 54。

③ 参见 Sovereignty over Pulau Ligitan and Pulau Sipadan(Indonesia/Malaysia), Judgment, I. C. J. Reports 2002, p. 678。

④ 参见 Sovereignty over Pedra Branca/Pulau Batu Puteh, Middle Rocks and South Ledge(Malaysia/Singapore), Judgment, I. C. J. Reports 2008, p. 37。

⑤ 参见 Territorial and Maritime Dispute(Nicaragua v. Colombia), Judgment, I. C. J. Reports 2012, p. 657。

⑥ 参见 Island of Palmas case(United States of America v. The Netherlands), Award of The Tribunal, R. I. A. A., Vol. II, 1928, p. 864。

符合实践的。那么国家的主权展示活动间断多长时间，才会破坏该行为的连续性呢？胡伯的答案仍然是要根据争议地区的地理位置、战略价值、居民情况、当事国对争议地区主权声索的对抗性或竞争性的激烈程度，来具体问题具体分析。

第四，所谓长期性，是指当事国的主权行为必须要经历一个较长的时间。之所以设立长期性标准，胡伯的解释是："领土主权的创建要经历一个缓慢演变的过程，它是国家对某一地区的控制逐步加强的结果。因此，将'长期性'作为主权活动的认定标准，是很自然的事情。"①在审理 2007 年"尼加拉瓜与洪都拉斯加勒比海领土和海洋争端案"时，国际法院也认为，如果声索国依据有效控制提出主权诉求，该国应当证明其行为满足了相关的条件，其中很重要的一点是，当事国的主权活动是否"持续了一段时间"。②不过，国际法庭与仲裁庭都没有明确指出国家展示主权的活动要经历多长时间。在"帕尔马斯岛仲裁案"中，胡伯只是笼统地说："只有荷兰能证明其主权展示活动在 1898 年之前的一个关键时段内存在便足够了。"③

第五，所谓公开性，是指国家非以隐藏秘密的方式行使主权行为。胡伯在"帕尔马斯岛仲裁案"裁决中指出：所谓公开性是指，一国在相当长的时期内对特定地区没有秘密地行使主权权力，但不要求该国将其对争议地区行使主权的活动通知其他国家。④ 国际法庭与国际仲裁庭在适用有效控制规则裁判领土争端时都会要求：争端当事国用以支持其主权诉求的主权活动应当符合公开性的标准。国际法院会排除秘密主权行为的证据效力。例如，在 2008 年"白

---

① 参见 Island of Palmas case（United States of America v. The Netherlands），Award of The Tribunal，R. I. A. A.，Vol. II，1928，p. 867。

② Territorial and Maritime Dispute between Nicaragua and Honduras in the Caribbean Sea（Nicaragua v. Honduras），Judgment，I. C. J. Reports 2007，p. 712.

③ 参见 Island of Palmas case（United States of America v. The Netherlands），Award of The Tribunal，R. I. A. A.，Vol. II，1928，p. 867。

④ 参见 Island of Palmas case（United States of America v. The Netherlands），Award of The Tribunal，R. I. A. A.，Vol. II，1928，p. 869。

礁岛、中岩礁和南礁主权归属案"中，马来西亚与新加坡都提交了一些内部机密军事文件与地图，以期证明它们对争议岛屿行使了主权权威，但是国际法院认为，这些证据材料都是"一方作出的、不为另一方知道的行为，这些书面证据是保密的，在当事国提起司法诉讼之前，这些文件是不公开的，因此法院不认为这些证据材料具有作为有效控制证据的效力"。①

综上所述，在国际司法实践中，国际司法机构认定国家的主权行为是否构成有效控制的标准充满了相对性、或然性与不确定性，需要裁判者根据案情具体问题具体分析。②

（三）国家的主权活动应当在领土争端关键日期以前发生

在国际司法诉讼或国际仲裁中，如果领土争端当事国选择将有效控制作为本国主权诉求的法律依据，该国便会竭尽所能地、尽可能多地向国际法庭或仲裁庭提交用以证明其实际、充分、排他地对争议地区进行了有效控制。面对当事国提交的海量的证据材料，国际法院在 2002 年"利吉丹岛和西巴丹岛主权归属案"时提出了一个证据排除规则——国际法院"不会考虑在当事方之间的争端明确化之日以后发生的行为，除非这种行为是先前行为的正常延续，并且不是为了改善依赖这些行为的当事方的法律地位而采取的"。③国际法院将这个"领土争端明确化"的时间点称为"关键日期"。此后，国际法院在适用有效控制规则审判领土争端案件时一再申明，当事国在关键日期以后对争议地区实施的主权活动，"可能只是该国为了支持本国的主权诉求才采取的"，它们对确立或确定争

---

① Sovereignty over Pedra Branca/Pulau Batu Puteh, Middle Rocks and South Ledge (Malaysia/Singapore), Judgment, I. C. J. Reports 2008, p. 86.

② 参见 C. H. M. Waldock, Disputed Sovereignty in the Falkland Islands Dependencies, British Year Book International Law, Vol. 25, 1948, p. 336。

③ Sovereignty over Pulau Ligitan and Pulau Sipadan (Indonesia/Malaysia), Judgment, I. C. J. Reports 2002, p. 682.

议地区的领土主权毫无意义。①

不过，在国际仲裁中，仲裁庭对关键日期的证据排除效力的看法并不一致。2017 年"克罗地亚与斯洛文尼亚边界争端仲裁案"仲裁庭明确提出："法庭只会依据发生在关键日期以前的证据作出裁决。"② 但有更多的仲裁庭表示，它们不会只考虑关键日期以前发生的行为或事实。例如，1988 年"关于埃及和以色列之间塔巴边界标志位置案"仲裁庭就指出，它将考虑"关键时期"以后发生的事件，因为"这些事件原则上也与案件相关，它们在一定程度上可以揭示或解释关键时期之间的形势"。③ 另外，厄立特里亚与埃塞俄比亚达成的《仲裁协议》还规定："关键日期之后的事态发展不应予以考虑，除非这些事态是先前已得到明确确立的行为的延续或确认，或者当事国之间达成明示的协议同意考虑这些事态。"在仲裁审理过程中，厄立特里亚与埃塞俄比亚边界委员会依据仲裁协议，有条件地考虑了关键日期以后发生的事件与行为。因此，肖认为："在 2002 年'厄立特里亚与埃塞俄比亚边界争端仲裁案'中，关键日期的概念被委员会视为一种推定手段，只要有令人信服的证据，委员会就会依据关键日期以后发生的事态来修改关键日期之时已经具体化的权利。关键日期效力的相对性，取决于争端当事方之间既定权利的强弱。"④

---

① 参见 Territorial and Maritime Dispute between Nicaragua and Honduras in the Caribbean Sea (Nicaragua v. Honduras), Judgment, I. C. J. Reports 2007, pp. 697-698；Territorial and Maritime Dispute (Nicaragua v. Colombia), Judgment, I. C. J. Reports 2012, p. 652。

② In the Matter of an Arbitration under Arbitration Agreement between the Government of the Republic of Croatia and the Government of the Republic of Slovenia Signed on 4 November 2009, PCA Case NO. 2012-04, Final Award, 29 June 2017, p. 163, https：//pcacases. com/web/ sendAttach/2172.

③ Case concerning the Location of Boundary Markers in Taba between Egypt and Israel, Reports of International Arbitral Awards, Vol. 20, 1994, p. 45.

④ Malcolm N. Shaw, Title, Control, and Closure - The Experience of the Eritrea-Ethiopia Boundary Commission, International and Comparative Law Quarterly, Vol. 56, No. 4, 2007, pp. 760-761.

　　即便如此，国际法权威学者仍然认为，关键日期是与有效控制规则密切相关的概念，争端当事国的权利在该时刻已经明确化，此后发生的行为或事件不能改变在关键日期之时早已形成的法律情势。① 笔者也认同这种观点。排除关键日期以后发生的行为与事件的证据效力，应当是有效控制规则的组成部分。因为，从现实而言，这一证据排除规则可以在一定程度上减弱争端当事国争夺对争议地区的事实管控的心理需求，从而有利于在领土争端解决前维持争议地区的和平与稳定，防止纠纷升级为争端，甚至激化为武装冲突。另一方面，从理论而言，确定关键日期，是判断一国对争议地区的主权活动是否构成有效控制的关键。判断一国的主权活动是否具有长期性与连续性，应当查明该国是否在一个相对较长的时间段内持续、一贯地展示、行使其主权权威，而关键日期正是这个"较长的时间段"的计算起点。另外，在领土纠纷中，一方当事国怎么可能不对另一方当事国针对争议地区的主权声索或管控活动提出抗议或反对意见？照此推论，有效控制活动又怎么会有和平性可言？因此，我们只需查明当事国是否在关键日期以前较长的时期内和平地对争议地区宣示、行使主权权力。

---

　　① 参见 L. F. E. Goldie, The Critical Date, International and Comparative Law Quarterly, Vol. 12, No. 4, 1963, p. 1251; Gerald Fitzmaurice, The Law and Procedure of the International Court of Justice, 1951-4: Points of Substantive Law, Part II, British Year Book of International Law, Vol. 32, 1955-1956, pp. 20-21; Malcolm N. Shaw, The Heritage of States: The Principle of Uti Possidetis Juris Today, British Year Book of International Law, Vol. 67, 1996, p. 130。

第三章　国际司法机关适用有效控制规则裁判领土争端的法理分析

　　进入 21 世纪后，中国与邻国之间的陆地和海上领土争端持续升温，成了中国在统筹"两个大局"中"面对的逆风逆水的外部环境"之一。为了让学术研究"有补于国"，我国不少国际法学者开始关注"确定争议地区主权归属"的领土法理论与规则。国际法庭及国际仲裁庭在审理领土争端案件中适用的判决依据（ratio decidendi）——有效控制规则，随之成为我国国际法学界持续聚焦的热点问题。在过去二十年里，我国的国际法学者主要运用工具性方法，对一些经典领土争端案例进行定量化研究，着重分析了有效控制规则"是什么"的问题——归纳出有效控制规则的适用范围、有效控制的识别标准、有效控制证据分量的权衡方法等诸多理论问题。不过，虽然我国学者都清楚有效控制规则源自国际司法判例，但很少有人运用分析性方法，从建构意义上探讨国际法院、国际仲裁庭为什么会通过权衡和比较领土争端当事国对争议地区的有效控制来裁判争议领土的主权归属，有效控制规则缘何而来，有效控制规则究竟能否作为判断争议领土主权归属的法律依据。而如果不弄清楚这些问题，我们研究有效控制规则又有什么意义和价值呢？我们依据有效控制规则论证我国与部分周边国家的争议领土主权属于中国，其合法性与正当性又何在呢？此外，我国学者对有效控制规则的一些理论问题，如有效控制规则究竟属于《国际法院规约》第 38 条第 1 款所规定的哪一种国际法渊源；有效控制规则属于实体法规范还是程序法规范；有效控制的识别标准到底包括哪些，也是莫衷一是。为了厘清这些争议，我们有必要去探究有效控制规则产生的法源，因为亚里士多德曾经说过："如果我们对某一政治或其他问题的认识不甚清晰，那么我们就应当去追溯其原始而明白发生的端

116

绪，这样我们就可以获得最明朗的认识。"① 本章准备探讨有效控制规则的法源、成因与正当性等问题，以求教于各位方家。

第一节　有效控制规则是国际司法机关类比国内私法的产物

在国际法创立之初，由于在封建社会中王国和王国内的任何东西都被视为国王所有，就像一块不动产是属于它的所有人一样，因此早期的国际法学家把罗马法中"物和物权"的概念和制度类比适用于国家间的关系，仿照私法中的"所有权"概念创立了国际法中的"领土主权"概念，并将罗马法中有关财产取得的规则调整适用到对领土的取得上。早期国际法学家在此基础上创立了流传至今的领土法。不过，传统国际法中的领土取得规则在现实中无法令人满意地涵盖国家取得领土主权的所有情形，也难以反映国际法庭或仲裁庭对争议领土主权归属作出判决的复杂过程。② 因此，从1928 年"帕尔马斯岛仲裁案"至今，常设国际法院、国际法院及国际仲裁庭在审理领土争端案件时，抛开了传统国际法中有关领土主权取得和丧失的规则，创立了一种新的确定争议地区主权归属的裁判方法——倘若在相关领土争端案件中不能适用条约、保持占有原则、历史性权利等法律依据来裁判争议地区的主权归属，国际法院与国际仲裁庭就会通过权衡与比较争端当事国双方在关键日期以前对争议地区进行有效控制的证据的分量，并查明一方当事国是否曾经承认或默认另一方当事国对争议地区的有效控制，以认定哪个争端当事国的权利主张更优或更强，从而将争议地区裁判给该国。③ 我国国际法学界普遍将国际司法机关惯常适用的这种裁判方

---

① ［古希腊］亚里士多德：《政治学》，吴寿彭译，商务印书馆 1965 年版，第 4 页。

② 参见 Andrew Clapham ed. , Brierly's Law of Nations, 7 ed. , Oxford University Press, 2012, pp. 168-169。

③ 参见 Hugh Thirlway, Territorial Disputes and Their Resolution in the Recent Jurisprudence of the International Court of Justice, Leiden Journal of International Law, Vol. 31, No. 1, 2018, pp. 135-139。

法称为有效控制规则。

　　有效控制规则并非国际司法机关凭空臆造的，它是国际司法机关类比国内私法的相关概念与规则的产物。这种类比，是一种类似于大陆法系国家法官在司法审判中发现、适用法律的"类推适用"，而不是普通法系那种从个案到个案的"判例类推"，① 它是指对法无明文规定之国际争端，依据相关相似性原则在国内法、尤其是国内私法中，寻找能比附援引的法律原则与规则，② "将具有不同事实构成前提的国内法律规范，适用于类似的、没有规定的国际事实情况"。③ 由于国际法与国内法的产生及形成，均以国家的存在及其意志活动为前提，因此国际法类比国内法，无论在法理上还是现实中都具有可行性；而且，由于国内社会及其法律制度形成在前，国际社会及其法律制度发展在后，这种历史联系也必然会使较为初级或不完善的国际法，通过类比发展阶段更高或相对成熟的国内法中一部分有益经验及一般性规则的方式来获得发展。④ 劳特派特在深入研究国际法的私法渊源，以及细致考察类比国内私法在推动国际法的形成与发展、解决国际争端中所发挥的独特作用之后，得出结论：类比国内私法不但是创制国际法新概念、新规则的重要方式，还能为国际争端的解决提供重要的实践指南。⑤ 有效控制规则正是国际司法机关在审理领土争端的司法过程中类比国内私法的产物。具体而言，国际司法机关适用有效控制规则裁判领土争端，是以类比为国内私法中"占有"而提出"有效控制"的概念及其认定标准作为其逻辑起点，以类比国内私法中"占有与本权

---

　　① 参见 ［美］艾德华·H. 列维：《法律推理引论》，庄重译，中国政法大学出版社 2002 年版，第 2 页。

　　② 参见杨仁寿：《法学方法论》，中国政法大学出版社 2004 年版，第 195 页。

　　③ ［德］魏德士：《法理学》，吴越、丁晓春译，法律出版社 2005 年版，第 371 页。

　　④ 梁西：《论国际法与国际组织五讲（节选集）》，法律出版社 2019 年版，第 15~16 页。

　　⑤ 参见 H. Lauterpacht, Private Law Sources and Analogies of International Law, Longmans, Green and Co. Ltd., 1927, pp. 99-108, 155-178, 227-237。

关系说"而将"有效控制"视为领土主权权源作为其理论依据，以类比国内私法中"占有权利推定"来认定争端当事国权利主张强弱作为其推理模式。

一、"有效控制"是类比"占有"的产物

之所以认为国际法院与国际仲裁庭将有效控制类比为国内私法中的占有，有以下几点理由：

（一）从概念界定而言，国际法中的"有效控制"是在类比国内私法中的"占有"

在国际法院判例中，"effectivités"一词最早见之于 1986 年"布基纳法索与马里边界争端案"判决书。在此案中，国际法院将"有效控制"定义为："作为国家当局在某一时期对特定地区有效行使领土管辖权的证据的国家主权行为。"① 此后，"effectivités"多次见诸国际司法判例。在审理 2002 年"利吉丹岛和西巴丹岛主权归属案"时，国际法院进一步明确指出，"有效控制"是："能反映国家以主权者身份行事的意图和意愿的主权活动。"这一论断随后被国际法院在 2005 年"贝宁与尼日尔边界争端案"、2007 年"尼加拉瓜与洪都拉斯加勒比海领土和海洋争端案"中多次加以援引。② 厄立特里亚与埃塞俄比亚边界委员会在审理 2002 年"厄立特里亚与埃塞俄比亚边界争端案"时也认为"有效控制"是："国家行使主权权威的行为。"③ 综上所述，在国际法院与国际仲裁庭

---

① Frontier Dispute（Burkina Faso/Republic of Mali），Judgment，I. C. J. Reports 1986，p. 586.

② Sovereignty over Pulau Ligitan and Pulau Sipadan（Indonesia/Malaysia），Judgment，I. C. J. Reports 2002，pp. 627，683；Frontier Dispute（Benin/Niger），Judgment，I. C. J. Reports 2005，p. 120；Territorial and Maritime Dispute between Nicaragua and Honduras in the Caribbean Sea（Nicaragua v. Honduras），Judgment，I. C. J. Reports 2007，p. 710.

③ Eritrea - Ethiopia Boundary Commission，Decision Regarding Delimitation of the Border between The State of Eritrea and The Federal Democratic Republic of Ethiopia，Chapter 4-The Sector Covered by the 1900 Treaty（Central Sector），para. 4. 64，p. 49，13 April 2002，https：//pcacases. com/web/sendAttach/792.

看来，国际法上的有效控制是，描述"国家在其领土上排除任何其他国家的干涉而对某一地区和平地、持续地行使国家职能"① 的事实状态，是"国家对于国家领土内一切人和物行使最高权威的权力"② 的外在表现。笔者认为，国际法院与国际仲裁庭所提出的"有效控制"，是类比国内私法上"占有"的结果。因为，虽然法国、德国、日本和瑞士等大陆法系国家的民法典对"占有"概念的界定是不同的，但是这些国家民法典都规定："'占有'等同于'对物的控制'，并在这种控制的行为中存在着'对物的权利'的行使。"③ 例如，《日本民法典》第 180 条规定，占有是人对物以为自己的意思，事实上的支配；《德国民法典》第 854 条规定，占有是指对物实际上的控制；《瑞士民法典》第 919 条规定，占有是指对物的实际支配权；《法国民法典》第 2228 条规定，占有是指对物或权利的持有或享有。④ 正是通过类比国内私法中"占有"概念，国际法院与国际仲裁庭才会提出"有效控制"的概念——国家对某一地区的实际占领与统治，它表现为该国在以主权者身份行事的意图下，和平、连续、公开地对某一地区实际而具体地行使或展示主权权力。

此外，国际法学者对"有效控制"的定义，也是通过类比国内法中民法学者对"占有"的定义而提出来的。西方国际法学术界对"有效控制"比较权威的定义，当属科恩（Marcelo G. Kohen）与赫比（Mamadou Hébié）在《马普国际公法百科全书》词条"领土，取得"中对该术语的解释："国家在行使国家权威时实施的主权行为，通过这种行为，一国表明其作为某一领土的主权

---

① 参见 Alexander Orakhelashvili, Akehurst's Modern Introduction to International Law, Eighth Edition, Routledge, 2019, p. 137。

② ［英］詹宁斯、瓦茨修订：《奥本海国际法》（第一卷 第一分册），王铁崖等译，中国大百科全书出版社 1995 年版，第 292 页。

③ 参见 ［意］鲁道夫·萨科、拉法埃莱·卡泰丽娜：《占有论》（原书第二版），贾婉婷译，中国政法大学出版社 2014 年版，第 27 页。

④ 参见孟勤国：《占有概念的历史发展与中国占有制度》，载《中国社会科学》1993 年第 4 期。

者行事的意图。"① 主权行为是一种依据国家主权权力所作出的行为，与领土相关的主权行为则是指国家行使其属地管辖权的行为。② 由于主权对内是最高的、对外是独立的，作为有效控制核心要素的"主权行为"必然是指，国家对某一地区完全、排他地支配与管控。这与萨维尼（F. Savigny）、彭梵得（P. Bonfante）等权威国内法学者所定义的"占有"概念大致相同。例如，萨维尼认为，占有是具有所有意思的人，能够完全支配或管领物，并能排除他人干涉的事实。③ 彭梵得认为，罗马法中的占有是指，"一种对物的事实上的控制"，它同时要求具备"作为主人处分物的实际意图"。④ 由此可以推断，国际法学界参照国内私法中有关"占有"的概念提出了"有效控制"的概念。

（二）从构成要素而言，国际法中的"有效控制"是在类比国内私法中的"占有"

古罗马法学家保罗认为："我们取得占有必须有占有之事实（corpus）与占有之意思（animo）。只凭占有之意思或占有之事实不能取得占有。"⑤ 萨维尼进而提出，占有的实质构成要素包括"体素"与"心素"。他认为，一个人要取得占有，就必须存在取得占有的"物理行为"（体素）和伴随物理行为的"占有意图"（animus possidendi）（心素）。其中，取得占有的"物理行为"是

---

① Rüdiger Wolfrum ed., The Max Planck Encyclopedia of Public International Law, Vol. IX, Oxford University Press, 2012, p. 893.

② 参见 James Crawford, Brownlie's Principles of Public International Law, 9th Edition, Oxford University Press, 2019, p. 204。

③ 参见［德］弗里德里希·卡尔·冯·萨维尼：《论占有》，朱虎、刘智慧译，法律出版社 2007 年版，第 4 页。

④ 参见［意］彼德罗·彭梵得：《罗马法教科书》，黄风译，中国政法大学出版社 1992 年版，第 270 页。

⑤ 参见［意］桑德罗·斯奇巴尼选编、［意］纪蔚民、阿尔多·贝特鲁奇校：《物与物权》，范怀俊等译，中国政法大学出版社 2009 年版，第 357 页。

指占有人对物在物质形态上的控制或支配，"占有意图"是指行使所有权的意图。并且，为了区别占有人是行使他人所有权还是行使自己所有权，萨维尼还认为，占有意图是指向自己的所有权，它实质是占有人"支配意图"（anmi domini）或"据为己有的意图"（animus sibi habendi）。① 尽管西方民法学界对占有的构成要素是否应当包括心素意见不一，但日本与英美法系国家的民法典大多采纳了萨维尼提出来的占有要素"二元说"。②

国际法庭与仲裁庭法官正是通过类比国内私法有关占有构成要素的理论学说与法律规则，提出了有效控制的构成要素。比如常设国际法院在审理 1933 年"东格陵兰岛法律地位案"时认为："与依据某种特定行为或权源（如领土割让条约）对某地提出主权主张不同，一国以持续的主权展示对某地主张主权，须证明存在如下两个要素：以主权者行事的意图与意愿，实际行使或展示国家权威的活动。"③ 国际法学者据此认为，有效控制的构成要素包括：主观要素，即以主权者行事的意图与意愿；客观要素，即实际行使或展示国家权威的活动。菲茨莫里斯（Fitzmaurice）和沃尔多克（Waldock）等国际法学者把有效控制的主观要素解释为国内私法中占有的主观要件"心素"，即"将物归为自己所有的意图"或"作为自己所有的意图"。④ 审理 1932 年"克利伯顿岛仲裁案"的独任仲裁人意大利国王维克托·埃曼努尔三世，还直接将构成有效

---

① 参见［德］弗里德里希·卡尔·冯·萨维尼：《论占有》，朱虎、刘智慧译，法律出版社 2007 年版，第 78~79 页。

② 参见李双元、温世扬主编：《比较民法学》，武汉大学出版社 2016 年版，第 453~455 页。

③ Legal Status of Eastern Greenland（Denmark v. Norway），Judgment, P. C. I. J. Series A/B, No. 53, 1933, pp. 45-46.

④ 参见 G. Fitzmaurice, The Law and Procedure of the International Court of Justice, 1951-4: Points of Substance, Part Ⅱ, British Year Book International Law, Vol. 32, 1955-1956, pp. 55-58; C. H. M. Waldock, Disputed Sovereignty in the Falkland Islands Dependencies, British Year Book International Law, Vol. 25, 1948, p. 334.

控制的主观要素称为"占领意图"（animus occupandi）。①

有效控制的客观要素同样是在类比国内私法中占有的客观要件"体素"。占有的体素是指，对物实际地与持续地控制。在国际法中，有效控制的客观要素同样是，以一系列主权行为对特定领土在客观上进行支配或统治，如对该领土实施立法行为、司法行为、行政管理行为与军事行为等。例如，在审理 1932 年"克利伯顿岛仲裁案"时，仲裁员对"占有行为"的解释是："国家在该领土上行使排他性权力的措施"，从而"使得该地区自占有国在该地出现之时起便受该国绝对和无争议的统治"。②

（三）从识别要件而言，国际法中的"有效控制"是在类比国内私法中的"占有"

在审理领土争端的司法实践中，国际法院及国际仲裁庭都认为能构成有效控制的主权行为应当具备实际性、和平性、连续性、公开性、长期性等特征。这与国内法中认定占有人对物是否有事实上管领力的标准如出一辙。

国内私法认为，占有系对物有事实上的管领力。而所谓"对物已有事实上的管领力"是指，占有人对物已有确定与继续之支配关系。判断占有人是否对物有事实上的管领力，通常依据社会观念及斟酌外部可以认识的空间关系、时间关系、法律关系等标准加以认定。其中，国内私法中的空间关系是指人与物已有场合上的结合关系，亦即占有人已经使用或管理该物，从而使该物处于排除他人干涉之状态。这与国际法院认定有效控制的实际性、和平地与公开性标准是一致的。因为，一国对某一地区实际地、和平地与公开地行使主权权力，实际上就意味着该国已经对该地区建立起排他性

---

①　参见 Arbitral Award on the Subject of the Difference Relative to the Sovereignty over Clipperton Island, American Journal of International Law, Vol. 26, No. 2, 1932, p. 393。

②　参见 Arbitral Award on the Subject of the Difference Relative to the Sovereignty over Clipperton Island, American Journal of International Law, Vol. 26, No. 2, 1932, pp. 393-394。

的控制。国内私法中的时间关系，指人与物的结合具有时间上的继续性，以至于社会上长期以来普遍承认或默认占有人对物的控制，已经构成排除他人干涉的事实状态。这与国际法院认定有效控制的长期性与连续性标准是一致的。因为，长期性与连续性标准表明，国家对某一特定领土的控制，并非瞬间或暂时性的控制，而是一种长期的、持续的控制，已足以认定该地区处于该国有效统治之下的事实状态。至于国内私法中的法律关系，是指基于某种法律关系的存在，即便某人对标的物并无时间上与空间上的直接管领力、支配力，也可以认为该人已经占有其物。它主要涵盖两种情形：辅助占有与间接占有。① 而由于国际社会的性质与结构不同于国内社会，在国际法中不存在类似国内私法那样的权利登记制度；领土主权也不同于国内法中的不动产所有权，它不能演变为一项抽象的权利，不能通过象征性的行为而展示，也不能表现为某种观念之支配，而要求国家对其领土和平地、连续地、长期地与公开地展示或行使领土主权，以表明和巩固主权。② 因此，国内私法中认定是否构成占有的"法律关系"标准，未被国际法院或仲裁机构采纳为认定国家的主权行为是否构成有效控制的标准。

综上所述，国际法上"有效控制"与国内法中"占有"，在概念界定、构成要素与识别标准上是高度契合的。因此，完全有理由认为，国际法院是类比国内法中的占有提出有效控制的。这正如学者夸特科夫斯卡（Kwiatkowska）在评论 1998 年"厄立特里亚与也门之间的仲裁案"裁决时所说的，国际司法机关所适用的"有效控制"实质上就是在类比国内私法中的"占有"。③

---

① 参见谢在全：《民法物权论》（下册），中国政法大学出版社 1999 年版，第 928~931 页；陈华彬：《物权法论》，中国政法大学出版社 2018 年版，第 668~669 页。

② 参见 Western Sahara, Advisoty Opinion, I. C. J. Reports 1975, pp. 43-44。

③ 参见 Barbara Kwiatkowska, The Eritrea-Yemen Arbitration: Landmark Progress in the Acquisition of Territorial Sovereignty and Equitable Maritime Boundary Delimitation, Ocean Development and International Law, Vol. 32, No. 1, 2001, pp. 5, 14。

二、将"有效控制视为领土主权权源"是类比 "占有与本权关系"的产物

前国际法院书记长赛尔维（Hugh Thirlway）认为，国际法院在 2007 年"尼加拉瓜与洪都拉斯加勒比海领土和海洋争端案"判决 书中的一段表述精确地说出了有效控制规则的实质："领土主权可 以从国家对某一特定领土有效行使属于国家职能的权力中推断出 来。"① 笔者认为，这是国际法院类比国内私法中占有与本权之间 法律关系的结果。

国内私法大多是在继受罗马法的基础上建立起来的。保罗曾经 指出："物之所有权始于对物的自然占有。"② 因此，"占有在罗马 古时与所有权并无明显的区别。但占有与可据以占有的权利，尤其 是与所有权发生冲突时，大法官在权利确定之前往往发布暂时维持 占有现状的命令，因而占有与所有分离的观点逐渐产生。"③ 不过， 日耳曼法一直将占有（Gewere）视为"权利的外衣"，认为占有不 是一种单纯的事实，而是一种权利，是权利人对标的物有所有权的 表征。④ 现代国家民法中的占有制度综合采纳了罗马法与日耳曼法 中有关占有的理论与规则。例如，英国继受日耳曼法，并结合本国 封建土地所有权制度，将占有作为其财产法的中心，并创立了事实 上相当于大陆法系中"所有权"的"保有权"（seisin）。普通法将 占有作为判断人是否拥有保有权的标准。⑤ 因此，日耳曼法及后来

---

① Hugh Thirlway, Territorial Disputes and Their Resolution in the Recent Jurisprudence of the International Court of Justice, Leiden Journal of International Law, Vol. 31, No. 1, 2018, p. 135.

② 参见［意］桑德罗·斯奇巴尼选编，［意］纪蔚民、阿尔多·贝特鲁奇 校:《物与物权》，范怀俊等译，中国政法大学出版社 2009 年版，第 61 页。

③ 周枏:《罗马法原论》（上册），商务印书馆 1994 年版，第 440 页。

④ 参见马俊驹、梅夏英:《财产权制度的历史评析和现实思考》，载 《中国社会科学》1999 年第 1 期。

⑤ 参见冉昊:《论两大法系财产法结构的共通性》，载《环球法律评 论》2006 年第 1 期。

的普通法都认为，占有具有表彰本权的功能，并表现为三种效力。其中一种效力即为防御效力，或曰权利推定效力，① 即，"基于占有的事实，在无相反证据的情况下，可以将占有人推定为权利人"。② 具体而言，如占有人自主占有物，就推定其享有所有权。"由于占有的权利推定规则有利于保护财产秩序，该规则已经为现代各国民法普遍采纳。"③ 国际法院与国际仲裁庭正是类比国内私法中占有权利说，提出了有效控制与领土主权之间的法律关系：有效控制既是领土主权的存在的表现形式，又是领土主权产生的权利依据，从而使得有效控制规则具备了存在的法律依据。

而国际法院进行上述的类比推理也是有其法理与现实依据的。"领土主权的概念涉及国家对其领土行使权力的性质。"④ 由于国际法中不存在抽象的领土主权，因此国际法要求主权国必须连续、和平地对其领土实际行使主权权力，才能显示该国对其领土拥有领土主权。并且，由于领土是一个国家赖以生存与发展的物质基础，国家一方面会对在其领土范围内的一切人和物行使排他的管辖权，并控制、开发、利用和处置其土地、自然资源；另一方面会履行保卫本国国家主权和领土完整的国家职能。所以，一国对某一地区拥有领土主权，也必然表现为：该国对这一地区行使或展示排他的和专属的权力。因此，有效控制既是领土主权的构成因素，又是领土主权据以存在并获得表现的外部形式。国际法院正是基于这一法理与现实依据，才会在审理缺乏明确的证据以证明争议地区归属的领土争端时，类比国内私法中占有的权利推定规则，推定对争议地区实施完善的、相对圆满的有效控制的国家，即为拥有该地区领土主

---

① 参见郑玉波：《民法物权》，黄宗乐修订，台湾三民书局 2008 年版，第 369~370 页。

② 刘家安：《物权法论》（第二版），中国政法大学出版社 2015 年版，第 194 页。

③ 王利明：《试述占有的权利推定规则》，载《浙江社会科学》2005 年第 6 期。

④ Malcolm N. Shaw, Title to Territory in Africa: International Legal Issue, Clarendon Press, 1986, p. 11.

权的国家。

三、有效控制规则的推理模式是类比"占有权利推定"的产物

在国内私法中，所有权归属的本质涉及所有权的证明。与采用严格的登记来表征不动产所有权的《德国民法典》不同，《法国民法典》采用了柔性的"物权法定主义"构造。依据《法国民法典》第 543 条，当事者可以依据契约在同条列举的种类之外创设物权。① 并且，法国民法只是将产权登记视为不动产所有权存在的"标志"而非"证明"。②《法国民法典》这种"无限权利和意思主义"③ 的所有权证明模式，更加接近国际法的现实——国际法中不存在权利登记制度，领土主权的产生、变更与消灭主要取决于当事国的单方面意思或意思表示一致，而不需要经过行政登记机关实质审查确定，并践行法定登记的形式，才发生效力。国际法院在依据有效控制规则判断争议领土主权归属时，主要类比了法国、日本等国民法中基于占有的权利推定规则——在审理争议双方均不具有权利证书的所有权争议时，法官通过解决当事方占有证据之间的冲突，作出将争议地区判给其占有证据更具优势、更有说服力的一方的裁决。亦即，在诉讼中，倘若占有人能证明其对物有占有的事实，且相对人或第三方提不出有力的反证，就推定占有人拥有对其占有的物的本权或所有权。

法国学者马洛里与埃勒斯认为："所有权的取得与所有权的证明之间存在直接的联系：当事人在证明其所有权的同时，即表示其

---

① 参见段匡：《德国、法国以及日本法中的物权法定主义》，载梁慧星主编：《迎接 WTO：梁慧星先生主编之域外法律制度研究集》（第 2 辑），国家行政学院出版社 2000 年版，第 138 页。

② 参见尹田：《法国物权法》（第二版），法律出版社 2009 年版，第 260 页。

③ 常鹏翱：《物权法中的权利证明规范》，载《比较法研究》2006 年第 2 期。

以某种法定形式取得了所有权。"① 但是，所有权的取得方式不同，证明所有权的方式也随之不同。并且，由于没有证据便没有权利，只有出示引起所有权发生的法律事实的证据，才能有效证明所有权的存在。② 一般而言，所有权建立于权利证书和自主占有两项事实之上。因此，在国内社会中，证明不动产所有权的存在，要么由所有人按照法定公示机制出示其权利证书，要么证明所有权的转让行为的存在或取得时效的完成。

由于国际法中不存在类似于国内法中的物权公示机制或权利登记制度，并且，传统的领土取得规则要么已经失效、要么不具有可裁判性，因此，在国际法中，证明领土主权的存在，是一种逐步排除法：如果有合法有效且精确无误地规定相关领土主权归属的条约存在，那么只要当事国出示该条约，则可以证明该国拥有对某一地区的领土主权；倘若没有此类条约，如果有确定争议地区主权归属的国际司法判决或仲裁裁决，那么只要当事国出示相关判决书或裁决书，也可以证明该国拥有对某一地区的领土主权；倘若都不存在上述确切的书面证据，如果领土取得或领土变更与国家继承、民族自决、全民公决等事实有关，那么将依据"保持占有"原则划界或确定相关领土的主权归属。详言之，可以通过出示划定新国家独立之前在他们母国或宗主国行政区域的行政边界或殖民边界的相关国内法律、文件或判决，来证明该国对某一地区拥有领土主权。

不过，在国内法中，也有不存在或难以查明证明不动产所有权存在的确切书面证据的情况。例如，有时候不动产产权登记簿上的权利人可能并非真正的所有权人，有时候不动产的所有权是由国家直接赋予的，如国家分配给移民未开垦的荒地或无主地，有时候一些比较偏远的乡村地区的人民可能并未去登记他们拥有所有权的土

---

① Philippe Malaurie, Laurent Aynès, Cours de Droit civil, Les biens, 2e éd., CUJAS, 1992, p.64. 转引自尹田：《法国物权法》（第二版），法律出版社 2009 年版，第 258 页。

② 参见 [法] 雅克·盖斯旦、吉勒·古博：《法国民法总论》，陈鹏等译，法律出版社 2004 年版，第 569 页。

地。因此，法国民法学者马洛里指出："对于不动产所有权的证明，是一个十分困难、充满不确定性的过程；为此，讨论不动产所有权的证明问题，其目的并不在于确定证明的可靠性，而是为了寻求确定最合理和最有可能存在的权利。"① 依据法国民法典的相关规定，倘若争议双方都不具有对争议地区的权利证书，而又援引它们对争议土地的占有作为证据，那么，"只要当事方在与对方的证据竞争中处于优势，就能证明其拥有对争议土地的所有权"。②

在国内社会中，在争议事实的真相不明，争议双方均不具有权利证书且都难以举证的情形下，但每一方当事人都引用其占有的事实，法官就必须根据当事人援引的占有事实所作出的推定来处理争议。具体的推理模式就是，将争议土地裁判给占有证据更真实、更优越、更完善的一方。例如，法国最高法院民事法庭在 1921 年的一个判决中指出："对于不动产所有权争议，在当事人既不能提出权利证书，取得时效又无法援引时，法官有权根据当事人所援引的事实的推定作出裁定，即将争议地区判给提出的占有证据更加完善的一方。"此后，在 1959 年法国最高法院第一民事法庭的判决也采用了同样的推理模式。③ 因此，"权利推定规则虽寄居于物权实体法规范之中，但展开的却是程序法中证据规则上的效力，其构造纵横于实体法与程序法之间"。④

国际司法机关适用有效控制规则解决领土争端，在法律推理上与上述国内法院的所有权证明模式是相同的：第一，国际司法机关会查明在特定的领土争端中，是否存在能确定争议领土主权归属的

---

① Philippe Malaurie, Laurent Aynès, Cours de Droit civil, Les biens, 2e éd., CUJAS, 1992, p. 177. 转引自尹田：《法国物权法》（第二版），法律出版社 2009 年版，第 260 页。

② 常鹏翱：《物权法中的权利证明规范》，载《比较法研究》2006 年第 2 期。

③ 参见尹田：《法国物权法》（第二版），法律出版社 2009 年版，第 260~264 页。

④ 王洪亮：《权利推定：实体与程序之间的构造》，载《法学研究》2011 年第 1 期。

如下合法权源（title）——条约、保持占有原则、国际司法机关的判决或裁决等，以及能证明争议领土归属的绝对证据；如不存在上述的合法权源或书面证据，国际法院与国际仲裁庭就会将有效控制（effectivités）视为争议地区领土主权的权源，以适用有效控制规则判案。第二，认定哪个争端当事国对争议地区实施的主权行为（acts à titre de souverain）构成了有效控制。第三，依据争议地区的地理条件、人口居住情况及战略价值，当事国对争议地区实施主权行为的性质、数量、程度、持续时间及影响、效果，以及一方当事国在历史上对另一方当事国有效控制争议地区的态度等因素，对双方当事国的有效控制证据的分量进行权衡与比较，以查明哪方当事国的权利主张更具优势或更强，并最终在此基础上推定权利主张更强的当事国就是争议地区的领土主权所有国，以有效地解决领土争端。①

第二节　国际司法机关在审理领土
争端时类比国内私法的原因

一、类比国内私法是国际司法机关的惯常做法

所谓类比（analogy）是指："在同一问题没有先例可供遵循的情况下，法学家从受同一一般原则指导下的另一问题的判例中寻求答案，也即类推推理。"② 另外，类比还指当制定法不完备时，法官填补法律漏洞或"法官自由造法"的方法。因此，类比可谓是法律发现过程的核心。类比国内私法中的概念与规则，是国际法发展的一种重要方式。"18 世纪以前，高度抽象的罗马法学说被当时的国际法学家全盘接受下来。在所有可能的地方，国际法学家都试图援引罗马法学说来支持他们的教义。"③ 即便 18 世纪以后国际法

---

① 参见宋岩：《领土争端解决中的有效控制规则研究》，中国政法大学出版社 2018 年版，第 18 页。

② 薛波主编：《元照英美法词典》，法律出版社 2003 年版，第 70 页。

③ Arthur Nussbaum, A Concise History of the Law of Nations, Macmillan, 1950, p. 17.

发展成为一门独立的法律体系，国内私法仍然影响着平时国际法的所有分支。①

在解决领土争端的诉讼或仲裁中，无论国际法庭或国际仲裁庭，还是争端当事国及其代理人、律师，都试图通过类比国内私法以寻找能够解决相关国际法问题的规则。② 例如，19 世纪初期，大部分拉丁美洲殖民地获得独立，但这些新独立的国家随后几乎都陷入边界争端之中。虽然拉丁美洲国家在爆发边界争端之初大多发生了短暂而激烈的武装冲突，但它们最终还是选择将边界争端诉诸仲裁解决。③ 在解决拉丁美洲国家之间边界争端的国际仲裁中，类比罗马法中的"保持占有"（uti possidetis）原则来划界，是仲裁庭的惯常做法。"保持占有"原为共和时代罗马法中裁判官或司法行政官，在不动产诉讼的初始阶段根据一方当事人的申请签发的禁令，其目的是："在诉讼期间临时保护占有人对私人财产的事实占有，除非他是通过暴力或其他方可撤销的方式秘密获得对土地的占有"④；其原意为："你过去占有什么，那么你现在就继续保持占有。"⑤ "保持占有"并非对财产的最终处置，而是让不占有土地的一方承担举证责任。⑥ 仲裁员在审理边界争端时，类比适用了该原则，并赋予其两个新内容：一是把该原则适用范围从处理私人之间土地争议改变为处理国家之间的领土与边界问题；二是将占有的

---

① 参见 H. Lauterpacht, Private Law Sources and Analogies of International Law, Longmans, Green and Co. Ltd. , 1927, pp. 5-6。

② 参见 E. Lauterpacht, International Law: Being Collected Papers by Hersch Lauterpacht, Vol. 3, Cambridge University Press, 1975, pp. 129-130。

③ 参见王孔祥：《拉美国家领土争端中的国际仲裁》，载《国际关系学院学报》2006 年第 6 期。

④ ［英］H. F. 乔洛维茨、巴里·尼古拉斯：《罗马法研究历史导论》，薛军译，商务印书馆 2013 年版，第 340 页。

⑤ 参见 Marcelo G. Kohen ed. , Territoriality and International Law, Edward Elgar Publishing Limited, 2016, p. 406。

⑥ 参见 Steven R. Ratner, Drawing a Better Line: UTI Possidetis and the Borders of New States, American Journal of International Law, Vol. 90, No. 4, 1996, p. 593。

临时性改为永久性。① 在国际仲裁中，适用保持占有原则划界，就是："从殖民地独立的新国家应当继承它们在独立之前殖民地母国划定它们管辖范围的行政边界。"② 最终，保持占有原则成为拉丁美洲国际法的重要内容。在"二战"后至 20 世纪 70 年代的非洲独立运动时期，保持占有原则又被广泛适用于解决新独立的非洲国家之间的边界争端。此后，该原则被国际法院多次适用于裁判领土争端。③ 在 1986 年"布基纳法索与马里边界争端案"中，国际法院还明确指出："保持占有原则具有普遍适用性，它在事实上已经发展成为现行习惯国际法的一个一般概念。"④

此外，国际法院在审判领土争端的司法实践中还类比了国内私法中的禁止反言原则。例如，在 1933 年"东格陵兰岛法律地位案"中，常设国际法院认为："挪威重申其承认整个格陵兰是丹麦的，因而它自行阻止了反对丹麦对整个格陵兰享有主权。"⑤ 郑斌就认为，这是国际法院在类比盎格鲁—撒克逊判例法中被称为"事实上禁止反言"或"衡平禁止反言"原则——如果甲以前通过语言或行为，明白地向乙陈述了不同的事物状态，则如果在该陈述的保证下，乙因此改变了其立场，以至于事实的成立会损害其利益，则甲不能再否定其曾经对乙所主张的特定状态的事实。⑥ 在

---

① 参见 John Bassett Moore, Costa Rica-Panama Arbitration: Memorandum on Uti Possidetis, Rosslyn, Virginia, The Commonwealth Co., 1913, p. 8。

② A. O. Cukwurah, The Settlement of Boundary Disputes in the International Law, Manchester University Press, 1968, p. 114.

③ 国际法院依据保持占有原则作出判决的领土争端案件包括：1986 年"布基纳法索与马里边界争端案"、1992 年"萨尔瓦多与洪都拉斯陆地、岛屿和海洋边界争端案"、2005 年"贝宁与尼日尔边界争端案"以及 2013 年"布基纳法索与尼日尔边界争端案"。

④ Frontier Dispute (Burkina Faso/Republic of Mali), Judgment, I. C. J. Reports 1986, p. 565.

⑤ Legal Status of Eastern Greenland (Denmark v. Norway), Judgment, P. C. I. J. Series A/B, No. 53, 1933, pp. 68-69.

⑥ 参见 Bin Cheng, General Principles of Law: as Applied by International Courts and Tribunals, Stevens, 1953, pp. 142-143。

1962 年"柏威夏寺案"中，国际法院也同样类比了禁止反言原则，来认定泰国的行为使其不能主张它不同意柏威夏寺地区的边界。

二、传统国际法中有关领土取得的规则难以作为裁判规范

在领土法领域，由于在中世纪欧洲，领土被视为封建主的财产，① 国际法学者类比罗马法中关于所有权的规则，创立了传统国际法中有关领土概念、领土性质、领土范围和领土取得等问题的国际法原则与规则。② 但是，"利用类比罗马法与民法的办法而建立起来的领土主权取得与丧失规则，显然存在一定的危险性"。③ 布朗利还指出："如果在国际诉讼与仲裁中适用这种原则上不健全、贴标签式的领土取得方式裁判争议领土的归属，只会使国际司法机关判决争议地区领土主权归属的任务变得更加困难。"④ 因此，在现实中，传统国际法中有关领土取得的法律原则与法律规则难以被国际司法机关适用而成为裁判规范，或者说是因不能作为法官裁判的法律依据而缺乏可裁判性。这些国际法原则与规则可能仅仅具有象征意义、宣示意义或叙述意义，而不具有真正的"实效性"。

那么，为什么会出现这种情况呢？笔者认为，有以下几点原因：

第一，虽然领土主权和不动产所有权之间的类比是有意义的，但是由于两者之间的区别也十分明显，通过类比罗马法而创立的传

---

① 参见［苏］费尔德曼、巴斯金：《国际法史》，黄道秀等译，法律出版社 1992 年版，第 50 页。

② 参见［英］亨利·萨姆奈·梅因：《古代法》，沈景一译，商务印书馆 2009 年版，第 58~59 页。

③ I. A. Shearer, Starke's International Law, 11th ed., Butterworths, 1994, p. 134.

④ James Crawford, Brownlie's Principles of Public International Law, 9th Edition, Oxford University Press, 2019, p. 220.

统领土取得规则其实并不恰当。① 不动产所有权是所有人对其不动产，"在法令限制之范围内，对物为全面支配的权利"。② 而领土主权不是根据国家自身的独立或人和物的关系来定义的。布莱尔利认为，领土主权是比照某些次要的领土权利（如租借和国际地役）而提出来的"法律上众所周知的对领土最充分的权利"。③ 领土主权具有积极的一面和消极的一面。前者是指国家既具有任意使用、处理其领土的权利即所有权（dominium），又具有支配在其领土内所有的人和物的权利即统治权（imperium）；④ 而后者则是指国家有在其领土内不侵犯其他国家权利的义务。⑤ 并且，即便国家对其领土拥有所有权，也不意味着国家在国内法上是其全部土地的所有者（proprietor）。⑥ 而且，"法律是密切依附于其同时代的生活的，因此不可能被轻易地移植到不同的文化背景之中"。因此，用与财产取得有关的罗马法规则来描述国家领土取得方式，不但必然会引起某些混淆，还会在适用中产生一些困难。⑦

　　第二，在国内社会中，所有权制度是一国社会秩序与法律秩序的基础，是国家和社会最根本的法律制度，⑧ 各国的物权法大多精确地设计了所有权变动的法律规则，详细、系统地规定了先占、时

---

① 参见 D. P. O' Connell, International Law, 2nd ed., Stevens, 1970, Vol. I, p. 405。

② 王泽鉴：《民法物权》（第二版），北京大学出版社 2010 年版，第 109 页。

③ 参见 J. L. Brierly, The Law of Nations, 6th ed., edited by Sir H. Waldock, Clarendon Press, 1963, p. 162。

④ 参见［日］日本国际学会编：《国际法辞典》，外交学院国际法教研室总校订，世界知识出版社 1985 年版，第 797 页。

⑤ 参见 Malcolm N. Shaw, Title to Territory, Routledge, 2018, pp. 73-75。

⑥ 参见周鲠生：《国际法》，商务印书馆 2018 年版，第 320~321 页。

⑦ 参见 Malcolm N. Shaw, International Law, 8th Edition, Cambridge University Press, 2017, p. 1021。

⑧ 参见陈华彬：《物权法论》，中国政法大学出版社 2018 年版，第 178 页。

效等所有权变动事由的概念、要件及其效力。① 然而，在国际社会中，尽管领土是国家存在与发展的物质基础，国际法是以国家在一块被承认的领土范围内享有专属权威为基础而发展起来的，有关领土的国际法原则与规则是国际法制度的核心与基础；但是，由于在国际社会缺乏凌驾于国家之上的立法机构，世界上主要国家又因为领土变更较少发生而无意缔结有关领土主权变动的一般性国际条约，因此在国际法中不存在达到国内法中物权法那样精密、详细与复杂程度的领土法规则，规定领土取得要件、效力的国际法规则一直付诸阙如。② 所以，在国际法中，由类比罗马法而来的五种领土取得方式，仅仅是国际法学者们争论不休的法律术语或理论学说，它们根本就不具有可裁判性。

第三，国家取得对某一地区的领土主权是一个非常复杂的过程，涉及多种法律原则在实际事实中的适用，而这个程序的结果难以总是被归属于任何简单地起主导作用的规则或"取得方式"。因此，如果适用"贴标签"式的传统国际法领土取得规则来裁判领土争端，那么在诉讼案件中判断争议领土主权归属的分析工作将会变得十分困难。特别是，在审理不存在确定争议领土主权归属的确切证据的案件时，过于强调五种传统的领土取得方式，就会使通过判断哪个争端国的主张更具优势而确定争议领土主权归属的方法的重要性变得模糊。③ 先占、添附等传统领土取得方式不但难以适用于新国家取得领土主权的情形，还忽略了默认、承认与禁止反言原则以及关键日期等对领土主权的创立与转移具有十分重要作用的其他原则，因此此类传统的领土取得方式是存在缺陷的。加之先占的对象是无主地，在缺乏认定无主地的法律规则与标准的情况下，人们难以判断一块领土究竟属于无人居住的无主地，还是被别国以明

---

① 参见谢在全：《民法物权论》（上册），中国政法大学出版社 1999 年版，第 146-158，233~236 页。

② 参见 Malcolm N. Shaw, International Law, 8th Edition, Cambridge University Press, 2017, pp. 1018-1020。

③ 参见［英］伊恩·布朗利：《国际公法原理》，曾令良、余敏友等译，法律出版社 2003 年版，第 144 页。

示或默示方式放弃领土主权而产生的无主地。① 并且，适用先占判断争议领土的主权归属，就必须查证领土主权先占取得与有效维持的证据链条。而国家最初的先占行为发生在久远的古代时期，国家维持其原始权利的行为也可能延续数百年。这让争端当事国要收集能证明本国在自本国主张先占取得争议地区领土主权至关键日期之间的整个历史时期拥有争议地区领土主权的证据材料，国际法院与仲裁庭也相应地需要判断这些证据材料的证据效力。这种链条回溯式的证据收集与评估工作将使得法庭与当事国"在时间的黑暗中迷失"。罗马人幽默地认为，只有"魔怪"才能完成这种证明先占取得的历史回溯工作。② 正是为避免让法庭迷失在历史之中，在审理 1953 年"曼逹尔岛和艾逺胡岛案"时，对于英、法两国都主张本国基于先占拥有对争议岛礁的原始权源的诉求，国际法院才明确提出，"虽然英、法两国对历史久远的封建时期的真实事实存在不同的看法，这导致两国政府在争议岛屿主权归属的问题上持截然相反的观点，但在法院看来，就本案的判决而言，并无必要去解决这种历史争议。对争议岛礁主权归属起决定性作用的，并非基于在中世纪发生的事件所做的推论，而是发生在关键日期之前一段时期，与争议岛礁的占有直接相关的证据。"③ 这实际上就是国际法院拒绝适用先占裁判领土争端，或是利用先占来描述其判决过程，而是会去关注当事国的有效控制证据。④

而且，像"时效""征服""强制性割让"等与强权国家使用霸权、武力密切相关的领土取得方式，早已为现代国际法确认为非法。早在 20 世纪中期，1932 年 3 月 11 日国际联盟特别大会通过的

---

① 参见宋岩：《领土争端解决中的有效控制规则研究》，中国政法大学出版社 2018 年版，第 28~29 页。

② 参见［英］巴里·尼古拉斯：《罗马法概论》，黄风译，法律出版社 2000 年版，第 165 页。

③ 参见 The Minquiers and Ecrelzos Case, Judgment, I. C. J. Reports 1953, pp. 56-57。

④ 参见 James Crawford, Brownlie's Principles of Public International Law, 9th Edition, Oxford University Press, 2019, pp. 220-221。

"不承认主义"决议，以及美洲条约法，如1933年《南美各国关于互不侵犯及和解的非战条约》和《关于国家的权利义务的蒙德维的亚条约》、1948年《美洲国家组织宪章》等，都一致规定，对违反国际法所造成的情势不予承认，并一致认为，不正当地或非法地占领不能创立领土主权。① "二战"结束后，不承认主义逐步演变为一项国际强行法规范。1945年《联合国宪章》确立了尊重国家领土完整的国际法基本原则，以及重申了"使用威胁或武力，或以与联合国宗旨不符之任何其他方法，侵害国家的领土完整"的非法性。1970年《国际法原则宣言》在遵循《联合国宪章》的基础上进一步规定，国家有义务不得"使用军事、政治、经济或任何其他形式之胁迫"以"侵害任何国家领土完整"；"国家领土不得作为非法使用武力所造成军事占领之对象，国家领土不得成为他国以使用威胁或武力而取得之对象，使用威胁或武力取得之领土不得承认为合法"。② 1974年《关于侵略定义的决议》第5条第3项也规定："因侵略行为而取得的任何领土或特殊利益，均不得亦不应承认为合法。"③ 所以，在现代国际法中，"时效""征服""强制性割让"等传统国际法领土取得规则因与国际法基本原则以及国际强行法规范相抵触，已经变成非法的、无效的了。因此，国际法庭或国际仲裁庭在审理领土争端案例时，拒绝适用传统国际法所规定的某种领土取得方法。例如，在1999年"卡西基利岛/塞杜杜岛案"中，纳米比亚将时效作为其权利主张的法律依据，并提出了时效的构成要件，但国际法院对此置之不理。国际法院认为，它无须评论时效取得在国际法上的地位及要件，而只要分析纳米比

---

① 参见 Werner Meng, 'Stimson Doctrine', in R. Bernhardt ed., The Max Planck Encyclopedia of Public International Law, Vol. IV, Amsterdam, 1982, p. 232。

② 参见王铁崖、田如萱主编：《国际法资料选编》（第二版），法律出版社1986年版，第4页。

③ 参见王铁崖、田如萱主编：《国际法资料选编》（第二版），法律出版社1986年版，第18页。

亚对争议岛屿行使国家权威的证据即可。①

　　要在"法无明文规定"的情形下裁判领土争端，国际司法机关只能如麦克奈尔（McNair）法官在"西南非洲国际法律地位案""个人意见"中所说的那样，"一如既往地类比国内私法，在类似的国内私法规则和制度的指引下，创立一些新的国际法原则与规则"。② 并且，在遵循适当的法律方法的前提下，通过类比国内私法来填补法律漏洞并为当下案件提供解决办法，无疑是推动国际法发展的一个正确选择。这正如康德所说的："当理智沉默不言时，类比这个推理方法往往能指引我们前进。"③

三、避免国际司法机关作出"案情不明"（non liquet）的断定

　　德国法学家拉伦茨认为："无论如何审慎从事的法律，其仍然不能对所有——属于该法律规整范围，并且需要规整的——事件提供答案，换言之，法律必然'有漏洞'。"④ 如果依据"实在法无明文规定"或"相关法律规则不明确或有争议"的标准，国际法的确存在法律漏洞，因为即便国际法现在可以正当地被视为一个完全的法律体系，但仍"不可能对于每个国际局势，总有一项明确的法律规则立即可以适用"。但是，无论在国内法还是国际法中，裁判机关都有绝对的裁判义务，即在司法或仲裁审判活动中，法官及仲裁员均不得以无适用的法律或适用的法律不明确为理由拒绝作出判决。劳特派特就曾经指出，如果就国际法是一个法律体系而言，国际法具有"完整性"的特征，而一旦允许国际司法机关因

---

　　①　参见 Kasikili/Sedudu Island（Botswana/Namibia），Judgment，I. C. J. Report 1999, pp. 1103, 1105。

　　②　International status of South-West Africa, Separate Opinion by Sir Arnold McNair, I. C. J. Reports 1950, p. 148.

　　③　［德］康德：《宇宙发展史概论》，全增嘏译，北京大学出版社 2016 年版，第 147 页。

　　④　［德］卡尔·拉伦茨：《法学方法论》，陈爱娥译，商务印书馆 2003 年版，第 246 页。

国际法的"实体法规则"存在空白或不明确等缺陷，作出"法律不明"的裁定，将会极大地破坏国际社会的和平与稳定以及国际法的功能，因此禁止宣称"法律不明"是国际法"不言而喻的命题"，这项原则也经过"国际司法与仲裁不间断的持续性实践"而"无可争议地确立"的习惯国际法原则。① 而从法律逻辑的角度来看，一旦遇到"法无明文规定"或"法无明确规定"的情形，法官或仲裁员运用类比推理的方法，进行漏洞填补就成为十分必要的司法技术选择。② 这正如卡多佐所说："在存在法律漏洞或法律空白时，法官必须在法律间隙中'立法'。"③

由于国际法不但缺乏立法机构，而且其创立与运行深受国际政治影响，缺乏人们期待的法律规范、相关国际法规范有争议或不明确等现象，在国际法中尤为常见。在这种情形下，禁止国际法院或国际仲裁庭因缺乏可适用的法律而宣布"法律不明"，意味着法官或仲裁员的审判工作将是创造性的，国际法院或国际仲裁庭"在一定范围内拥有'造法功能'是具有可能性与必然性的"。④ 所以，在国际司法与仲裁过程中，"裁判机关同样也被授权补充不明确或不完善的法律规范"；⑤ 国际法院或国际仲裁庭有权"适用已经存在的某些特定法律规则，或者适用因使用已知的法律技术而从其他法律规则或原则得来的法律规则"。⑥ 阿库斯特则更明确地指

---

① 参见 H. Lauterpacht ed. , International Law: Being the Collected Papers of Hersch Lauterpacht, Vol. I : The General Works, Cambridge University Press, 1970, p. 94。

② 参见姚小林：《法律的逻辑与方法研究》，中国政法大学出版社 2015 年版，第 99 页。

③ 参见［美］卡多佐：《司法过程的性质》，苏力译，商务印书馆 1998 年版，第 42 页。

④ 参见 H. Lauterpacht, The Function of L aw in the International Community, Oxford University Press, 2011, p. 100。

⑤ 参见［奥］阿·非德罗斯等：《国际法》（上册），李浩培译，商务印书馆 1981 年版，第 192~193 页。

⑥ ［英］詹宁斯、瓦茨修订：《奥本海国际法》（第一卷 第一分册），王铁崖等译，中国大百科全书出版社 1995 年版，第 7~8 页。

出，随着国际社会的发展，条约和国家习惯法所包含的适用于各类新问题的规则很少，这些国际法空白是依靠类比国内法体系的一般原则来弥补的。① 此外，希金斯（Rosalyn Higgins）也认为，可以将类比作为权威决策工具，以解决国际法规则缺失或不明确的问题。②

第三节　国际司法机关在审理领土争端时类比国内私法的正当性

在审理领土与边界争端的国际司法实践中，如果缺乏能够单独证明当事国之间争议领土主权归属的书面证据，国际司法机关通过类比国内私法中不动产所有权证明规则，逐渐创立了解决领土与边界争端的新国际法规则——有效控制规则。这种类比是国际司法机关为避免"法律不明"而"创立新的国际法规则"的司法造法行为。③ 这种类比具有以下的正当性与合理性。

一、在审理领土争端时类比国内私法是国际司法机关的"固有权力"

《国际法院规约》第 38 条第 1 款明确规定，国际法院在特定问题上查询适用法律时，在正常情况下，要优先考虑为有关国家明示承认的条约；在无此类条约可适用的情况下，就要优先考虑已确立的习惯规则；如无此类规则，就得求助于为文明各国所承认的一般法律原则。如果上述三者都不能提供适用于该情况的明确规则，则可以求诸司法判例与法学家意见，但较之法学家所表述的意见，司法判例的分量通常要更高一些，不过这没有严格不变的规则，主

---

① 参见 Peter Malanczuk, Akehurst's Modern Introduction to International Law, 7th ed., Routledge, 1997, pp. 48-49。

② 参见 Rosalyn Higgins, Problems and Process: International Law and How We Use It, Oxford University Press, 1995, p. 11。

③ 参见张华：《反思国际法上的"司法造法"问题》，载《当代法学》2019 年第 2 期。

要取决于法官或学者使用的类比推理的质量。① 劳特派特、奥康奈尔、沙赫特尔等一大批权威国际法学家认为,上述"司法判例"包括"国内司法判例"。② 国内法中的一般法律原则、司法判例与学者学说,都不是国际法的渊源,充其量它们只能作为国际法的证据,或者说对于国际法院确定什么是国际法的正确规则,具有重要作用。③ 因此,国际法院适用国内法中的一般法律原则、司法判例与学者学说,应当属于国际法上的类比国内法。④ 这正如赛尔维所评论的:"通过类比,可以将较为发达的国内法律体系中暗含'立法者的人类智慧结晶'的一般法律原则与法律规则,移植到国际法之中,以创立新的国际法规则,并由此推动国际法的发展。"⑤而依据《国际法院规约》第 38 条第 1 款,国际法院具有类比国内私法的"固有权力"。

在国际仲裁中,虽然国际仲裁庭在数量上不可胜数,且各个仲裁庭在起源、结构和权限方面各不相同,但它们在法律适用方面还是有共同点:仲裁法庭可以根据当事国选择的或对法庭有约束力的国际法规则作出裁决。近年来,欧洲大陆国家之间的仲裁条约都规定,应以国际常设法院和国际法院所遵循的国际法渊源,即《国际法院规约》第 38 条第 1 款为根据作出裁决。这些仲裁条约还通常规定,在对双方有约束力的条约或国际习惯法中没有既定规则的情况下,法庭应根据一般法律原则,或在双方同意的情况下,根据

---

① 参见 I. A. Shearer, Starke's International Law, 11th ed., Butterworths, 1994, p. 48。

② 参见王铁崖:《国际法引论》,北京大学出版社 1998 年版,第 101~103 页。

③ 参见〔英〕劳特派特修订:《奥本海国际法》(上卷 第一分册),王铁崖等译,商务印书馆 1971 年版,第 22~23 页。

④ Julius Stone, Non Liquet and the Function of Law in the International Community, British Yearbook of International Law, Vol. 35, 1959, p. 147.

⑤ 参见 Hugh Thirlway, Concepts, Principles, Rules and Analogies: International and Municipal Legal Reasoning, Recueil des Cours, Vol. 294, Martinus Nijhoff, 2003, p. 288。

公允及善良原则作出裁定。因为，国际仲裁应当解决任何诉诸仲裁的争端，既是在没有可适用的国际法规则的时候，也不得以案情不清而拒绝裁决。① 可见，国际仲裁庭可以类比国内私法。更何况，在很多国际仲裁中，例如 1998 年"厄立特里亚与也门之间的仲裁案"、2002 年"厄立特里亚与埃塞俄比亚边界争端案"，当事国都事先在仲裁协议中约定适用有效控制规则解决他们之间的领土争端。因此，国际仲裁庭同样具有类比国内私法的"固有权力"。

二、国际法中的领土争端与国内私法中所有权争议具有相似性

"类比不是一种逻辑的推论，而是一种带有相当复杂结构的比较。"② 即根据两个或两类对象在某些属性上的相同或相似，推断出它们在其他的属性方面也相同或相似。在结构上，类比推理可以概括为：案件 A 具有属性 a、b、c，适用规则 R；案件 B 具有属性 a、b、c；案件 A 与案件 B 具有相似性，因此，案件 B 也应当适用规则 R。③ 可见，类比体现了"相同情况相同处理"的法治原则。正如拉伦茨所说："这种法律规则的转适用，符合正义的要求——同类事物应作相同处理。"④ 因此，类比的正当性取决于，类比原型与认知对象的各种属性之间是否有相关性或关联性，或者说它们之间是否具有相同的或类似的属性。⑤

---

① 参见 Charles H. II Brower, The Functions and Limits of Arbitration and Judicial Settlement under Private and Public International Law, Duke Journal of Comparative & International Law, Vol. 18, No. 2, 2008, pp. 275-280。

② ［德］考夫曼：《法律哲学》，刘幸义等译，法律出版社 2004 年版，第 116 页。

③ 参见秦策、张镭：《司法方法与法学流派》，人民出版社 2012 年版，第 248 页。

④ 参见［德］卡尔·拉伦茨：《法学方法论》，陈爱娥译，商务印书馆 2005 年版，第 258 页。

⑤ 蔡从燕：《类比与国际法发展的逻辑》，法律出版社 2012 年版，第 39 页。

之所以认为，国际法院及国际仲裁庭类比国内私法创造出有效控制规则具有正当性，正是因为待裁案件（不存在确切书面证据的领土争端）与类比的目标域（不存在权利证书的所有权争议）具有以下相似性。

第一，国际法中的领土主权与国内法中的所有权在法律特征上具有相似性。在国际法中，领土主权既包含一国政府对其领土的统治权（imperium），也包含了一国政府对其领土的所有权（dominium）。① 瓦特尔（Vattle）就曾经指出："国家与其领土之间的联系包含两方面要素，其一是所有权，国家可以根据其需要使用其领土，从中受益，并对其进行处置；其二是主权或最高管辖权，国家可以根据自己的意志管理和控制在其领土上发生的任何事情。"② 因此，"领土主权应当被看作是 imperium 和 dominium 共有的全面的权利"。③ 另一方面，由于国内法中的所有权是指"对物最一般的实际主宰或潜在主宰"，具有绝对性（即所有人有权在法定范围内依其意愿无限制地支配其财产）、排他性（即所有人可对抗侵犯其权利的任何第三人）与永续性（即所有人对物有恒久的支配权）等法律特征，④ 因此，所有权，尤其是土地所有权也具有一定的主权性质。这正如马克思所说的："土地所有权的前提是，一些人垄断地球的一定部分，把它作为排斥其他一切人的、只服从自己个人意志的领域。"⑤

综上，国际法中的领土主权与国内私法中的所有权极其"相

---

① 参见 D. P. O' Connell, International Law, 2nd ed., Stevens, 1970, Vol. I, p. 405。

② Malcolm N. Shaw, Title to Territory in Africa: International Legal Issue, Clarendon Press, 1986, p. 12.

③ ［日］松井芳郎等：《国际法》（第四版），辛崇阳译，中国政法大学出版社 2004 年版，第 100 页。

④ 参见［意］彼德罗·彭梵得：《罗马法教科书》，黄风译，中国政法大学出版社 1992 年版，第 194~195 页。

⑤ 中共中央马克思恩格斯列宁斯大林著作编译局编译：《马克思恩格斯选集》（第二卷），人民出版社 1995 年版，第 538 页。

似"。在概念上看，所有权是人对物最完全的支配权，领土主权则是国家对其领土的统治权与所有权的统一；① 从性质上看，所有权是一种财产权，而"领土主权的实质包括在所有权的概念中，这一术语与将领土视为属于某一特定国家所依据的事实和法律条件有关"。② 正因为如此，类比国内私法中有关所有权取得规则，来创立国际法中有关领土主权取得规则，具有其正当性。而且，这种类比属于源域与目标域性质相似的"同域类比推理"，其类比的可靠性将更高。③

第二，国际法中的有效控制与国内私法中的占有，在概念与构成要素上具有相似性。两者在概念上都强调以"所有的意思"对标的物的"全面支配"。两者在构成要素上都包括"体素"与"心素"，并且，对"体素"与"心素"的判断标准也基本一致。

第三，"有效控制与领土主权之间的法律关系"与"占有与所有权之间的法律关系"在性质上具有相似性。在日耳曼法中，由于"日耳曼土地上的权利不易确定，须藉占有状态表彰权利，以占有推定某种权利的存在"，因此"日耳曼法上的占有，是日耳曼物权法的核心概念，乃物权的一种表现方式。在日耳曼法，占有与所有权并未严格区别，占有不是一种单纯的事实，而是一种权利"。④ 日耳曼法中的占有制度不但成为普通法占有制度的主流，也为一些大陆法系国家，如德国、日本的民法典所采纳。因此，在国内私法中，占有具有权利推定的效力，占有于任何时候都是一定

---

① 参见张文彬：《论私法对国际法的影响》，法律出版社 2001 年版，第125 页。

② 参见 Malcolm N. Shaw, International Law, 8th Edition, Cambridge University Press, 2017, p. 1021。

③ 参见方瑞安：《国际法类比国内法的反思与建构》，载陈金钊、谢晖主编：《法律方法》（第 31 卷），研究出版社 2020 年版，第 347 页。

④ 王泽鉴：《民法物权》（第二版），北京大学出版社 2010 年版，第411 页。

权利或利益的外在体现。①

在国际社会中，不存在类似国内社会中的立法机构与不动产物权行政登记机构，因此在国际法中不存在类似国内私法中物权法定原则与物权公示原则那样的领土主权制度。相应地，国际法中的领土主权只能是一种具体的、相对的权利。在这种情形下，国家对特定领土以主权者意图和平与连续行使或展示主权权力的行为，即有效控制既是一国行使其领土主权的表现形式，又可以在不存在其他法律权源的情况下作为证明领土主权存在的证据。正是基于这种相似性，国际法院才类比了国内私法中"占有的权利推定制度"，提出以有效控制推定领土主权，即国际法院一再强调的：领土主权可以从国家对某一特定领土有效行使属于国家职能的权力中推断出来。

第四，"在不存在确切证据的情况下裁判领土争端"与"在不存在权利证书的情况下裁判所有权争议"在事实特征上具有相似性。荷兰学者哈赫（Hage）认为，"规则的类比适用"，应当满足"待解决的案件"与"能满足该规则适用条件的已解决案件"之间具有"充分相似性"。② 倘若所有权争议的当事人都不能援引土地产权证书来证明争议土地的所有权属于本人，而只能列举他们在不同时期占有争议土地的事实来支持自己的权利主张，与适用有效控制规则解决领土争端的情形十分相似：领土争端当事国都不能援引可以直接证明争议领土的主权属于本国，而又都一致以有效控制作为支持本国主权要求的证据。可见，国际法上"待解决利益状态"的领土争端与国内私法上"已解决利益状态"的所有权争议非常相似，以致可以让国际法院法官推定：即便国际法规则没有对待决问题作出明确的规定，也可以类比国内私法上的相关规则作出类似的判决。③

---

① 参见［德］鲍尔、施蒂尔纳：《德国物权法》（上册），法律出版社2004年版，第105页。

② 参见［荷兰］雅普·哈赫：《法律中的类比逻辑》，张华麟译，载陈金钊、谢晖主编：《法律方法》（第34卷），研究出版社2021年版，第76页。

③ 参见陈林林：《裁判上之类比推论辨析》，载《法制与社会发展》2007年第4期。

对于不存在权利证书的所有权争议，国内法院会依据"占有可被视为所有权的标志"的法律规则，通过比较、权衡争端当事方对争议土地的占有事实，在当事人之间"寻找权利相对更优的"，并在此事实认定的基础上作出判决。① 相应地，国际法院法官会类比国内私法的相关规则以及国内司法判决，通过比较、权衡当事国对争议领土的有效控制证据，作出有利于权利主张更优的当事国的判决。

三、不存在确切证据的领土争端属于相关国内私法规则立法目的所意指的事实类型

作为填补法律漏洞的法律技术工具，类比法律推理的原理是，由于现行法律明示或已有规则不能直接适用的案件（待裁案件或问题案件），与某一特定法律原则、规定或规则具有某种关联性与融贯性，能为该法律原则、规定或规则的立法意图所涵盖，因此可以推定：该待裁案件应当与适用该法律原则、规定或规则裁判的已决案件，具有相同的法律后果，或被赋予相同的法律意义，从而做到"相类似之案件，应作相同的处理，以实现平等原则与正义的要求"。② 又由于法律具有扩展性和延伸性，法官可以基于已有的法律原则、规定或规则进行规则类推或类推造法。即从法律明示或已有的规则推导出类似规则，从现存的法律原则产生新的法律原则，以填补法律的漏洞，实现法律之公平及维护法律秩序之安定。③ 由此可见，价值判断在很大程度上影响类比法律推理的进行。④ 也可以说，作为形式逻辑推理的类比，其正当性取决于待裁

---

① 参见［意］鲁道夫·萨科、拉法埃莱·卡泰丽娜：《占有论》（原书第二版），贾婉婷译，中国政法大学出版社 2014 年版，第 26 页。

② 王泽鉴：《法律思维与民法实例》，中国政法大学出版社 2001 年版，第 253 页。

③ 参见王洪：《制定法推理与判例法推理》，中国政法大学出版社 2016 年版，第 258 页。

④ 张骐：《法律推理与法律制度》，山东人民出版社 2003 年版，第 46 页。

案件事实是否与已决案件事实同属于类比对象法律规则立法意图所指事实类型。①

　　作为类推造法的产物，国际法中的有效控制规则所适用的领土争端，属于解决不存在权利证书之所有权争议的实体法规则的立法意图所涵盖的事实类型。如前文所述，如果不动产所有权争议当事人都不具有对争议标的物的权利证书，而双方又都依据先后对争议土地不构成时效取得的占有事实，对该土地提出所有权要求。这种情形，实际上也是属于"法无明文规定"的情况。为了避免法官因无法律明示规则而拒绝裁判，只得允许法官基于政策与正义的考虑进行类比法律推理，通过充分考虑法律原则、政策，抑或正义、利益等价值或法律目的这些形式规则以外的东西，② 如"占有与所有权之间的法律关系""占有的防御性功能""所有权的证明"等，依据民事权利推定规范来裁判此类有关所有权争议的疑难案件。可见，上述的类比法律推理属于以一定的价值理由为依据而进行的实质法律推理。这种法律推理所追求的是"合理性"价值，它并不要求"绝对正确"。③ 具体而言，此类国内私法原则与规则或规定的价值取向，是一种法益权衡，即在"依权利应得而所得"与"保护公共秩序与维护社会安定"之间发生冲突的情况下，后者优先。这也就是尹田教授所推崇的"不公正胜于无秩序"：在维护特定权利人的利益（即个别秩序）等于公正的假设前提下，当个别秩序与民事生活整体秩序发生冲突时，为保护整体秩序而牺牲个别秩序，或者说为保护公共秩序而牺牲个案公正，是具有合理性与合法性的。④ 具体到上述的不动产所有权争议，由于当事人都无法提

---

　　① 参见陈征楠：《法律发现中的类比推理》，载《华南师范大学学报（社会科学版）》2009 年第 3 期。

　　② 参见余继田：《实质法律推理研究》，中国政法大学出版社 2013 年版，第 177~180 页。

　　③ 参见陈锐：《法律推理论》，山东人民出版社 2006 年版，第 23~25 页。

　　④ 参见尹田：《论"不公正胜于无秩序"》，载梁慧星主编：《民商法论丛》（第 19 卷），金桥文化出版（香港）有限公司 2001 年版，第 329 页。

出证明争议土地的所有权归属本人的书面证据——不动产权利证书，依据物权法中的物权法定原则与权利公示原则，可以认定难以依据法律的明示或现有规则来判定争议土地的所有权归属。而按照民法中有关所有权归属的公正——"各人应得的归各人"，在上述不存在判定争议土地归属所需的确切书面证据的情况下，法院就应当采取"回溯式"的所有权证明方式，查明一条能清楚地证明该土地所有权经原始取得并历经若干次合法转让，直至为本案其中一个当事人所有的证据链。可这种原始权源合法性的证明工作，在罗马人眼中只有"魔怪"才能胜任。无论对于法官还是当事人而言，这种罗马法所谓的"魔怪证明"（probatio diabilica）都是不可能完成的任务，将极大地浪费司法资源，甚至有可能导致司法审判工作因此而瘫痪。为了防止这种因维护"个案公正"而破坏整个法律秩序的现象出现，萨维尼提出了一种"法律和平思想"：一切"所有权"都是因"时效"而成熟的"他主占有"。① 不过，在不能适用取得时效或者不具备取得时效所涵摄的事实构成的情况下，为了实现"稳定既定经济与社会秩序，以保障交易安全及定纷止争"的立法目的，② 英国、瑞士及法国等国家的民法典只得规定，在不动产返还之诉中，具有最优权利主张的人将最终获胜。而在这些国家的司法实践中，又是通过权衡、比较当事人对争议土地的占有证据，来"寻找权利相对更优"的当事人。③

　　在领土争端中，如果任何一方当事国都提不出判断争议领土主权归属的明确法律权源或确切书面证据，这与上述不存在权利证据的不动产所有权争议极其相似。而且，证明某一领土的原始权源或古代权源的取得及其维持或变更，也同样属于不可能完成的"魔怪证明"。要解决此类疑难的领土争端，同样要以"维持国际社会

　　① ［英］梅因：《古代法》，沈景一译，商务印书馆 1996 年版，第 144~145 页。

　　② 参见孙宪忠：《德国当代物权法》，法律出版社 1997 年版，第 319页。

　　③ 参见［意］鲁道夫·萨科、拉法埃莱·卡泰丽娜：《占有论》（原书第二版），贾婉婷译，中国政法大学出版社 2014 年版，第 26 页。

秩序""维持争议地区和平与稳定"为第一位的价值取向，因此在裁判时尊重当事国对争议地区占有的现状，将争议地区判给对该地区有效控制更完善、更有力、更圆满的当事国，无疑是具有合理性与合法性的。因为，即便这样作出的判决不是那么"绝对正确"，甚至有可能损害一方当事国的合法权益，但是和国际社会的整体利益比较起来，这种法益权衡或价值取舍自然是正确的。这也充分说明：不存在确切证据的领土争端，属于相关不动产所有权权利推定规则立法目的所涵涉的事实范畴。

四、适用有效控制规则有利于妥善解决领土争端

如前文所述，国际司法机关之所以拒绝适用传统国际法中领土取得规则裁判领土争端，就是因为这些学理性的国际法规则不能妥善解决领土争端。而通过类比相关国内私法而创造新的国际法规则——有效控制规则，之所以具有正当性，其中一个非常重要的原因就是，有效控制规则具有合目的性——"保证法律目的的有机实现"①，能够妥善解决复杂的领土争端。

适用有效控制规则裁判相关领土争端，得到了当事国一致同意。在国际仲裁中，当事国一般都会在仲裁协议中写明，适用有效控制规则来解决他们之间的领土争端。在国际诉讼中，虽然当事国不能选择解决争端的法律，但是当事国也在诉讼中明确表示他们同意国际法院将有效控制规则作为实体法律予以适用。例如，在所有适用有效控制规则裁判领土争端的国际法院司法判例中，当事国都提出了对争议地区行使主权活动的证据，并都积极依据有效控制规则论证争议领土的主权属于本国。上文所阐述的"国家同意"，也从一个侧面证明国际司法机关类比国内私法以创立有效控制规则，具有正当性。②

国际法院适用有效控制规则作出的判决都得到了争端当事国的

---

① 米健：《比较法学导论》，商务印书馆 2018 年版，第 242 页。

② 参见杨承甫：《国际司法实践中的类比推理研究》，中国政法大学 2017 年硕士学位论文，第 17~18 页。

有效履行。20 世纪 60 年代末，马来西亚与印度尼西亚因利吉丹岛和西巴丹岛的主权归属问题发生争议。1998 年 11 月 2 日，马来西亚与印度尼西亚决定将该领土争端诉诸国际法院解决。2002 年 12 月，国际法院依据有效控制规则将争议岛屿的领土主权判给了马来西亚。赢得这场国际诉讼之后，马来西亚备受鼓舞，随后于 2003 年同意将其与新加坡之间的关于白礁岛、中岩礁和南礁三个海洋地物的主权争端诉诸国际法院。2008 年 5 月，国际法院再次依据有效控制规则将白礁岛判给新加坡。虽然这些东南亚国家之间由岛礁争端引发的海洋权益争端并未因此得到解决，但这些国家都明确表示将接受和执行国际法院关于争议领土主权归属的判决。国际法院的司法判决在很大程度上维护了东南亚地区的和平与稳定。这充分证明有效控制规则能够妥善解决领土争端。同时，这也是国际法院以类比推理进行司法造法的行为具有正当性的明证。

综上所述，在国际法院或国际仲裁机构在裁判缺乏条约、保持占有等正式确定争议地区主权归属的法律权源的领土争端时，类比国内私法中有关所有权制度与占有制度，以填补国际法的罅隙，无疑是一个明智的选择。① 并且，"作为一种后发的法律秩序，国际法在形成与发展过程中受国内法的影响是很自然的"。② 类比罗马法与国内私法以推动国际法的发展，在国际法史上占有非常重要的地位。③ 这正如布朗利所评论的："为了使国际法成为一种能适用于国际司法程序的可行规则，国际法庭有必要运用法律推理和私法类比的原理……国际法庭从更为发达的法律体系中选择、编辑以及修改了一些规则，其结果是产生了一个在内容上深受国内法的历史和逻辑影响的新的国际法规则。"④

---

① 参见张文彬：《论私法对国际法的影响》，法律出版社 2001 年版，第7 页。

② 蔡从燕：《国内公法对国际法的影响》，载《法学研究》2009 年第 1 期。

③ 参见杨泽伟：《国际法析论》（修订第二版），中国人民大学出版社 2007 年版，第 321 页。

④ James Crawford, Brownlie's Principles of Public International Law, 9th Edition, Oxford University Press, 2019, p. 35.

第四章　与有效控制规则适用相关的几个法律问题

　　由于不存在明确规定争议地区领土主权归属的条约、相关国内法律文件、国际司法判决等合法权利依据，争端当事国又都声称对争议地区长期、持续和有效行使着管辖权，只能通过权衡争端当事国在关键日期以前对争议地区展示和行使国家主权权力的证据的分量，来判断该地区的主权归属。① 换言之，争议地区的领土主权应当属于，在关键日期以前，基于主权者行事的意图，对该地区实际、具体、和平与持续地行使或展示了主权权威的那个国家。因此，在适用有效控制裁判争议地区领土主权的归属时，还必须查明领土争端的关键日期。此外，国际法院既要识别争端当事国对争议地区的主权行为是否构成有效控制，并权衡、比较争端当事国在关键日期以前有效控制证据的分量；还要查明是否存在一方当事国承认或默认另一方当事国对争议地区长期、持续、有效实施有效控制行为的事实。因此，国际法院在裁判领土与边界争端时，常常会结合承认、默认与禁止反言原则来判断争议领土的主权归属。最后，在依据有效控制规则，并结合承认、默认与禁止反言原则判断出争议地区的主权归属，或初步划定争议地区陆地边界之后，国际法院还会根据实际情况，对应然的陆地边界进行衡平调整。所以，在适用有效控制规则裁判争议领土主权归属时，还需要查明领土争端的关键日期，并对领土争端的相关情况进行权衡。

---

　　① 参见 James Crawford, Brownlie's Principles of Public International Law, 9th Edition, Oxford University Press, 2019, p. 222。

第一节　关键日期

由于领土与边界争端是一种"事实密集型"纠纷，在解决此类争端时，各当事方一般都会提交大量的证据材料，以证明它们在过去不但合法取得还有效维持着争议地区的领土主权。① 而且，在领土与边界争端中，当事国很可能在争端具体化之后强化对争议地区的事实管控或主权宣示，以企图变更或巩固其法律地位。这常常导致争端升级甚至军事对峙、武装冲突。因此，对各当事国用于证明或解释历史性事实的证据材料进行审查和评价，就显得极为重要。这不但是公平合理地解决领土与边界争端的基础和前提，还能在一定程度上打消当事国在争端发生后采取"自利行动"的动机，从而有利于维护国际和平与安全。

审查判断证据，是一种合目的的司法认知活动。这种合目的性，反过来要求认定过程的有序性，并进而在证据能力和证明效力的评判上表现为规范性。② 但在国际法中，目前还缺少一套明确而具体的证据规则。为了弥补这一法律漏洞，国际法院在司法实践中创设了一个证据采纳标准——"关键日期"（critical date）。即，关键日期以前发生的行为与事件才具有证据资格，此后形成的证据材料大多只是当事国进行自我粉饰的"自利性证据"，不能作为认定裁判事实的依据。③ 除非这些后续事件或行为是先前行为的正常延续，且不是为了加强或改变行为方在关键日期时的法律地位；或者是这些行为与事件有利于查明关键日期时的法律情势；又或者是争端当事国一致同意做此改变，国际法院才会适当考虑这些行为。

---

① 参见 Shabtai Rosenne, The Law and Practice of the International Court, 1920-2005（4ᵗʰ），Martinus Nijhoff, 2006, p. 1040。

② 参见何家弘：《证据的采纳和采信》，载《法学研究》2011 年第 3 期。

③ 参见 G. Fitzmaurice, The Law and Procedure of the International Court of Justice, 1951-4: Points of Substance, Part Ⅱ, British Year Book International Law, 1955-1956, Vol. 32, p. 21。

国际法院在审理 2007 年"尼加拉瓜与洪都拉斯加勒比海领土与海洋争端案"时就指出，关键日期的重要作用在于区分在不同时间点发生的有效控制行为的证据能力——此前发生的主权宣示行为应被考虑为确认主权归属的证据；而此后发生的行为对上述目的而言毫无意义……换言之，关键日期就是认定证据资格的时间分界线，争端当事方在该日期以后的行为对认定是否构成有效控制毫不相关。

国际法院成立至今，共受理并审结了 27 起领土与边界争端。国际法院在其中 8 个案件中将关键日期作为了证据采纳标准，并依据在这个时间点上形成的法律情势来裁判争议领土的主权归属。虽然国际司法判例不是严格法律意义上的国际法渊源，但它具有根据新情况认证、完善和解释国际法的作用，能够实际上创设新的国际法规则。① 在国际法中也不乏由国际法院判例演变而成的国际法规则。所以，国际法学界通常把考察国际法院与法庭的裁决，作为确定新的国际法原则和规则最重要的办法。② 由此可见，在领土与边界争端中，关键日期对认定证据与评估事实具有重要意义。③

但是，国际法院从未在其判决理由中阐明什么是关键日期，为什么把关键日期作为证据的采纳标准，关键日期的选择标准是什么，关键日期的法律性质与适用范围是什么。争端当事国为了赢得诉讼，则把关键日期作为一个精妙的诉讼技巧或辩护工具，并常常在庭审中就关键日期的选择与作用争论不休。④ 国际法学术界同样没有对关键日期的概念、适用范围、确定标准等理论问题达成共

---

① 参见［意］安东尼奥·卡塞斯：《国际法》，蔡从燕译，法律出版社2009 年版，第 260 页。

② 参见［英］郑斌：《国际法院与法庭适用的一般法律原则》，韩秀丽等译，法律出版社 2012 年版，第 1 页。

③ 参见［英］伊恩·布朗利：《国际公法原理》，曾令良等译，法律出版社 2002 年版，第 143 页。

④ 参见 Robert Y. Jennings, The Acquisition of Territory in International Law, Manchester University Press, 1963, p. 34.

识。近年来，随着我国与周边国家领土与边界争端逐步升温，我国学者开始关注关键日期问题。但是，我国学者的一些观点还值得商榷。本书拟就关键日期的概念、适用范围、确定标准等理论问题提出一些粗浅的看法，以求教各位大方之家。

一、关键日期的概念界定

对于关键日期概念的理论把握，直接关系到领土与边界争端事实认定的证明标准等基本理论问题，而无论国际法庭还是学术界对关键日期概念的界定都歧见甚多。国际法学界一般公认，"关键日期"是胡伯（Huber）法官在审理 1928 年"帕尔玛斯岛仲裁案"时首次提出来的。但胡伯既未阐释关键日期的概念，对关键日期的功能与作用也表述得难以令人信服。① 此后，虽然有多个国际法庭把关键日期作为审查判断证据资格的标准，但是谁也没有对关键日期进行明确、一贯的定义。在审理 1953 年"敏基埃群岛和埃克里荷斯群岛案"时，国际法院认为关键日期是争端产生（arise）的时间。但在 2002 年"利吉丹岛和西巴丹岛主权归属案"以后，国际法院又认为，关键日期是领土与边界争端具体化（crystallization）的时间。其实，争端产生与争端具体化是两个不同的概念。前者主要是指由于一方或双方争端当事国就争议领土的归属提出竞争性权利主张，争端当事各方在法律上产生了观点与利益的冲突；而后者则是指领土与边界争端发展到一定阶段，与争端相关的一系列重大事实都已经发生，争端当事方之间的分歧已经形成一个明确的法律争端。另外，争端产生与争端具体化两者的物理表现形式也并不一致。一般而言，争端产生的时间要早于争端具体化的时间。只有领土与边界争端中的某个行为或事件能将案件的各类事实汇集在一起，并形成决定争议领土归属的法律情势，争端产生的时间才可能与争端具体化的时间重合。例如，在 2012 年"尼加拉瓜与哥伦比亚领土与海洋争端案"中，

---

① 参见 P. C. Jessup, The Palmas Island Arbitration, American Journal of International Law, 1928, Vol. 22, pp. 739-740。

在国际法院选定的关键日期，发生了尼加拉瓜首次对争议岛屿提出主权要求的行为。这个行为既是显示尼加拉瓜与哥伦比亚存在法律上观点分歧的标志性事件；又是与争端相关的重大事实，它的发生足以表明争端具体化了。在此类情形下，争端产生的时间才与争端具体化的时间相同。

国际司法实践的不确定性，在一定程度上导致了学术界对何谓关键日期众说纷纭。菲茨莫里斯（Fitzmaurice）认为："关键日期是这样一个日期——各争端当事方此后的任何行为都不能影响案件的事实认定。"① 格尔迪（Goldie）则认为："在国际法中，关键日期是某段时期结束的时间点。在这个时期内，争端的诸多重要事实都已发生。"② 我国学者的观点同样不一致。张新军认为："关键日期所指的正是法律争端诞生的那一时刻。"③ 张卫彬则认为："关键日期是指当事方对领土主权提出竞争性主张之时，或领土主权归属已经得以明确化的关键时刻。"④ 从这些定义看，学者们要么侧重于描述关键日期的表现形式，而忽略了探讨关键日期的本质特征；要么将关键日期的概念界定与确定基准混为一谈；要么认为关键日期是一个多义词，难以对其进行一般性的定义。笔者试图通过对国际司法判例进行分析，来探讨证据规则意义上的关键日期的概念。

虽然国际法院根据领土与边界争端案情与适用的法律依据不同，对关键日期作了不同的定义，但这些定义有一个共同的特征：在这个时间点以后发生的任何事件都不能改变已然存在的法

---

① 参见 G. Fitzmaurice, The Law and Procedure of the International Court of Justice, 1951-4: Points of Substance, Part Ⅱ, British Year Book International Law, 1955-1956, Vol. 32, p. 20。

② L. F. E. Goldie, The Critical Date, The International and Comparative Law Quarterly, 1963, Vol. 12, No. 4, p. 1251.

③ 参见张新军：《法律适用中的时间要素》，载《法学研究》2009 年第 4 期。

④ 参见张卫彬：《国际法院解决领土争端中的关键日期问题》，载《现代法学》2012 年第 3 期。

律情势；质言之，就是如果一方争端当事国在那时拥有领土主权，那么该国现在仍然拥有领土主权，或被认为拥有。譬如，对于那些可以依据先占、"保持占有"等规则来确定争议领土归属的争端，关键日期就是导致领土主权创设、变更或消灭的某个事件或行为产生或发生的时间点。在这个时间点，相关的法律事实已经完成，从而意味着决定领土归属的法律关系最终形成。法院为了认定案件事实，就必然要假定相关法律事实完成时，"时间已经停止了"，并依据这个时间点之前形成的证据材料以及有效的法律作出裁决。在 1986 年 "布基纳法索与马里边界争端案"中，国际法院就采用了这一司法推理。在此案中，国际法院决定适用 "保持占有"原则来解决领土与边界争端。所谓 "保持占有"原则，就是指依据争端当事国在它们过去同为某个国家的同一个殖民地的组成部分时，以划分它们行政管辖范围的行政边界的位置与走向来划界。国际法院把确定行政边界走向的殖民地法颁布的日期定为关键日期。这个立法行为，就如同 "在关键时刻将领土归属或边界走向的情况影像化"的证据。只要能查明这个 "领土照片"（photography of territory）的状态，就能确定争议领土的主权归属。这自然就可以推断，这个领土与边界争端的关键日期是，有关争议领土归属或边界划界的事实状况已经 "凝固"了的时间点。

对于那些需要权衡各当事国对争议地区有效控制证据的分量来确定争议领土归属的争端，其关键日期就是标志着国家主权权力逐步强化这一过程结束的时间点。这个时间点同样是表明相关事实状态 "凝固"或 "冻结"了的时刻。例如，在 2008 年 "白礁岛、中岩礁和南礁主权归属案"中，由于不存在一个确定争议领土归属的清楚或正式的权源，国际法院只能根据 "盖然性平衡"（balance of probability）原则，通过权衡比较争端当事方国家主权活动的证据分量（weight of evidence）来裁判争议领土的归属。在此案中，争端当事国双方都提交了大量证明它们在不同时期对争议岛礁实施有效管辖的证据，这就要求国际法院确定 "以哪一个时期为确定领土归属的基准问题"。① 在作为白礁岛争端关键日期的 1980 年 2 月 14 日，新加坡对马来西亚于 1979 年在其官方地图上把白礁岛标示为其领土的行为提出外交抗议。在作为中岩礁和南礁争端关键日期的 1993 年 2 月 6 日，新加坡在与马来西亚的谈判中正式对中岩礁和南礁提出主权要求。国际法院认为在这两个关键日期，领土与边界争端已经"具体化"了。而无论在国内法体系还是国际法体系，对于审判机关而言，为了实现司法公正，只能依据争端具体化之前形成的法律情势来裁判争端。其实质就是推定审理案件所需要认定的事实与适用的法律都在该时间点停止发展了。② 这也同样证明，此类领土与边界争端的关键日期是争端法律情势"凝固"了的时间点。

综上所述，证据规则意义上的关键日期是指，领土与边界争端当事国之间有关争议领土归属的事实状态"凝固"或"冻结"的时间点，在这一时刻，与争端相关的一系列重要事实都已经发生，各争端当事国的权利也都随之明确化、具体化，从而使得此后发生的任何事件或行为都不能改变此时已然存在的法律情势。由于领土主权的创设或变更是一个国家权力逐步强化的结果，或是某个法律事实出现引起的法律后果，关键日期实质上是，国家对争议领土的主权活动最终构成有效控制这一过程结束或者可以导致领土主权变更的法律事实发生的时刻。③ 但在现实中，只有存在对判断争议领土归属起着决定性作用的某个行为与事件，且该行为与事件在时间存在上处于"独立状态"，才可以将关键日期界定为"时间点"。倘若领土主权的创设或变更是一个缓慢演进的结果，或是一个国家权力逐步强化的产物，则很难将关键日期精确到某个时间点。所以，国际法院在 1986 年"布基纳法索与马里边界争端案"与 1992

---

① 参见［日］日本国际学会主编：《国际法辞典》，外交学院国际法教研室总校订，世界知识出版社 1985 年版，第 331 页。

② 参见 D. H. N. Johnson, Acquisitive Prescription in International Law, British Year Book International Law, 1950, Vol. 27, p. 332。

③ 参见 L. F. E. Goldie, The Critical Date, The International and Comparative Law Quarterly, 1963, Vol. 12, No. 4, pp. 1266-1267。

年"萨尔瓦多与洪都拉斯陆地、岛屿、海洋边界案"中，选定了"关键期间"（critical period）。

二、关键日期的适用范围

探讨关键日期的适用范围，关乎研究证据规则意义上的关键日期的现实意义。对于这个问题，国际法学者有不同的看法。菲茨莫里斯、布朗利（Brownlie）、格尔迪、约翰逊（Johnson）等学者认为，关键日期适用于大多数领土与边界争端的解决。我国学者大多持这一观点，并不加甄别地将关键日期作为我国与周边国家领土与边界争端的证据认定工具。① 而肖（Shaw）、詹宁斯（Jennings）、麦克奈尔（McNair）、瑞斯曼（Reisman）等学者却持不同意见。例如，肖提出："认为在所有领土与边界争端中都会或都应存在一个关键日期是不正确的。"② 詹宁斯也认为，并不是每个领土与边界争端都会有一个明确的关键日期。③

笔者赞成后一种观点。因为，虽然一切事实总是发生在时间之中，甚至可以说"事件通常是瞬间切面的时间存在"，④ 但这并不意味着时间因素是所有领土与边界争端证据采纳的标准。所以，不是任何领土与边界争端都存在证据规则意义上的关键日期。例如，对于需要依据条约解释（如1999年"卡西基里/色杜杜岛屿案"）、依据禁止反言原则（如1962年"柏威夏寺案"）、依据司法判决（如2001年"卡塔尔/巴林间海洋划界与领土问题案"）来裁判争议领土归属的国际司法案例而言，时间

---

① 参见熊沛彪、张逦：《国际法上关键日期适用问题研究》，载《云南大学学报（法学版）》2014年第2期。

② 参见[英] 马尔科姆·N. 肖：《国际法》（上），白桂梅等译，北京大学出版社2013年版，第401页。

③ 参见 Robert Y. Jennings, The Acquisition of Territory in International Law, Manchester University Press, 1963, pp. 34-35。

④ 参见孙岩、杨小爱：《论事件的时间与时间中的事件》，载《自然辩证法研究》2011年第5期。

因素对案件事实查明就毫无意义，国际法院在审理这些案件中也没有确定一个关键日期，来否定此后发生的行为或事件的证据资格和证明效力。

国际法院在司法实践中，一般只在符合以下两个条件的前提下，才会把关键日期作为证据采纳标准：其一是查明领土与边界争端的是非曲直必须要考虑时间因素，其二是定格在某个时间点的法律情势能够确定争议领土的归属。只有需要适用"保持占有"原则来裁判争议领土归属的争端，才同时满足这两个条件。因为，适用"保持占有"原则解决领土与边界争端，就意味着要"尊重在新国家独立时确定其行政管辖范围的行政区域边界"。这实际上就是要"冻结"各争端当事国在某个时间点上对争议领土的法律主张，维持领土边界现状。换言之，对于此类领土与边界争端，不但在判断争议领土归属或划界时必须要考虑时间因素；而且，在某个关键时刻形成的法律情势，能够作为法院裁判的事实与法律依据。所以，肖认为："关键日期的概念与'保持占有'原则尤为相关。"① 另外，对于适用有效控制规则来裁判争议领土归属的争端而言，也有可能需要选择关键日期。因为，在考虑当事国对争议地区有效控制关系时，如果业已认定该地区在某个时期属一方当事国，而在另一时期又是另一方国家实行了有效控制，那么，就有必要选定一个时间基点，通过查明争议领土在这个关键时刻的法律地位，来判断争议领土当前的归属。这意味着关键日期在此类争端的事实查明中能够作为证据采纳标准使用。

但是，在国际仲裁中，即便领土与边界争端的事实认定具备上述条件，国际仲裁机构也不一定将关键日期用作证据规则。例如，在1966年"阿根廷与智利边界案"中，仲裁员麦克奈尔认为："关键日期这个观念在本案中价值不大；本庭将审查所有提交给它

---

① 参见［英］马尔科姆·N.肖：《国际法》（上），白桂梅等译，北京大学出版社2013年版，第402页。

的证据，而不管这些证据所涉及的行为发生的日期。"在此后的1998 年"埃塞俄比亚与也门领土与边界争端仲裁案"、1999 年"厄立特里亚与也门之间的仲裁案"中，仲裁庭都深受麦克奈尔的上述意见的影响，拒绝把关键日期作为证据采纳标准。它们认为，如要作出公正的裁决，就必须考虑当事国所有呈递上来的证据材料。由此可见，在国际司法实践中，把关键日期作为证据采纳标准，并不是一种普遍现象。

更为重要的是，关键日期目前还没有成为国际法中的证据规则，不具有普遍适用性。因为，第一，《国际法院规约》第 38 条已经明确规定，国际司法判例只能被用作确定一般法律原则的辅助材料而不是国际法的正式渊源。《国际法院规约》第 59 条还指出，司法判例不具有"遵循先例"的效力，它只对当事国和本案有约束力。因此，不能以为数不多的国际法院判例为理由，推定关键日期是国际法规则。第二，虽然在一些国际司法判例中，争端当事国都提及了关键日期，但这并不足以构成长期、一贯、持续的国家实践，也不能表明国家对关键日期作为证据规则具有法律确信。因此，难以证明关键日期已经形成了一项国际习惯法规范。第三，布朗利、肖、詹宁斯等权威国际法学家只是认为，关键日期与领土与边界争端的证据认定有一定联系。这些学者并未把"关键日期"定性为现行国际法原则、规则或制度。

综上所述，将关键日期用作证据规则，目前还只是国际法院在司法实践中的惯常做法，并不能"放诸四海而皆准"。关键日期能否作为认定案件事实的证据规则，取决于争端的具体情况，不能过分夸大其作用与适用范围。大致而言，唯有在事实认定时必须考虑时间要素，关键日期才有可能成为证据采纳标准。

三、关键日期的选择标准

虽然国际法院曾经在多个案件中选择过关键日期，但国际法院从未提及其选择的标准与原因。《国际法院规则》也没有对关键日期的选择标准作出明确的规定，而只把这个问题作为国际法院对物的管辖权的解释问题来解决。①

通过对国际法院的判例进行分析，我们可以发现，国际法院在选择领土与边界争端的关键日期时仍然会遵循一定的原则：准据法原则、关联度原则与等差顺序原则。即，通过对各当事方对抗性权利主张在法律基础与事实两方面进行考察与分析，依据案件所适用的法律，列举出若干个备选项，再考察各个时间点与待证事实之间关联性强弱，依次选定关键日期。例如，在1992年"萨尔瓦多与洪都拉斯陆地、岛屿、海洋边界案"中，国际法院认为，适用"保持占有"原则似乎表明，当事国独立的日期就是关键日期的首选。不过，如果有法律文件明确地划定了原来的行政边界，那么该法律文件出现的日期便是关键日期；如果以新国家独立前被继承国最后行使管辖权的时间作为关键日期更为合适的话，也可以将这个时刻定为关键日期。②

对于需要适用有效控制规则的领土与边界争端而言，国际法院一般把争端具体化的时间定为关键日期。但领土与边界争端具体化的时间在不同案件中会有不同的表现形式。例如，在2007年"尼加拉瓜与洪都拉斯加勒比海领土和海洋争端案"和2008年"白礁岛、中岩礁和南礁案主权归属案"中，国际法院认为，领土与边界争端具体化的时间是，一方当事国首次对争议岛屿提出主权要求的时间。而在2007年"尼加拉瓜与洪都拉斯加勒比海领土和海洋争端案"中，国际法院则认为，领土与边界争端具体化的时间是，当事国相互通告各自权利主张的时间。菲茨莫里斯列举了六种可能成为争端具体化时间的时间点："（1）争端开始的日期；（2）质疑国或原告国对相关领土明确提出权利主张的日期（该日期并不必然与（1）中所述日期相同）；（3）争议正式'凝固'成当事方有

① 参见［日］日本国际学会主编：《国际法辞典》，世界知识出版社1985年版，第331页。
② 参见［英］马尔科姆·N.肖：《国际法》（上），白桂梅等译，北京大学出版社2013年版，第401页。

关领土主权归属的国际争端的日期，该日期是否与前述的日期相同都无关紧要；（4）争端当事国一方提起，并且，在其权利范围内尽力采用积极措施启动解决争端的非司法程序——如谈判、斡旋、调停，或使用国际组织机制，或不构成仲裁与司法解决程序的其他方式——的日期；（5）前述的非司法程序实际开始的日期；（6）提交仲裁或司法审判的日期。"至于选择上述哪种时间更合适，菲茨莫里斯进一步解释道，第一种时间由于存在难以确定、可能与领土主权争端不相关、可能将有用的证据排除在外、可能导致冲突升级等缺陷，因而不适合被确定为关键日期；如果第二种时间是争端具体化的真实时间，可以将其确定为关键日期；而将第三种时间确定为领土与边界争端的关键日期，最为合适；但如果争端尚未具体化，则可以将第四、第五和第六种时间依次定为关键日期。① 在国际司法实践中，国际法院的法官只能凭借娴熟的司法技巧，对不同的案件进行具体分析，从错综复杂的事实中确定领土与边界争端何时具体化，才能公正地选定关键日期。

由上文可知，由于领土与边界争端案情各异，难以总结出一个明确而具体的关键日期选择标准。而且，如果勉强确定一个关键日期的刚性选择标准，当事国会就这些标准的解释与适用争论不休，反而会损害国际法的公正性，并使领土与边界争端的解决变得更加复杂与困难。所以，笔者建议，能否考虑绕开制定领土与边界争端关键日期刚性选择标准这个难题，而依据以下两个原则来选择关键日期：

第一，公平与正义原则。选择领土与边界争端关键日期的首要目的是公正评判各当事国所提的证据材料的证据能力。从逻辑上看，只有在领土与边界争端所涉重要事实发生以后，才可能出现一系列用以查明案件事实真相的证据。在司法实践中，法院推定，将

---

① 参见 G. Fitzmaurice, The Law and Procedure of the International Court of Justice, 1951-4: Points of Substance, Part Ⅱ, British Year Book International Law, 1955-1956, Vol. 32, pp. 23-29。

过去发生的事实"影像化"了的证据与案件事实同时发生。所以，菲茨莫里斯强调："设定关键日期的目的在于公正评判每一个当事国所提的证据材料，所以，关键日期既不能定的过晚，也不能定的太早。"这个不早不晚的时间点，只能是案件所涉一系列重大事实发生完毕的时间。所以，选择领土与边界争端关键日期的关键，就是探究能够表征争端当事国处于法律对抗状态的、领土与边界争端所涉一系列重大事实何时终了。

第二，最密切联系原则。领土与边界争端的关键日期还必须是与原告或挑起争端的当事方的权利主张有最密切联系的日期。如果原告的权利主张的法律依据是"条约""国家继承"或"保持占有"原则，那么，关键日期就是这个能够使争端整个法律情势得以固定下来的条约或事件缔结、生效或发生的时间。如果要依据有效控制来确定领土主权的归属，那么关键日期则有可能是争端当事方第一次明确提出竞争性主权要求的日期，或是争端一方提起国际诉讼的时间。

综上所述，与其勉强地制定一个刚性的关键日期选择标准，还不如基于公平正义原则与最密切联系原则，对领土与边界争端的特殊情况进行具体分析，选择一个能够真正起到排除非法的或无效的证据的作用的关键日期。作为一个在国际司法判例的基础上产生、并正在逐步形成的一个复杂的和技术性的国际法证据规则，关键日期对领土与边界争端的事实认定以及避免冲突升级、维持国际和平都有重要意义。然而，不宜将关键日期的概念、作用与确定标准绝对化。并且，即便领土与边界争端可能会有某个或数个关键日期，但并非每个关键日期都能作为证据采纳标准。因此，在研究领土与边界争端的解决时，应当审慎适用关键日期。

第二节　承认、默认与禁止反言

众所周知，"'行动—反应范式'是国际法的基石之一。一个国家对另一个国家的行为，以及后者的反应，对于界定它们之间的法律关系至关重要；最终，甚至是这种关系演变的法律依据。承认与默认就是使上述范式得以实现的一种国际法概念"。① 一般而言，一个国家的行为如果与现行的国际法相抵触，就是非法的；但是，这也不是绝对的。因为，在不违背强行法的前提下，如果国际不法行为获得了相关受害国的承认、默认或隐含同意，就可以依据善意原则取得法律约束力或免责。② 正如国际法院所说的："在产生了要求利害关系国提出抗议或作出不同意反应的局势的情况下，而由于该国没有作出这样的反应，因此该未提出反对的国家就被理解为已经接受了该新局势。"③ 在确定国际边界或争议领土主权归属的过程中，一个国家的默认或承认能为有关争议领土的归属或边界的划定提供有力的法律证据，④ 可以使与其存在领土主权竞争关系的另一国的不完全或不合法的权利主张转变为完全或合法的权利主张。⑤ 所以，在适用有效控制规则解决领土争端的国际司法实践中，国际法院一方面会判断当事国是否积极主动地对争议地区实施了主权行为，另一方面还会考察当事国是否有效地应对了其他国家实施的主权行为或声索。⑥ "为了寻找相对来说更有力的权利，法

---

① Nuno Sérgio Marques Antunes, Acquiescence, Max Planck Encyclopedia of Public International Law, 2006, http://iras.lib.whu.edu.cn:8080/rwt/MPEPIL/http/N7ZGT5BPN74YA5DBP6YGG55N/view/10.1093/law:epil/9780199231690/law-9780199231690-e1373?rskey=YKa15f&result=1&prd=OPIL.

② 参见李浩培：《国际法的概念和渊源》，贵州人民出版社 1994 年版，第 117~131 页。

③ Territorial Dispute, Judgment, I. C. J. Reports 1994, p. 35.

④ 参见［英］伊恩·布朗利：《国际公法原理》，曾令良等译，法律出版社 2002 年版，第 161 页。

⑤ 参见［英］J. G. 斯塔克：《国际法导论》，赵维田译，法律出版社 1984 年版，第 135 页；Land, Island and Maritime Frontier Disputes, Judgment, I. C. J. Reports 1992, p. 351, p. 579; Case Concerning Sovereignty over Pulau Litigan and Pulau Sipadan (Indonesia/Malaysia), Judgment, I. C. J. Reports 2002, p. 685。

⑥ 参见宋岩：《领土争端解决中的有效控制规则研究》，中国政法大学出版社 2018 年版，第 92 页。

庭会相应地考察是否存在着一方承认过另一方权利或权利主张的事实"①，而且"法庭的判决将会有利于能证明其权利或权利主张曾得到与之有竞争关系的另一方当事国的承认的当事国"。② 由此可见，承认、默认与禁止反言在国际司法实践中是划界的重要法律依据。虽然国际司法判例不是一种正式的国际法渊源，它只对争端当事国和法院受理的案件有约束力，但是，"国际法院作出的判决与咨询意见是对国际法的解释与阐明，是最有权威的国际司法机关按国际法处理特定情况下特定问题的表述"③，并可以作为习惯法形成的重要证据，④ 因此，依据承认、默认与禁止反言划界具有令人信服的权威，⑤ 并成为了一项国际习惯法。⑥ 这正如施瓦曾伯格教授1955年在海牙国际法学院演讲时所说的："一个国家的承认与默认在一定条件下将会产生禁止反言，届时，善意原则将要求相关国家采取某种积极措施以维持其自由行动的权利。"⑦

本书所说的承认、默认与禁止反言只特指争端当事国之间的行为与言论，而不涉及第三方的承认与默认的效力。因为，虽然第三

---

① Lawrence B. Evans, Leading Cases on International Law（2nd ed.），Callaghan and Company，1922，p. 107.

② D. W. Greig, International Law（2nd ed.），Butterworths，1976，p. 148；Sovereignty over Pedra Branca/Pulau Batu Puteh, Middle Rocks and South Ledge（Malaysia/Singapore），Judgment of 23 May 2008，para. 276.

③ 参见［英］J. G. 斯塔克：《国际法导论》，赵维田译，法律出版社1984年版，第46页。

④ 参见［英］伊恩·布朗利：《国际公法原理》，曾令良等译，法律出版社2002年版，第15页；［韩］柳炳华：《国际法》（上册），朴国哲等译，中国政法大学出版社1995年版，第237。

⑤ 参见 Mohamed Shahabuddeen, Precedent in the World Court, Cambridge University Press, 1996, p. 63。

⑥ 参见 I. C. Macgibbon, The Scope of Acquiescence in International Law, British Year Book International Law, 1954, Vol. 31, p. 147。

⑦ Georg Schwarzenberger, The Fundamental Principles of International Law, Recueil des Cours, 1955, 87（1），A. W. Sijthoff, 1956, pp. 195, 256.

方的承认与默认也是一个有关领土归属和划界的重要证据,① 但是，第三方的承认与默认主要是时效或历史性权利的构成因素之一，并且其在很大程度上受政治因素的影响，因此本书不探讨第三方的承认与默认对划界的效力。

一、承认、默认与禁止反言在国际法中的定义

（一）承认与默认的定义

承认是指一个国家以明示的方式表示其认可另一个国家的行为符合现行的国际法的单边法律行为。构成承认的单边意思表示，不需要任何特定的方式：它既可以是书面的、也可以是口头的。承认甚至还可以通过推断性的行为而成立。②

默认是指在应该表示反对而且能够表示反对的情况下，国家以保持沉默或没有抗议的方式来表示其同意的行为方式。③ 默认"等同于一个被另一方解释为同意的单方面行为所显示的默示承认"④，

---

① 参见 Legal Status of Eastern Greenland (Denmark v. Norway), Judgment, 1933, P. C. I. J. , Series A/B, No. 53, p. 46, pp. 51-52。

② 参见 Robert Y. Jennings, The Acquisition of Territory in International Law, Manchester University Press, 1963, p. 36; Legal Status of Eastern Greenland (Denmark v. Norway), Judgment, 1933, P. C. I. J. , Series A/B, No. 53, p. 46, pp. 51-52; Western Sahara, Advisory Opinion, I. C. J. Reports 1975, p. 12, pp. 49-57。

③ 参见 I. C. Macgibbon, The Scope of Acquiescence in International Law, British Year Book International Law, Vol. 31, 1954, p. 143; Land, Island and Maritime Frontier Disputes, Judgment, I. C. J. Reports 1992, p. 351, p. 577; Eritrea/Yemen Arbitration, in Elihu Lauterpacht, C. J. Greenwood, eds. , International Law Reports, Vol. 114, Cambridge University Press, 1999, p. 1, p. 84。

④ Delimitation of the Maritime Boundary in the Gulf of Maine Area (Canada/United States of America), Judgment, I. C. J. Reports 1984, p. 305; Sovereignty over Pedra Branca/Pulau Batu Puteh, Middle Rocks and South Ledge (Malaysia/Singapore), Judgment of 23 May 2008, para. 121.

其实质就是默示同意。①

（二）禁止反言的定义

禁止反言原则是大多数国家法律体系所共有的一个法律原则，并是一个被国际常设法院和国际法院反复适用和援引的一般国际法律原则。② 这正如麦克奈尔所说的："可以很合理地断定，任何一个法律体系都将包括这样一个规则，即如果一方作出或同意某一言论，而且，与其有利害关系的另一方也信赖其言论，并达到了改变他的地位的程度，那么就禁止作出或同意某一言论的一方以后再主张一个不同的事实状态。"③

国际法中的禁止反言原则来源于国内法。在国内法中，禁止反言的权威定义当数英国的丹宁勋爵在"Moorgate Mercantile Co. Ltd. V. Twitchings"案中所论述的："禁止反言是一个正义和衡平的原则。当一方通过其行为或言论导致他人相信其意思表示达到某一特定状态时，就禁止作出该人反悔其陈述或意思表示，如果该人的反悔将导致不公平发生。"④ 在国际法中，一般认为，禁止反言无论被当做证据规则⑤还是实体法规则⑥都是指，如果甲国作出或同意某一意思表示，而且乙国依据该意思表示行事并使其法律地位发生

---

① 参见 Michael Byers, Custom, Power and the Power of Rules: International Relations and Customary International Law, Cambridge University Press, 1999, p. 106。

② 参见 Hersch Lauterpacht, Private Law Sources and Analogies of International Law, Longmans, Green and Co. Ltd. , 1927, p. 204; Bin Cheng, General Principle of Law as Applied by International Courts and Tribunals, Stevens & Sons, 1953, pp. 141-149。

③ Arnold D. McNair, The Law of Treaties, Clarendon Press, 1961, p. 485.

④ Elizabeth Cooke, The Modern Law of Estoppel, Oxford University Press, 2000, p. 2.

⑤ 参见 Hersch Lauterpacht, Private Law Sources and Analogies of International Law, Longmans, Green and Co. Ltd. , 1927, p. 203。

⑥ 参见 I. C. Macgibbon, The Scope of Acquiescence in International Law, British Year Book International Law, Vol. 31, 1954, p. 148。

了改变，例如，损害了乙国的自身利益或使甲国获利，那么禁止甲国反悔其先前对乙国所做的言论或行为的真实性，① 而不管乙国按照对甲国意思表示信赖行事会损害甲国的利益或是甲国的反悔会维护其某些利益。②

（三）三者的关系

1. 默认与承认。由于承认与默认都是"传统国际法中使法律规则适应顽固事实的衡平调整工具"③，都是国家作出的具有法律约束力的同意的意思表示，所以，默认与承认是密切相关的。但它们是两个不同的概念：默认是一种受害国未抗议的消极行为；而承认即使是采用默示的方式，也表现为相关国家的积极行动。④ 所以，承认可以通过一些法律事实直接判断出来，而默认则只能通过推定的方式加以认定。

2. 默认、承认与禁止反言。默认、承认与禁止反言同样是紧

---

① 参见 Robert Y. Jennings, The Acquisition of Territory in International Law, Manchester University Press, 1963, p. 43; I. Sinclair, Estoppel and Acquiescence, in V. Lowe, M. Fitzmaurice eds., Fifty Years of the International Court of Justice: Essays in Honour of Sir Robert Jennings, Cambridge University Press, 1996, p. 104, p. 105; Case concerning the Temple of Preah Vihear (Cambodia v. Thailand), Judgment of 15 June 1962, I. C. J. Reports 1962, p. 6, p. 29; Land and Maritime Boundary between Cameroon and Nigeria, Preliminary Objections, I. C. J. Reports 1998, p. 275, p. 303; Eritrea/Yemen Arbitration, Elihu Lauterpacht, C. J. Greenwood, eds., International Law Reports, Vol. 114, Cambridge University Press, 1999, p. 50。

② 参见 D. W. Bowett, Estoppel before International Tribunals and Its Relation to Acquiescence, British Year Book International Law, Vol. 33, 1957, p. 176。

③ Robert Y. Jennings, Nullity and Effectiveness in International Law, in D. W. Bowett, Gerald Fitzmaurice, C. Wilfred Jenks, Robert Y. Jennings eds., Cambridge Essays in International Law: Essays in Honour of Lord McNair, Stevens & Sons, 1965, p. 74.

④ 参见 Robert Y. Jennings, The Acquisition of Territory in International Law, Manchester University Press, 1963, p. 36。

密联系在一起的。① 波威特认为国际法当中的禁止反言有两种形式：其一为由条约而引起的禁止反言，其二为由行为而引起的禁止反言。② 其中，前者又被称为法律上的禁止反言，它是对"约定必须信守"的补充，是一种证据法规则，其目的在于确认某一事实的存在，以免除相对人的举证责任；后者又被称为衡平之禁止反言，它相对于前者而言更绝对地建立在善意原则的基础之上，它是指从一个国家的行动中推断出该国有明示或默示同意某种事实状态的意思表示，并且，其他国家不但信赖行为国的这个意思表示还已经依据其信赖行事，在这种情况下出于公平正义的考虑，为了保护依对行为国的意思表示的信赖行事的其他国家的利益，不允许该行为国反悔其先前的同意或法律立场，③ 这是一种实体法上的规则。由此可见，衡平之禁止反言所依据的行为，包括了默认与承认。④ 如果一国承认或默认了另一国的行为的合法性，那么，由于法律"禁止当事人一方基于其自相矛盾的行为损害他方的利益"⑤，因此，该承认或默认国就不得否认或改变其先前所做的行为或言论的真实性，不得再主张另一国的行为为非法行为，即禁止反言。⑥ 所

---

① 参见［英］詹宁斯、瓦茨修订：《奥本海国际法》（第一卷 第二分册），王铁崖等译，中国大百科全书出版社1998年版，第89页。

② 参见 D. W. Bowett, Estoppel before International Tribunals and Its Relation to Acquiescence, British Year Book International Law, Vol. 33, 1957, pp. 180-181。

③ 参见 D. W. Bowett, Estoppel before International Tribunals and Its Relation to Acquiescence, British Year Book International Law, Vol. 33, 1957, p. 183。

④ 参见张文彬：《论国际法上的禁止反言原则》，载中国国际法学会编：《中国国际法年刊（2000/2001）》，法律出版社2005年版，第37~41页。

⑤ Elihu Lauterpacht, International Law, Being the Collected Papers of Hersch Lauterpacht, Vol. 1, Cambridge University Press, 1970, p. 70.

⑥ 参见［英］伊恩·布朗利：《国际公法原理》，曾令良、余敏友等译，法律出版社2003年版，第712页。

以，承认、默认是禁止反言创造的法律权利的渊源，① 禁止反言则是承认与默认的法律效果。②

但是，默认、承认与禁止反言又是两组不同的概念。③ 首先，禁止反言仅仅约束作出允诺性行为或言论的国家，而默认与承认则有可能创设国际习惯法规则，以约束所有的国家。④ 其次，默认、承认与禁止反言分别建立在不同的法律推理之上。默认与承认是建立在国家同意与善意原则的基础之上；而禁止反言则是由善意原则与衡平推导而来的，其源自国内法中禁止反悔的思想。这在国际法院 1984 年审理的"缅因湾划界案"判决书中就有明确的阐述。⑤

二、承认、默认与禁止反言作为划界法律依据的原因

默认、承认与禁止反言之所以能够作为划界的法律依据，一方面是由于默认、承认作为国家单方面行为是国际法渊源之一，以及禁止反言是国际习惯法规则，它们都具有一定的法律约束力，因而都可以作为证明国际法上的权利与义务存在的法律依据；另一方面则是由于默认、承认与禁止反言具有确认存在领土主权或边界线走向的法律效果。对于前一个理由，国际法权威学者们已做了详尽的

---

① 参见 Hersch Lauterpacht, Sovereignty over Submarine Areas, British Year Book International Law, Vol. 27, 1950, pp. 395-396。

② 参见 Robert Y. Jennings, The Acquisition of Territory in International Law, Manchester University Press, 1963, p. 41。

③ 参见 Separate Opinion of Sir Gerald Fitzmaurize, Case concerning the Temple of Preah Vihear (Cambodia v. Thailand), Judgment of 15 June 1962, I. C. J. Reports 1962, p. 62。

④ 参见 I. C. Macgibbon, Customary International Law and Acquiescence, British Year Book International Law, Vol. 33, 1957, p. 115, pp. 144-145。

⑤ 参见 Delimitation of the Maritime Boundary in the Gulf of Maine Area, Judgment, I. C. J. Reports, 1984, p. 246.

论述,① 而且,在国际司法实践中也能找到权威的证明,② 因此,本书不再赘述,而只论述第二个理由。

（一）承认与默认作为划界法律依据的原因

承认与默认作为一个国家意欲产生一定法律效果而单方面作出的、且国际法也依国家同意而赋予它们法律效果的意思表示,可以在相关当事国之间产生国际法律关系,因而,它们本身都是"法律权利的一种来源"③,所以,承认与默认能够作为划界的法律依据。

依据善意原则,如果一个国家以明确、公开的方式承认另一国的权利或权利主张,那么,为了保护另一个国家依照对承认国的意思表示的信赖行事而取得的利益或付出的代价,就应当使承认国所认可的事实,如认可另一国取得对某一地区的领土主权,或它们之间的边界线的位置与走向,无争论的余地;或者使一个不合法或不充分的权利主张被宣告为合法或充分,因为"同意即不构成侵害"（velenti non fit injuria）,但以这些事实或权利主张不违反国际法上

---

① 参见李浩培:《国际法的概念和渊源》,贵州人民出版社 1994 年版,第 117 页,第 122～123 页;I. C. Macgibbon, The Scope of Acquiescence in International Law, British Year Book International Law, Vol. 31, 1954, pp. 147-148; C. W. Jenks, The Prospects of International Adjudication, Stevens & Sons, Oceana Publications, 1964, pp. 267-268; C. de Visscher, Theory and Reality in Public International Law, 3rd ed., Translated by P. E. Corbett, Princeton University Press, 1968, p. 400。

② 参见 Hersch Lauterpacht, The Development of International Law by the Permanent Court of International Justice, Longmans, Green & Co., 1934, p. 83; I. C. Macgibbon, The Scope of Acquiescence in International Law, British Year Book International Law, Vol. 31, 1954, p. 148; I. C. MacGibbon, Estoppel in International Law, The International and Comparative Law Quarterly, Vol. 7, No. 3, 1958, p. 470。

③ Elihu Lauterpacht ed., International Law, Being the Collected Papers of Hersch Lauterpacht, Vol. 3, Cambridge University Press, 1977, p. 164.

的强行法规则为条件。① 所以，承认的法律效果使其"成为确认一国针对另一国的领土的权利主张是否具有合法性的一个十分合适的工具"。② 例如，在"东格陵兰岛法律地位案"中，国际常设法院就认为："既然挪威已经承认了整个格陵兰岛是荷兰的一部分，那么，它就不能再反对荷兰对整个格陵兰岛拥有主权，也不得再持续地占领格陵兰岛。"③

　　虽然默认也是同意的一种表现形式，④ 但是，国际社会对于默认的效力却存在很大的争议。国际法委员会在 2006 年第 58 届会议通过的《适用于能够产生法律义务的国家单方面声明的指导原则》中认为，沉默只在一定情况下才具有法律约束力。⑤ 一些学者认为，如果一国在知悉另一国对它实施了违法行为或侵害权利的行为后在相当时间内没有向另一国提出有效的抗议，没有"构成受害国的正式反对，以显示该国不承认其所抗议的行为具有合法性，不同意此行为所造成的或威胁造成的任何情势，以及它无意放弃其应有的权利"⑥，那么，默认可以使"该非法的行为或措施形成并巩固为一个有效的法律权利"。⑦ 然而，还有一些学者认为，仅仅是

① 参见 International Law Commission, Yearbook of the International Law Commission, 2006, Vol. Ⅱ, Part Two, p. 370, p. 377, p. 378。

② Georg Schwarzenberger, Title to Territory: Response to a Challenge, American Journal of International Law, Vol. 51, No. 2, 1957, p. 316.

③ Legal Status of Eastern Greenland (Denmark v. Norway), Judgment, 1933, P. C. I. J., Series A/B, No. 53, p. 68.

④ 参见李浩培:《国际法的概念和渊源》，贵州人民出版社 1994 年版，第 123 页。

⑤ 参见 International Law Commission, Yearbook of the International Law Commission, 2006, Vol. Ⅱ, Part Two, p. 369。

⑥ I. C. MacGibbon, Some Observations on the Part of the Protest in International Law, British Year Book International Law, Vol. 30, 1953, p. 293, p. 298.

⑦ Phil C. W. Chan, Acquiescence/Estoppel in International Boundary: Temple of Preab Vibear Revisited, Chinese Journal of International Law, Vol. 3, No. 2, 2004, p. 422.

"因疏忽而未表态"或"保留自己的反对意见"并不具有"治愈"有瑕疵的权利的效力。① 因为，"未表态也未必就意味着一个国家作出了同意的意思表示"②，这正如罗斯（Alf Ross）所言的："同意虽然具有排除一个行为的非法性的效力，但是，只有真正的同意才具有这一效力，在面对一些不可避免的事实时不行动并不必然具有这一效力。"③ 对此，笔者认为，默认具有与承认相同的法律效果。因为，首先，在国际社会中，抗议具有保留国家某项权利的法律效果，在一国知悉其权利受到侵害后，在相当长的一段时间内它能够抗议而不抗议，我们就可以从该国的沉默中推定该国同意对方的行为，或是该国默示地放弃了其权利，"而权利一经放弃就会永远丧失"。④ 一国的同意或放弃在不违反强行法的情况下是合法有效的，这正如仲裁员在"哥斯达黎加与尼加拉瓜边界仲裁案"所指出的："在尼加拉瓜政府应当表态的时候，它却保持沉默，所以视之为它放弃了相应的权利。"⑤ 其次，默认可以成为法律权利的一种渊源，它体现了公平正义原则，因为如果一国在相当长的时间内保持沉默，其他相对国就可能信赖该国已同意某一事态或是放弃其某一权利，并依其信赖行事，这样，为了保护相对国的利益就应当赋予默认具有与承认相同的法律效果，从而"避免相对国由于信赖默认国的默认而遭到额外的责任与花费，以及面临默认国的后

---

① 参见 Hersch Lauterpacht, Sovereignty over Submarine Areas, British Year Book International Law, Vol. 27, 1950, pp. 397-398。

② Paul Fauchille, Traité de Droit International Public, Rousseau, 1925, Vol. Ⅰ, Part 2, p. 382.

③ Alf Ross, A Textbook of International Law, Longmans, Green, 1947, p. 243.

④ Charles Rousseau, Droit International Public, Vol. 1, Editions Sirey, 1970, p. 431.

⑤ John Bassett Moore, History and Digest of the International Arbitrations to Which the United States Has Been a Party, Vol. 2, United States of America Government Printing Office, 1898, p. 1961.

来提出的异议"。① 所以，默认具有与承认相同的效力，它"可以确认合法性与宽恕非法性"，并为划界"提供了一套客观而实用的标准"。② 英国学者史密斯因此把默认称为"国际法的立法过程"。③ 布朗利也认为："这种没有抗议的行为方式一般被称为默认，并且，这种对损害其利益的行为的认可（例如，以地图的形式），具有与承认同样的司法作用。"④ 但是，由于默认主要产生于推定，因此应当严格解释，谨慎适用默认，不能从一国未抗议就简单地推定该国就具有默示同意（tacit consent）的意图。默认的存在必须依赖于有力的证据，适用默认一定要谨慎，一定要确定默认国在知道其他国家损害其利益的情况下具有默示同意的意图。⑤

综上所述，在确定国际边界的过程中，一个国家的默认或承认可以确定边界线的位置与走向，⑥ 是划界的重要法律依据。

（二）禁止反言作为划界法律依据的原因

禁止反言之所以能够作为划界的法律依据，是由于依据衡平与善意原则。⑦ 如果一国以明示或默示的方式同意其边界线的位置与走向，那么，该国就预设了某种事实状态的存在，而且，其他国家

---

① Elihu Lauterpacht, International Law, Being the Collected Papers of Hersch Lauterpacht, Vol. 3, Cambridge University Press, 1977, p. 165.

② I. C. Macgibbon, The Scope of Acquiescence in International Law, British Year Book International Law, Vol. 31, 1954, p. 145.

③ Herbert Arthur Smith, Great British and the Law of Nations, Vol. Ⅰ, P. S. King & Son, Ltd. , 1932, p. 13.

④ Ian Brownlie, Recognition in Theory and Practice, British Year Book International Law, Vol. 53, 1982, p. 197, p. 201.

⑤ 参见 I. C. MacGibbon, The Scope of Acquiescence in International Law, British Year Book International Law, Vol. 31, 1954, p. 169。

⑥ 参见［英］J. G. 斯塔克：《国际法导论》，赵维田译，法律出版社1984 年版，第 135 页。

⑦ 参见 Jorg Paul Muller, Thomas Cottier, Estoppel, in the Rodolf Bernhardt, in T. Bernhard ed. , Encyclopedia of Public International Law, Vol. 2, North-Holland Publishing Company, 1995, p. 118。

有可能基于对该国的言行的信赖行事，为了保护依据这种意思表示信赖行事的国家的利益，法律要求意思表示国采取前后一致的立场，不得出尔反尔。① 这样，"尽管一个当事国的权利主张比较弱，并且，不管任何其他的标准，只要另一个当事国曾经承认该较弱的权利主张，那么作出承认的国家在将来任何时候也不得否定该权利主张的合法性"。② 所以，禁止反言可以作为划界的法律依据。

在国际司法实践中，国际法庭和国际仲裁机构都曾适用禁止反言划界。例如，在"1906 年仲裁裁决案"中，国际法院认为："按照本院的判断，尼加拉瓜以其明白的表示和行动显示其已承认该仲裁裁决是有效的，现在它已不得背弃其承认而反对该裁决的效力。尼加拉瓜在其完全知悉该裁决的全部条款后的几年以内并未对该裁决的有效性提出任何问题，这一事实进一步确证了本院所得出的结论。"③ 在 1962 年"柏威夏寺案"中，国际法院也依据禁止反言原则驳回了泰国的抗辩，国际法院认为："即使对于暹罗接受的 1908 年的地图有任何疑问，从而对它接受的该地图标明的边界线也有任何疑问，本院根据此后的事实仍然认为泰国由于其行动现在不得主张其并未接受。它已享有 1904 年条约所给它的利益达 50 年之久，即使这种利益只是一个稳定的边界的利益。法国，以及后来的柬埔寨都信赖了暹罗接受的这一地图。因此双方都不能提出关于错误的抗辩，关于该信赖是否基于相信该地图正确的问题，则是无关紧要的。泰国既然持续地主张和享有关于决定边界线的利益，现在就不得反悔其曾是同意该项解决方法的一方。"④ 在 1966 年的

① 参见 D. W. Bowett, Estoppel before International Tribunals and Its Relation to Acquiescence, British Year Book International Law, Vol. 33, 1957, p. 183, p. 186。

② Georg Schwarzenberger, Title to Territory: Response to a Challenge, American Journal of International Law, Vol. 51, No. 2, 1957, p. 316.

③ Arbitral Award Made by the King of Spain on 23 December 1906 (Honduras v. Nicaragua), Judgment, I. C. J Reports, 1960, p. 214.

④ Case concerning the Temple of Preah Vihear (Cambodia v. Thailand), Judgment of 15 June 1962, I. C. J. Reports 1962, pp. 29-30.

"阿根廷与智利边界仲裁案"中，仲裁庭也援引了禁止反言原则作为划界的法律依据，仲裁庭认为："国际诉讼中的一方当事国在其诉讼主张与其先前之行为及态度有矛盾时，应受先前行为及态度的约束，即禁止反言。禁止反言是实体法的一个原则，而不仅仅是国际诉讼中的一个法律上的举证规则，该原则对边界争端特别适用。"①

由此可见，无论是在国际法理论上还是在司法实践中，禁止反言都被认为是一个重要的划界法律依据。

三、承认、默认与禁止反言在领土与边界争端解决中的适用

由于承认的效力必须要"通过考察其内容、其作出时的所有实际情况以及所引起的反应才能确定"②，并且一个国家保持沉默通常显示的是"其对行为国的行为或措施的难以抉择或是漠不关心的态度，而不是一种有意识的认可"③，因此，承认与默认在划界过程中只具有潜在的作用，承认与默认不能被"简单地推定"④，而"必须严格加以解释"⑤，以明确单方面行为国的真正意

---

① ［联邦德国］马克斯·普朗克比较公法及国际法研究所主编：《国际公法百科全书 第二专辑 国际法院、国际法庭和国际仲裁的案例》，陈致中、李斐南译，中山大学出版社 1989 年版，第 4 页。

② International Law Commission, Yearbook of the International Law Commission, 2006, Vol. Ⅱ, Part Two, p. 371.

③ Michael Byers, Custom, Power and the Power of Rules: International Relations and Customary International Law, Cambridge University Press, 1999, p. 106.

④ Kaiyan Homi Kaikobad, Some Observations on the Doctrine of Continuity of Continuity and Finality of Boundaries, British Year Book International Law, Vol. 54, 1983, p. 119, p. 126.

⑤ I. C. Macgibbon, The Scope of Acquiescence in International Law, British Year Book International Law, Vol. 31, 1954, pp. 168-169.

图。同样地，禁止反言也应当被谨慎使用，① 正如布朗利所说的：
"禁止反言可以牵涉到某个国家应维持一个事实上并不符合其真实
意图的声明。所以必须小心翼翼地运用这个原则，特别是在处理领
土问题时更须如此……有必要指出，国际法中的禁止反言是被慎重
对待的，并且，禁止反言在国际法中并不具有特别的一贯性，它的
适用范围和效力并不一致。因此，在法庭中，禁止反言原则可以适
用于解决一些模糊的问题，并被作为公平、正义原则：这时，它成
为了证据与司法推理的一部分。"② 因此，适用承认、默认与禁止
反言划界，首先必须明确它们的适用要件。

（一）承认、默认与禁止反言的适用要件

1. 承认的适用要件。在陆地划界中，要适用国际法中的承认
来确认边界的位置与走向，必须要满足以下几个要件：

第一，承认必须是一个国际法主体在其权利能力和行为能力的
范围以内作出的。因为，依据法理，法律行为的有效要件之一，就
是要求作出法律行为的主体具有相应的权利能力和行为能力，这无
疑也适用于国际法上的法律行为。

第二，承认必须由有权代表该国际法主体的机关或个人作出。
因为，无论是国家还是国际组织都是通过其内部的特定机构或个人
来代表其履行相应的国际法权利与义务的，所以，只有国家或国际
组织的代表具有合法的权限，才能使该代表的行为归因于国家或国
际组织。就国家而言，依据国际法院一贯的案例，如 1974 年的
"核试验案"（澳大利亚诉法国）的判决③，1996 年的 "《防止和
惩治种族灭绝罪公约》适用案"（波斯尼亚和黑塞哥维那诉南斯拉

---

① Robert Y. Jennings, The Acquisition of Territory in International Law, Manchester University Press, 1963, p. 41.

② Ian Brownlie, Principles of Public International Law, 5th ed., Clarendon Press, 1998, p. 646.

③ Nuclear Tests（Australia v. France）, Judgment, I. C. J. Reports 1974, pp. 269-270.

夫）初步反对意见问题的判决①，2002 年"2000 年 4 月 11 日逮捕证案"（刚果民主共和国诉比利时）的判决②，以及常设国际法院1933 年的"东格陵兰法律地位案"（丹麦诉挪威）的判决③，国际法的一个既定规则是：国家元首、政府首脑和外交部长在他们职权范围内行事就可以被视为代表其国家，行使职权包括代表该国履行具有国际承诺效力的单方面行为。④ 而且，国际实践表明，国家元首、政府首脑或外交部长在作出单方面行为以使其本国承担义务的方面的权利不受质疑。⑤ 另外，国际法院在 2006 年"刚果境内的武装活动案"的判决中还提到："在现代国际关系中越来越多的情况是，在特定领域代表国家的其他人员，可由国家授权而就其权限所属事项作出声明，从而约束国家。例如，技术部委主管、甚至某些官员在对外关系上行使其权限内的权力。"⑥ 由此可见，国家元首、政府首脑和外交部长在其职权内所作的承认才有效；另外，一些特定领域的政府官员在国家授权的情况下所作出的承认也有效。

第三，承认的客体与目的不得违反强行法。这是类比 1969 年《维也纳条约法公约》第 53 条而得出的结论。在 2006 年"刚果境

---

① 参见 Application of the Convention on the Prevention and Punishment of the Crime of Genocide（Bosnia and Herzegovina v. Yugoslavia），Preliminary Objections, Judgment, I. C. J. Reports 1996（II），p. 622。

② 参见 Arrest Warrant of 11 April 2000（Democratic Republic of the Congo v. Belgium），Judgment, I. C. J. Reports 2002, pp. 21-22。

③ 参见 Legal Status of Eastern Greenland（Denmark v. Norway），Judgment, 1933, P. C. I. J., Series A/B, No. 53, p. 71。

④ 参见 Case concerning Armed Activities on the Territory of the Congo（New Application: 2002）（Democratic Republic of the Congo v. Rwanda），Judgment of 3 February 2006, Jurisdiction of the Court and Admissibility of the Application, para. 46。

⑤ 参见 International Law Commission, Yearbook of the International Law Commission, 2006, Vol. II, Part Two, pp. 373-374。

⑥ Case concerning Armed Activities on the Territory of the Congo（New Application: 2002）（Democratic Republic of the Congo v. Rwanda），Jurisdiction of the Court and Admissibility of the Application, para. 46-47。

内的武装活动案"中，国际法院没有排除卢旺达的单方面声明如果违反强制法规范则失去其有效性的可能，虽然这并非实际发生的情况。① 布朗利教授也指出，"当涉及某些强行规范（强行法）要素时，承认……不太可能抵消原有的非法性"。②

第四，"承认是一个意图问题"③，因此，构成承认的意思表示必须足够明确、具体，能使对方了解其明确同意产生国际法上的权利与义务的意图。例如，在"核试验案"中，国际法院一再强调，只有以明确和具体的术语作出的单方面行为才可能对行为国创立法律义务。④ 在"刚果境内的武装活动案"中，国际法院又再次重申了这一观点。⑤ 如果对承认所产生的义务范围有疑问，则必须以严格的方式解释这类义务。例如，国际法院在 1974 年"核试验案"中指出，"当国家作出限制本身行动自由的声明时，应当对其进行限制性解释"⑥；又如，国际法院在 1986 年"布基纳法索与马里边界争端案"中也认为，解释者在确定单方面声明的法律效力时必须极为谨慎，尤其是在单方面声明没有具体对象时。⑦ 而在解释承认所产生的义务的内容时，应优先采用文义解释方法，以明

---

① 参见 Armed Activities on the Territory of the Congo（New Application：2002）（Democratic Republic of the Congo v. Rwanda），Jurisdiction and Admissibility，para. 69。

② ［英］伊恩·布朗利：《国际公法原理》，曾令良、余敏友等译，法律出版社 2003 年版，第 87 页。

③ ［英］伊恩·布朗利：《国际公法原理》，曾令良、余敏友等译，法律出版社 2003 年版，第 104 页。

④ 参见 Nuclear Tests（Australia v. France；New Zealand v. France），I. C. J. Reports 1974，p. 267，p. 269，p. 472，p. 474。

⑤ 参见 Armed Activities on the Territory of the Congo（New application：2002）（Democratic Republic of the Congo v. Rwanda），Jurisdiction and Admissibility，para. 50，para. 52。

⑥ Nuclear Tests（Australia v. France；New Zealand v. France），Judgment，I. C. J. Reports 1974，p. 267，pp. 472-473.

⑦ 参见 Frontier Dispute（Burkina Faso v. Republic of Mali），Judgment，I. C. J. Reports 1986，p. 574。

确意思表示国的意图；此外，为了明确"判断单方面行为国的意图，还必须考虑行为发生时的背景和当时的情况"。①

第五，构成承认的意思表示必须具有公开性，向整个国际社会或特定对象作出。不过，"构成承认的单边意思表示，不需要任何特定的方式：它既可以是书面的，也可以是口头的。承认甚至还可以不通过明示的意思表示，而通过推断性的行为而成立"。② 例如，在1961年"柏威夏寺案"中，国际法院就指出，"按照国际法，一般的重点放在当事方的意图上，法律没有规定特别方式，当事方可以自由选择任何方式，只要意图是明确地由此而产生……唯一相关的问题是声明所使用的措辞是否表达了明确的意图"。③ 又如，国际法院在1974年"核试验案"中也指出："关于行为方式问题，应注意到这不是国际法强加任何特别或严格规定的领域。一项声明是以口头或书面方式发表基本上是没有差别的，因为这些特别情况下所发表的声明可能在国际法上产生承诺，而这些承诺无须以书面形式制定。因此，方式问题不起决定作用。"④ 国际法委员会通过的《适用于能够产生法律义务的国家单方面声明的指导原则》第5条也明确规定："单方声明可口头作出，也可书面作出。"⑤

2. 默认的适用要件。默认是因为国家在"有义务或应该声明或行动、而且能够声明或行动的情况下，却在相当长的时间内保持

---

① Frontier Dispute (Burkina Faso v. Republic of Mali), Judgment, I. C. J. Reports 1986, p. 574; Armed Activities on the Territory of the Congo (New Application：2002) (Democratic Republic of the Congo v. Rwanda), Jurisdiction and Admissibility, para. 53; Nuclear Tests (Australia v. France; New Zealand v. France), Judgment, I. C. J. Reports 1974, p. 269, p. 747.

② 李浩培：《国际法的概念和渊源》，贵州人民出版社1994年版，第123页。

③ Case concerning the Temple of Preah Vihear (Cambodia v. Thailand), Preliminary Objections, Judgment of 26 May 1961, I. C. J. Reports 1961, p. 31.

④ Nuclear Tests (Australia v. France; New Zealand v. France), Judgment, I. C. J. Reports 1974, p. 253.

⑤ International Law Commission, Yearbook of the International Law Commission, 2006, Vol. II, Part Two, p. 374.

沉默"①, 而被推定为默示同意或对某些权利的放弃。默认的效力根据在于善意原则与默认国的同意。因此, 默认的适用条件可以分为客观要件与主观要件。② 其中, 客观要件是: (1) 当事国在知悉其权利受到影响或侵害之后的相当时间内一贯地未提出抗议,③但是, "如果当事国不知道, 就不存在默认"④; (2) 不存在阻碍该国提出抗议的不可抗力事由; (3) 默认的客体与目的不得违反强行法。⑤

默认的主观要件是指当事国有对某种事态的同意或放弃其权利的意图。但是, 很难判断默认国的意图, 因为只有国家的意图必须外化为行为时, 才能对其进行法律评判, 然而, 默认本身就是一种不作为, 它不像承认那样具有明显的行为形态, 因此, 对默认国主观意图的判断十分困难。笔者认为, 在符合默认客观构成要件的前提下, 由于国家都十分重视维护本国的国家利益, 因此对于默认国之意图的认定, 可以是否存在不可抗力之非主观意志因素的阻却为标准。在相当长的时间内, 如果不存在不可抗力的阻止, 使相关国家无法知悉另一个国家正在侵害其权利或是已经侵害了其权利, 即可推定默认国具有同意或放弃的意图。所谓不可抗力, 顾名思义, 是指不能预见、不能避免, 并且不能克服的客观情况, 如某些自然现象 (如地震、台风、洪水、海啸等) 和某些社会现象 (如战争、内乱等)。然而, 虽然一国对另一国侵犯其领土主权的

---

① Case concerning the Temple of Preah Vihear (Cambodia v. Thailand), Judgment of 5 June 1962, I. C. J. Reports 1962, p. 62.

② 转引自张文彬: 《论国际法上的禁止反言原则》, 载中国国际法学会编: 《中国国际法年刊 (2000/2001)》, 法律出版社 2005 年版, 第 38 ~ 39 页。

③ 参见李浩培: 《国际法的概念和渊源》, 贵州人民出版社 1994 年版, 第 128 页。

④ D. H. N. Johnson, Acquisitive Prescription in International Law, British Year Book International Law, Vol. 27, 1950, p. 347.

⑤ 参见 [英] 伊恩·布朗利: 《国际公法原理》, 曾令良、余敏友等译, 法律出版社 2003 年版, 第 87 页。

事件未做反应，但该国以明确的方式表达了其不承认这一事态的合法性或不同意放弃其领土主权，那么仍然可以推断该国没有默示同意的意图。

3. 禁止反言的适用要件。禁止反言只能适用于以下的场合：如果一个国家以其行动明确而有效地表达了其要承担一个责任或接受一个义务的真实意图，使得其他国家对此产生信赖，并依其信赖对该国承担义务或予以权利，从而致使其他国家在一定法律关系中的地位发生改变；① 为了保护善意相对国的利益，必须禁止该国采取与其以前的表示或行动相反的法律立场。② 由此可见，禁止反言的效力根据在于衡平与善意原则，因此，禁止反言的适用条件必须是解释禁止反言是如何符合衡平与善意原则的。这样，适用禁止反言，一方面需要保护意思表示国或默认国，要求该国的意思表示必须清楚而不模棱两可，以及该国的意思表示必须是自愿和无条件的，并由有权机构或个人作出；③ 或者是，可以明确推导出默认国对某一事项具有默示同意的意图。例如，在 1966 年 "阿根廷与智利边界仲裁案" 中，仲裁庭就以阿根廷和智利双方的意思表示都不清楚、不明确为由，拒绝援引禁止反言原则。④

另一方面，由于作出意思表示的国家或默认国已由此获得了一些利益，或者信赖这种意思表示或默认的其他国家因此而蒙受损失，因此，适用禁止反言的主要目的在于保护相对国的利益。即，为了保持善意和维护公平、正义，已经明确而有效地表达出其真实

---

① 参见 Separate Opinion of Sir Gerald Fitzmaurize, Case concerning the Temple of Preah Vihear (Cambodia v. Thailand), Judgment of 15 June 1962, I. C. J. Reports 1962, pp. 63-64。

② 参见李浩培：《条约法概论》，法律出版社 2003 年版，第 486 页。

③ 参见 D. W. Bowett, Estoppel before International Tribunals and Its Relation to Acquiescence, British Year Book International Law, Vol. 33, 1957, pp. 188-193。

④ 参见 Argentine-Chile Frontier Case, 9 December 1966, Reports of International Arbitral Awards, Vol. XVI, United Nations, 2006, p. 166。

意图的当事国必须信守其立场，禁止其反悔。① 为了保护相对国的利益，禁止反言的适用条件还须包括：另一国对该国的行为或表示的信赖达到确定与确实的程度，如果该国反悔其先前的法律立场就会使另一国的利益受损或使该国得益。② 这正如国际法院在 1969 "北海大陆架案"中指出的那样，只有在"联邦德国由于其过去的行动、宣言等，不仅明白地和一贯地表明它已接受该制度，而且还致使丹麦或荷兰信赖这种行为而有害地改变了它们的地位或使它们遭受某种损害，从而现在已不得否认该协定制度的可以适用"③ 的条件下，才可以适用禁止反言原则。此外，"国际法委员会'国家单方面行为'特别报告员和部分委员也认为，援引禁止反言的先决条件是其他国家对一国所作的表述或行为的反应，即信赖以及因此所受到的损害"。④ 如果不具备这个要件，一个国家的意思表示就不具有禁止反言的法律效果，仅仅只能作为一个可以弱化该国权利主张的证据，因为它出尔反尔，不可信任。⑤

（二）承认、默认与禁止反言在划界的司法实践中的适用

1. "西班牙国王 1906 年仲裁裁决案"。⑥ 洪都拉斯和尼加拉瓜

---

① 参见 D. W. Bowett, Estoppel before International Tribunals and Its Relation to Acquiescence, British Year Book International Law, Vol. 33, 1957, p. 193。

② 参见 D. W. Bowett, Estoppel before International Tribunals and Its Relation to Acquiescence, British Year Book International Law, Vol. 33, 1957, p. 193。

③ 参见李浩培：《条约法概论》，法律出版社 2003 年版，第 488 页。

④ 张文彬：《论国际法上的禁止反言原则》，载中国国际法学会编：《中国国际法年刊（2000/2001）》，法律出版社 2005 年版，第 35 页。

⑤ 参见 D. W. Bowett, Estoppel before International Tribunals and Its Relation to Acquiescence, British Year Book International Law, Vol. 33, 1957, p. 194。

⑥ 该案的案情介绍主要引自李浩培：《条约法概论》，法律出版社 2003 年版，第 488~490 页；Arbitral Award Made by the King of Spain on 23 December 1906 (Honduras v. Nicaragua), Judgment, I. C. J Reports 1960, pp. 192-218。

独立不久就产生了边界争端。两国于 1894 年 10 月 7 日缔结仲裁协定，约定将该争端交付西班牙国王进行仲裁。1906 年 12 月 23 日，西班牙国王就洪、尼两国有争议的那段的边界线作出了对洪都拉斯有利的裁决。尼加拉瓜收到该裁决后，并未提出异议。而且，尼加拉瓜总统于还于 1906 年 12 月 25 日致电洪都拉斯总统，表示接受该裁决，并祝贺洪方取得胜利；尼加拉瓜外交部长于 1907 年 1 月 9 日在致西班牙在中美洲的代办的照会中对西班牙国王的裁决终止了尼洪两国间的边界争端也表示感谢；尼加拉瓜总统于 1907 年 12 月 1 日在其对该国国民立法议会的咨文中再次表示满意地接受这个仲裁裁决；尼加拉瓜外交部长于 1907 年 12 月 26 日致该国国民立法议会的报告中也表示尼、洪间关于边界的争端已经西班牙国王的仲裁裁决解决；尼加拉瓜国民立法议会于 1908 年 1 月 14 日作出决议，认可了行政机关在 1905 年 12 月 1 日至 1907 年 12 月 26 日止在外交事务方面的行为。总之，直至 1912 年 3 月为止，尼加拉瓜对于该仲裁裁决的立场一贯地是肯定的，它认为两国间的边界争端已因该仲裁裁决而得到了满意的解决。

　　但是，1912 年 3 月 19 日，尼加拉瓜外交部长在其答复洪都拉斯外交部长的照会中，提出了不承认该仲裁裁决为有效的主张。于是尼、洪两方就该仲裁裁决是否有效发生长期的争论乃至武装冲突。最后，在美洲国家组织的斡旋下，两国同意将它们之间的边界争端提交国际法院。因此，洪都拉斯于 1958 年 7 月 1 日向国际法院起诉，请求该院判决尼加拉瓜履行划界的仲裁裁决。尼加拉瓜则提出下列抗辩：第一，以西班牙国王为仲裁员，不符合 1894 年仲裁协定的规定；第二，西班牙国王同意作为仲裁员时，该仲裁协定已因期满而失效；第三，该仲裁裁决超越了西班牙国王依仲裁协定所具有的权限；第四，该仲裁裁决是在有实质错误的影响下作出的；第五，该仲裁裁决并未陈述充分的理由；第六，该仲裁裁决由于其缺漏、自相矛盾和晦涩不明，是不能执行的。

　　国际法院判决洪都拉斯胜诉，认为尼加拉瓜的第一、二两个抗辩不符合事实，其他抗辩违反了承认和禁止反言原则，是无效的。法院指出："按照本院的判断，尼加拉瓜由于明白的表示和行动，已承认该仲裁裁决是有效的，现在它已不得背弃其承认而反对该裁决的效力。尼加拉瓜在其完全知悉该裁决的全部条款几年以内并未对该裁决的有效性提出任何问题，这一事实进一步确证了本院所得出的结论。"

斯彭德法官（Percy Spender）在对该案的个别意见中更为明确地阐述了承认与禁止反言在该案中的运用。他说："我并不觉得有必要决定国王的任免是否符合仲裁条约的规定。虽然我强烈地认同这种任命是非法的，然而尼加拉瓜的抗辩是无效的，因为，依据其在仲裁前和仲裁中的行为，该国已不得再以国王的任免是非法的为由来主张裁决是无效的。

尼加拉瓜在仲裁前和仲裁中未反对国王作为仲裁员的能力，相反，它还邀请国王就此事件的实质作出裁决，因此，尼加拉瓜就被禁止争辩对国王的任命的合法性问题。

当尼加拉瓜参加仲裁程序，它就应当知悉该项任命的一些相关事实。参加仲裁程序的每一个当事国有权信赖他国在这种程序中的深思熟虑的行为。不能容许尼加拉瓜处于这种地位：如果裁决是对其有利的，它就接受这个裁决；反之，则认为它是无效的而不予接受。

如果现在允许尼加拉瓜以仲裁员的任命是违法的来主张该仲裁裁决是无效的，那么就将违反调整国际关系的善意原则。按照我的意见，直至裁决作出时它的行动，使它此后被禁止反言，而不管它以后的行为怎样。

至于尼加拉瓜根据仲裁员越权、实质性错误、缺少支持裁决的理由提出的抗辩，我同意由于尼加拉瓜在仲裁裁决作出后的行动，不得依赖任何这些抗辩以使裁决无效。我特别注重这个事实：尼加拉瓜在知悉仲裁裁决的内容多年以后，对于它的有效性并未提出任何问题。

关于该案的这一方面，我的意见完全根据禁止反言的理由。至于如果没有禁止反言原则，尼加拉瓜的任何这些抗辩是否可以使该裁决无效的原因，这个问题是无须解决的。按照我的见解，企图解决这个问题将是与该案无关的行为。"①

2. 柏威夏寺案。② 1959 年 10 月，柬埔寨与泰国就它们边境地区的柏威夏寺的归属问题向国际法院提起诉讼。柏威夏寺坐落在泰柬两国边界当勒山地区的一个险峻的类似山峰的高地上，其北部的领土属于泰国，而南部的领土属于柬埔寨。1904 年 2 月，法国代表柬埔寨（柬埔泰其时是法国的被保护国），同泰国（当时称为暹罗）缔结了重新确定两国边界线的条约，规定在当勒山地区以分水线为界，把柏威夏寺地区划归泰国，并决定任命一个混合委员会来标界。1906 年 12 月，该委员会完成了勘界的工作。原计划在法国的测量官员向该委员会提交报告和临时地图之后，召开全体委员会会议就可以最终确定柬埔寨与泰国之间的陆地边界线了。但是这个全体会议后来实际并未召开。在同年该混合委员会结束以后，法国地图测绘官员制出并印成了表明该地区陆地边界线的一张地图，其上载有"印度支那和泰国间划界委员会"字样。但是，该地图与法国与泰国之间的划界条约不符，错误地将界线划在柏威夏寺以北，从而把柏威夏寺划在柬埔寨境内。然而，泰国政府对于这份地图并无异议，两国相安无事。直到 1944 年柬埔寨独立后，泰国与柬埔寨才就柏威夏寺地区的归属产生争端。柬埔泰于 1958 年 10 月向国际法院起诉泰国，主张泰国侵犯了柬埔寨对柏威夏寺地区的主权。泰国则提出了下列三点抗辩：第一，法国人所绘制的地图未经混合委员会批准，因而没有拘束力；第二，如正确地遵守 1904 年法泰划界条约的规定，泰柬两国在柏威夏寺地区的边界线应为当勒山地区的分水线，而依此划定的泰柬边界线应将柏威夏寺地区划归泰国；第三，泰国从未接受该地图或在该地图上标明的边界线，因

① Separate Opinion of Sir Percy Spender, Arbitral Award Made by the King of Spain on 23 December 1906 (Honduras v. Nicaragua), Judgment, I. C. J Reports 1960, pp. 219-220.

② 该案的案情介绍主要引自李浩培：《条约法概论》，法律出版社 2003 年版，第 211～215 页，第 490～491 页；Case concerning the Temple of Preah Vihear (Cambodia v. Thailand), Judgment of 15 June 1962, I. C. J. Reports 1962, pp. 8-38。

而不受其拘束。

但是，国际法院判决柬埔寨胜诉，其根据之一就是默认与禁止反言。法院首先指出，该地图在出版时是没有拘束力的，所以，柬埔寨的权源是不完全的。但是，法院接着指出，虽然柬埔寨的权源在开始时是不完全的，但是，由于泰国政府的承认与默认，其成为了完全的权源。因为，泰国政府清楚该地图上所绘制的泰柬边界走向，但是泰国政府非但没有对此提出抗议，反而将从法国得到的这种地图五千份分发给该国有关部门，泰内政部长尚感不足，还向法国政府索取五十份，分送该国各省省长；1909 年，负责将该地图复制成袖珍地图册的法泰混合委员会也没有对该地图所划定的界线提出异议。所以，泰国默认了该地图所标明的边界线。这样，即使地图违背了 1904 年的划界条约，它在法律上仍然是有约束力的。所以，法院认为，柬埔寨那个开始是不完全的权源，基于上述理由，成为完全的权源了。法院还指出，自 1909 年至 1958 年的整个期间内，柬埔寨的已经完全的权源进一步得到了巩固和加强。这是因为泰国政府在这期间内尽管有不少机会（例如，1925 年和 1926 年举行的关于两国间某些领土调整的两次谈判，1937 年关于法泰友好通商航海条约的谈判，以及 1946—1947 年法泰和解委员会中的谈判）可以对该地图所划定的边界线提出抗议或反对，并主张其无效，但泰国从未提出此类抗议或反对意见。相反，在 1937 年和 1946—1947 年的法泰谈判中，两国所出示的地图都采用了 1907 年法国地图测绘官员所绘制的泰柬边界的画法，把柏威夏寺画在了柬埔寨境内。不仅如此，泰国的亲王在 1930 年访问柏威夏寺时，法国在柏威夏寺悬挂法国国旗，泰国亲王以及泰国政府都未表示异议。更有甚者，当泰方在 1934—1935 年发现其所接受的地图标明的泰柬边界线背离了分水岭之后，仍然未向法国提出抗议。根据上述事实，法院认为，虽然该地图所标明的边界线最初是没有法律效力的，但是，由于泰方已经默认了该地图所标明的边界线，这条边界线具有了合法的效力。而且，法院还认为，泰国已享受 1904 年条约所给予它的利益达五十年之久，即使这种利益只是一个稳定的边界的利益。法国，还有柬埔寨，都信赖了泰国接受这一地图。所以，两方都不能提出关于错误的抗辩，关于该项信赖是否基于相信该地图正确的问题，是无关紧要的；泰国既然继续主张和享受关于决定边界的利益，现在就不得否认其曾是同意该项解决的一方。因此，法院判决，在柬埔寨对于柏威夏寺地区的权源不仅臻于完全而且得到加强以后，依据禁止反言原则，泰国自然不能违反其先前的默认而主张该地图及其标示的边界线无效。

（三）对国际法院在柏威夏寺案中适用默认与禁止反言的几点异议

1. 泰国的沉默是否构成默认还存在疑问。在柏威夏寺案中，大多数国际法院法官都判决泰国政府的行为等同于同意地图中柬泰边界的划法。但是，笔者认为，国际法院的这个推断还有一些疑问。正如菲茨莫里斯（Fitzmaurize）法官在该案的单独意见中所指出的，"早在1867年7月15日，法国（代表柬埔寨）与暹罗政府就缔结了一个边界条约，条约规定柬埔寨与暹罗之间的边界线沿着当勒山脉往南走，穿过柬埔寨平原。而1904年法国与泰国政府再次缔结的边界条约，将柬泰边界向北移到当勒山脉的分水岭，泰国因此放弃了一些领土。所以，产生了一个假定：除了泰国已明确同意放弃了的领土以外，泰国没有放弃任何其他的领土。这意味着，在任何有关柬泰两国在柏威夏寺地区的边界应该再向北一些还是应该再向南一些的争论中，后者应当居于优先地位，除非前者已经正式确定"。① 而在该案中，"该地图是由法国的地图测绘官员于1907年11月在巴黎绘制的，以至于负责标界的法泰混合委员会根本就没有看到该地图（更谈不上批准或采纳它了），因为该混合委员会早在1907年2月就停止运行了"。② 由此可见，一个来自第三

---

① Separate Opinion of Sir Gerald Fitzmaurize, Case concerning the Temple of Preah Vihear (Cambodia v. Thailand), Judgment of 15 June 1962, I. C. J. Reports 1962, p. 50.

② Separate Opinion of Sir Gerald Fitzmaurize, Case concerning the Temple of Preah Vihear (Cambodia v. Thailand), Judgment of 15 June 1962, I. C. J. Reports 1962, p. 54.

方的地图，而且还是一个存在重大错误的地图，对于划定泰国与柬埔寨之间的边界并无实质的影响力。而且，泰国也没有放弃柏威夏寺地区领土的意图。

斯彭德法官在其反对意见中也指出，"法泰混合委员会主席（法国人）曾于 1908 年 7 月 17 日写信给当时的法国印度支那总督说：'法国的地图对暹罗根本没有用。'"① 泰国接受该地图可能仅仅是由于其本国缺乏相应的技术人员，因而索要该地图以做参考，或者是由于"暹罗向法国索要地图只是为了安抚法国殖民者并反对法国在这一地区的野心，因为，暹罗作为唯一一个未遭受殖民侵略的亚洲国家，当然要保护它自己"。② 所以，泰国索要该地图并不意味着其有接受该地图及其所标明的泰柬边界位置的意图，可能只不过是因为泰国害怕其对此提出抗议会触怒法国，而招致法国的报复。③ 所以，也可以说，泰国的沉默不过是泰国的一个纯政策行为而已，它并不具有表明泰国同意该地图及泰柬边界画法的意图的法律特征。④ 而且，泰国未提出抗议，也可能是泰国认为一份无关紧要的地图不值得去过多地关注，以至于泰国后来发现该地图所描绘的泰柬边界与 1904 年边界条约所规定的分水岭存在相当大的出入也没有提出抗议。泰国保持沉默，完全可能是由于泰国认为该地图本来就没有法律效力，而且它也从未承认过该地图，因而没有必要去抗议一份与其无关的地图。因此，我们不能从泰国的行为

---

① Dissenting Opinion of Sir Percy Spender, Case concerning the Temple of Preah Vihear (Cambodia v. Thailand), Judgment of 15 June 1962, I. C. J. Reports 1962, p. 127.

② Dissenting Opinion of Sir Percy Spender, Case concerning the Temple of Preah Vihear (Cambodia v. Thailand), Judgment of 15 June 1962, I. C. J. Reports 1962, p. 128.

③ 参见 A. L. W. Munkman, Adjudication and Adjustment——International Judicial Decision and the Settlement of Territorial and Boundary Disputes, British Year Book International Law, Vol. 46, 1972-1973, p. 97。

④ 参见［英］伊恩·布朗利：《国际公法原理》，曾令良、余敏友等译，法律出版社 2003 年版，第 98 页。

或言论中推断泰国具有接受了该地图以及地图上所标明的边界线的意图。更何况，如菲茨莫里斯所说的，为了公平起见，在泰国已经被迫丧失其领土的情况下，如非经泰国再次正式作出同意割让其领土的明确的意思表示，泰柬两国在柏威夏寺地区的边界线应当是按照有利于泰方的方式划定。

而且，在那份地图出现之后，泰国还对柏威夏寺地区持续地行使管辖权。这正如顾维钧（Koo）法官在其反对意见中所说的，"泰国修筑了一条通向柏威夏寺山脚的公路，泰国的税收官员在柏威夏寺地区的大米种植区域收税；泰国政府的森林官员发给在柏威夏寺地区砍伐树木的许可证，并监督、管理该地区的木材砍伐情况；泰国政府在 1931 年时对包括柏威夏寺在内的古迹进行了官方考察，泰国的内政部官员于 1924—1925 年、泰国的丹龙亲王于 1930 年都曾经视察了柏威夏寺"。[1] 笔者认为，这才真正显示了泰国的真实意图：认为泰柬边界应将柏威夏寺地区划归泰国所有。而且，泰国政府虽然没有对地图提出任何抗议，但是，泰国政府从未默认过法国人绘制的地图上所标明的泰柬边界线，也从未放弃过柏威夏寺地区的主权。

因此，在柏威夏寺案中，缺乏一个把泰国对地图的沉默定性为默认该地图的有效证据。我们不能简单地依据罗马法规则——"如果应该说话而且能够说话，那么沉默就被视为同意"，来推断出泰国默认了法国人绘制的地图上所描述的边界线。因为，"一些被宣称为应当抗议或保留的情况在最初已经由其自身显示出了完全不同的特征，而且，沉默或未作反应也不能单独地被看成是暗示一方已经承认或接受了另一方主权要求"。[2] 例如，在英挪渔业案中，国际法院认可英国长时间放弃了抗议挪威划分其领水边界的国内法

---

[1] Dissenting Opinion of Judge Wellington Koo, Case concerning the Temple of Preah Vihear (Cambodia v. Thailand), Judgment of 15 June 1962, I. C. J. Reports 1962, p. 92.

[2] Dissenting Opinion of Judge Wellington Koo, Case concerning the Temple of Preah Vihear (Cambodia v. Thailand), Judgment of 15 June 1962, I. C. J. Reports 1962, p. 96.

制度的事实具有一定的法律效力，但是，这必须具备以下的因素之一："该事已声名远扬，国际社会对此表示普遍容忍，英国在北海的地位，英国在此问题中的自身利益，以及英国的长时间放弃将无论如何会确保挪威国内法具有对抗英国的法律约束力。"① 由此可见，在该案中，根本不存在可以从泰国的任何声明或行为中列举证据以证明泰国有清楚、明确的意图要同意或接受法国单方面划定泰柬边界的做法或柬埔寨对柏威夏寺地区的主权要求。因此，笔者认为，泰国的沉默并不构成默认。

2. 禁止反言在此案中的适用也存在争议。国际法院认为，在柏威夏寺案中，禁止泰国反悔以否定 1907 年地图的效力。② 但是，依据对案情的分析，笔者认为，在该案中并不能适用禁止反言原则。因为，首先，对泰国是否默认了 1907 年地图的效力仍然存在着疑问，对此，上文已有详细的论述。

其次，法院没有注意到柬埔寨的法国殖民当局没有对泰国在争议地区实施行政管辖行为提出抗议。而相对于地图而言，行政管辖在判断领土主权归属的案件中有更强的证据力，这在很多国际司法判例中都得到了证明。③

再次，在该案中适用禁止反言并不符合善意与衡平的要求。由于适用禁止反言，是为了避免产生不公平的事情，因此，一方援引禁止反言就必须表明它已经依据对另一方当事方的意思表示的善意信赖行事。④ 然而，在柏威夏寺案中，法国或柬埔寨依据对泰国的

---

① Fisheries case (United Kingdom v. Norway), Judgment, I. C. J. Reports 1951, p. 139.

② Case concerning the Temple of Preah Vihear (Cambodia v. Thailand), Judgment of 15 June 1962, I. C. J. Reports 1962, p. 26.

③ 参见 A. L. W. Munkman, Adjudication and Adjustment—International Judicial Decision and the Settlement of Territorial and Boundary Disputes, British Year Book International Law, Vol. 46, 1972-1973, p. 99。

④ 参见 North Sea Continental Shelf (Federal Republic of Germany/Denmark; Federal Republic of Germany/Netherlands, Judgment, I. C. J. Reports 1969, p. 26。

意思表示的信赖行事了吗？即便假定答案是肯定的，那么柬埔寨因信赖而行事又是否对泰国予以了利益或权利呢？泰国对 1907 年地图的默认又给它带来了什么利益呢？事实上，法国从未依据对泰国的沉默的信赖行事。① 因为，法国人清楚泰国人根本不信任他们，② 那么，法国又怎么会信赖泰国的沉默呢？法国在整个事件中，都是按照其自己的意志行事的。正如斯彭德法官在其反对意见中所指出的，"法国并不信任泰国有关附件 1 的地图的任何行为，法国只信任其地图测绘官员勘测与计算的准确性，以及由其地图测绘官员依据其勘测结果绘制的地图。法国从不依据泰国政府的沉默或其他行动的善意行事，只依据其相信负责绘制附件 1 地图的官员的能力的信赖行事"。③ 相反，倒是泰国在依据对法国的信赖行事。而且，法国及其被保护国柬埔寨并没有因对泰国沉默的善意信赖而使它们受损。这正如顾维钧法官在其反对意见中所指出的那样，"没有证据显示法国，作为柬埔寨的保护国，因其对泰国沉默的信赖而使其利益受损"。④ 而且，泰国并没有从它的沉默中获取任何利益。法院判决认为，泰国享受了长达半个世纪的具有稳定的边界的利益。但事实根本就不是如此，因为，法泰之间所缔结的 1904 年边界条约本身就可以使各方缔约国都享受边界的稳定性所带来的利益，而不是只使某一国受益。另外，顾维钧在其反对意见中还指出："对于当勒地区的边界而言，如果泰国被认为是享受了稳定性

---

① 参见 Dissenting Opinion of Sir Percy Spender, Case concerning the Temple of Preah Vihear（Cambodia v. Thailand）, Judgment of 15 June 1962, I. C. J. Reports 1962, p. 146。

② 参见 Dissenting Opinion of Sir Percy Spender, Case concerning the Temple of Preah Vihear（Cambodia v. Thailand）, Judgment of 15 June 1962, I. C. J. Reports 1962, p. 129。

③ Dissenting Opinion of Sir Percy Spender, Case concerning the Temple of Preah Vihear（Cambodia v. Thailand）, Judgment of 15 June 1962, I. C. J. Reports 1962, p. 145.

④ Dissenting Opinion of Judge Wellington Koo, Case concerning the Temple of Preah Vihear（Cambodia v. Thailand）, Judgment of 15 June 1962, I. C. J. Reports 1962, p. 97.

的利益，只是因为泰国坚信柏威夏寺地区一直是处于其主权管辖之下，以及泰国明显地怀疑由法方绘制的标明泰柬边界的地图的真实性，而不是由于法国信赖泰国已经接受了附件 1 地图。"① 相反，倒是泰国在某种程度上善意信赖了法国绘制地图具有真实性，并依此信赖没有提出抗议，从而致使柬埔寨因泰国对法国的信赖而获益了。由此可见，在柏威夏寺案中，国际法院可能出于维持现状的考虑而忽略了禁止反言的适用要件，因而导致法院在适用禁止反言判案时出现了一些不尽如人意之处，使学术界对国际法院在柏威夏寺案中适用默认与禁止反言原则判案产生了一些争议。② 这可能也是在法院判决此案近半个世纪之后，泰国与柬埔寨又再次就泰柬两国在柏威夏寺地区的边界位置和柏威夏寺的归属问题产生争端的原因。

第三节 衡 平 调 整

一、概述

划界是一个综合考虑的过程，因此，无论以何种方式划界，在依据法律确定一条"应然"的边界线之后，如果有可能出现不公平、不合理的结果，就还需要依据国际法中的衡平对这条边界线作出一些调整。例如，在 1966 年"阿根廷与智利边界仲裁案"中，仲裁庭在坚持 1902 年英国国王爱德华七世对阿根廷与智利之间的边界争端所作出的仲裁裁决的前提下，还利用国际法中的衡平解释和适用了这个仲裁裁决，调整了阿根廷与智利在恩古安特罗河东段和南段支流汇合之处到塞罗德拉维珍峰一段的边界线，在阿根廷与

---

① Dissenting Opinion of Judge Wellington Koo, Case concerning the Temple of Preah Vihear (Cambodia v. Thailand), Judgment of 15 June 1962, I. C. J. Reports 1962, p. 97.

② 参见 ［日］ 日本国际法学会编：《国际法辞典》，外交学院国际法教研室总校订，世界知识出版社 1985 年版，第 819 页。

智利各自所主张的边界线之间划定了一条折中的边界线。① 此外，国际法院在"布基纳法索与马里边界争端案"与"萨尔瓦多与洪都拉斯陆地、岛屿与海洋边界案"中也强调，要依据国际法中的衡平对初步划定的边界进行调整。而且，一些国家在划界的时候还约定，先依法划定一条应然的或可能的边界线，然后再考虑一些边界以外的其他因素，对这条边界线进行衡平调整。例如，1930 年 7 月 16 日，在美国的调解下，洪都拉斯与危地马拉签署了一项国际协议，约定成立一个特别法庭来审理它们之间的边界争端。洪都拉斯与危地马拉还约定，该法庭首先将依据"保持占有"原则确定洪、危之间的"应然"边界线，然后根据双方在其他方面已经形成的各种利益对这条线进行衡平调整，确定彼此之间需相互支付的补偿，如交换领土或其他利益，从而使最终划定的边界体现公平、正义。②

在海洋划界中，也存在对依法初步划定的边界进行衡平调整的情况。③ 傅崐成教授就指出，"如果依法所划定的海域疆界线仍将有发生争执及导致明显不公平之情，则还应当再独立考虑预防潜在纠纷的衡平考量之因素"④，对已初步划定的边界进行调整。陈致中教授则指出，国际法院在解决海洋划界争端中基本上采用两种衡平调整方法：其一是首先作出一条"假设线"，然后再依据相关情况对"假设线"进行调整，如在"利比亚与马耳他大陆架划界案"中，国际法院首先以两国海岸最低潮点之间距离的中间线为边界线，在考虑到马耳他的地理位置之后，国际法院为了公平起见，把这条假设界线往马耳他一边移动了 18′，以此为利比亚与马耳他之

---

① 参见 Argentine-Chile Frontier Case, Reports of International Arbitral Awards, Vol. 16, 1969, pp. 179-182。

② 参见 L. H. Woolsey, Boundary Disputes in Latin-American, American Journal of Comparative Law, Vol. 25, No. 2, 1931, p. 327。

③ 参见 North Sea Continental Shelf cases, Judgment, I. C. J. Reports 1969, pp. 39-50; Fisheries Jurisdiction cases, Judgment, I. C. J. Reports 1974, p. 33; Continental Shelf, Judgment, I. C. J. Reports 1982, p. 60。

④ 傅崐成：《国际海洋法——衡平划界论》，台湾三民书局 1992 年版，第 150 页。

间大陆架的边界线；其二是先以双方的"主张线"为基础，然后根据实际情况进行调整，如在"格陵兰—扬马延海域划界案"中，国际法院就是在丹麦和挪威双方的"主张线"的基础上进行折中调整，衡平了双方的主张，从而划定双方之间的海洋边界线。① 此外，在海洋划界实践中，还存在着为了避免因为严格适用法律规则划界而引起的不方便情况，而对依法初步划定的边界进行衡平调整的案例。例如，在"格里兹拜德那案"（Grisbadarna case）中，如果严格按照 1658 年《罗斯科尔得和约》（the Roskilde Peace Treaty）划界，那么将会造成一方当事国的不方便，因此，仲裁庭最终决定在这条条约边界线的基础上进行衡平调整，将这条线向西南方向移动 20°。②

对依据法律规则初步划定的边界进行衡平调整，只是为了矫正不公平、不合理的结果而适用的补充性划界步骤和现实性考虑，而不是一种损害法律规则、具有导致重新划界性质的方法。国际法院在"布基纳法索与马里边界争端案"中就强调，应当依据衡平的概念来调整已经确定了的边界，以消除不公平、不合理的情况。③ 国际法院在"萨尔瓦多与洪都拉斯陆地、岛屿、海洋边界案"中也重申了这一点。④ 因此，对依据法律规则初步划定的边界进行衡平调整，只是在适用各种具有实体法规则性质的划界法律依据之后才有可能发生；并且，只能是在适用这些划界的法律依据之后将产生不公平、不合理的特殊情况下才能加以考虑适用划界的衡平调整。在适用法律规则划界后不会导致不公平、不合理结果或不会招致当事国强烈反对的"正常情况"下，是不能适用国际法中的衡平在对依法初步划定的边界进行调整的。一般而言，"划界若系透

---

① 参见陈致中：《国际法院与海洋划界争端的解决》，载《中山大学学报（社会科学版）》1997 年第 S1 期。

② 参见 Masajoro Miyoshi, Considerations of Equity in the Settlement of Territorial and Boundary Disputes, Martinus Nijhoff Publishers, 1993, p. 134。

③ Frontier Dispute, Judgment, I. C. J. Reports 1986, p. 633.

④ Land, Island, Island and Maritime Frontier Dispute, Judgment, I. C. J. Reports 1992, pp. 514-515.

过协商方式进行，则本衡平考量（即对依法初步划定的边界进行衡平调整——引者注）确定将有所适用；若系透过第三者仲裁人划界，则本因素并不必然受到适用。仅当划界结果明显不公平或潜在纠纷受到证实时，仲裁人才会对采用本原则（即对依法初步划定的边界进行衡平调整——引者注），以修正基于其他法律依据划出之疆界线"。①

二、国际法中的衡平概念

（一）国际法中衡平的定义

法律中的衡平（equity）是一个多义、动态的概念，有学者认为法律中的衡平可能是一个只适合进行讨论，而难以定义的概念。② 国际法中的衡平来自国内法中的衡平。在国内法中，一般认为衡平具有四方面的含义：第一，它意味着正义、平等、道德、折中、权宜、公平、合理、公平分配、善意、理性、良法等。第二，是指在个别案例中作为严格适用法律的例外，即在特定情况下，由于机械地适用法律规定可能导致不合理、不公平的结果，而对现行的法律规范进行解释、补充、修改，甚至是排除适用。第三，存在于所有的法律体系之中，并能直接适用于案件的法律规范。第四，指英美法系中衡平法或衡平法院。③

---

① 傅崐成：《国际海洋法——衡平划界论》，台湾三民书局 1992 年版，第 151 页。

② Masahiro Miyoshi, Considerations of Equity in the Settlement of Territorial and Boundary Disputes, Martinus Nijhoff Publishers, 1993, p. 9.

③ 参见沈宗灵：《比较法研究》，北京大学出版社 1998 年版，第 208 页；Jonathan I. Charney, Ocean Boundaries between Nations: A Theory for Progress, American Journal of International Law, Vol. 78, No. 3, 1984, pp. 588-589; Hersch Lauterpacht, The Function of Law in the International Community, Clarendon Press, 1966, p. 121; Oscasr Schachter, The Nature and Process of Legal Development in International Society, in Ronald St. J. Macdonald and Douglas M. Johnston eds., The Structure and Process of International Law: Essays in Legal Theory, Doctrine and Practice, Martinus Nijhoff Publishers, 1983, pp. 797-799。

在国际法中，衡平的概念可能只能从一些适用衡平的国际法案例中总结出来。国际法庭或国际仲裁庭主要在自然资源的分配和边界的划定两个方面适用衡平。① 在陆地划界中，当无法找到其他的法律依据划界时，国际法庭一般就适用衡平来划界。在"布基纳法索与马里边界争端案"中，国际法院指出："尽管衡平并不总是意味着平等，但在没有特殊情况的时候，平等是衡平的最好的表述。"② 据著名国际法学者沙赫特总结，在国际司法实践中，衡平主要包括以下五种含义：第一，基于正义对实定法规范进行调整；第二，理性、善意；第三，为维护法的正义性和合理性而引申的一些法律原则，如禁止反言、禁止权利滥用、禁止不当得利等；第四，对自然资源和权益进行公平分配；第五，对国际社会经济资源重新分配，以建立国际经济新秩序。③ 著名国际法学家路易斯·亨金对此也持肯定的态度，他说："衡平是作为一种法律原则（如禁止反言和权利滥用）的基础；一种缓解法律过于严厉的基础；一种公正、合理、诚信的原则；一种在划分领土和分配资源时的考虑；一个分配正义的同义语"。④

具体到划界，正如国际法院在"北海大陆架案"中所指出的，"衡平是一般法律原则的一部分"。⑤ 而且，衡平不同于"公允及善良"，它是一种从国际实定法规范中推导出的正义原则和争端解决方法。⑥ 国际法院在"利比亚与马耳他大陆架案"中宣称，"衡

---

① Masahiro Miyoshi, Considerations of Equity in the Settlement of Territorial and Boundary Disputes, Martinus Nijhoff Publishers, 1993, pp. 2-3.

② Frontier Dispute, Judgment, I. C. J. Reports 1986, p. 633.

③ 参见 Oscasr Schachter, International Law in Theory and Practice, Martinus Nijhoff Publishers, 1991, pp. 55-56。

④ ［美］路易斯·亨金：《国际法：政治与价值》，张乃根等译，中国政法大学出版社 2005 年版，第 153 页。

⑤ North Sea Continental Shelf cases, Judgment, I. C. J. Reports 1969, p. 48.

⑥ 参见 North Sea Continental Shelf cases, Judgment, I. C. J. Reports 1969, p. 47; Fisheries Jurisdiction cases, Judgment, I. C. J. Reports 1974, p. 33; Continental Shelf, Judgment, I. C. J. Reports 1985, p. 40。

平所显示的正义是一种依据法律规则的正义；这也就是说，适用衡平也应当体现一致性和一定程度的可预测性"。① 国际法院在适用衡平划界时，通过考虑争端当事国与案件相关的各种实际情况和特定因素，如经济、政治、社会等因素以及"权宜"等，进行综合权衡，以消除不公平、不合理的情况。② 例如，国际法院在"北海大陆架案"中指出，各国应当达成协议，按照衡平的原则，并考虑一切有关情况划界。③ 国际法院在"缅因湾划界案"中又重申了这一点。④ 由此可见，适用于划界的衡平是一种法律上的正义，它需要借助考虑各种与划界相关的情况来达到公平划界的结果。离开了考虑有关情况，衡平划界将成为没有内容的空壳概念。⑤ 这正如德阿雷查加法官在对"突尼斯与利比亚大陆架案"的单独意见中所说的："诉诸衡平就意味着评价和权衡案件的有关情况。"⑥

笔者认为，国际法中的衡平是一个指导国际法的运行，以达到正义、公平与合理等目标的工具性理念，它具有以下三个功能：第一，指导法律适用到具体的领域，或者对法律进行解释，即法律中的衡平（equity intra legem）；第二，填补法律漏洞，即法律之外的衡平（equity praeter legem）；第三，作为不适用非正义的法律规则的理由，即与法对立的衡平（equity contra legem）。⑦ 而"对依法

---

① Continental Shelf, Judgment, I. C. J. Reports 1982, p. 39.

② 参见靳庆军：《国际法院解决国家间海域划界争端的若干原则》，载《政法论坛》1988 年第 2 期。

③ 参见 North Sea Continental Shelf cases, Judgment, I. C. J. Reports 1969, pp. 53-54。

④ 参见 Delimitation of the Maritime Boundary in the Gulf of Maine Area, Judgment, I. C. J. Reports 1984, p. 80。

⑤ 参见高健军：《国际海洋划界论》，北京大学出版社 2005 年版，第 96 页。

⑥ Separate Opinion of Judge Jiménez de Aréchaga, Continental Shelf, Judgment, I. C. J. Reports 1982, p. 106.

⑦ 参见 Christopher R. Rossi, Equity and International Law: A Legal Realist Approach to the International Decisionmaking, Transnational Publishers, 1993, pp. 9-10。

初步划定的边界进行衡平调整"所适用的衡平，是在适用其他划界的法律依据之后才有可能被考虑的划界法律依据；而且，它只有在适用法律规则将产生一些不合理、不公平结果的特殊情况下才发挥作用。因此，本书所适用的衡平是一种"法律之外的衡平"，它的作用在于消极地避免不公平、不合理的结果。这正如傅崐成教授所说的，"仅当划界结果明显不公平或潜在纠纷受到证实时，才能依据国际法中的衡平原则修正基于其他考量划出的疆界线"。①

衡平不是那些建立在正义和善意基础之上的实定法规则，也不像"公允及善意"那样是"在当事方同意或特别授权的基础上，在缺乏法律规定的时候，授予法官的一种自由裁量权"②；更不是一种背离现行法的变相"立法"，而是一种用以获取和实现公平与正义等法律价值、可以直接加以适用的一般国际法原则。③

（二）国际法中衡平的法律性质

由于衡平能够指导国际法的解释与适用，补充国际法的漏洞，或在必要时排除国际法的适用，因此，一些极端的实证主义国际法学者从根本上反对衡平，他们认为，"法律活动的实施绝不是为了满足正义的要求"。④

对此，笔者认为，任何国际法理论都是建立在一定的基本假设之上或只适用于一定的条件之中的，都只是对国际法的某一个方面或某一个阶段进行研究而得出的结论，因此，任何国际法理论都有一定的局限性，都只具有部分和有限的真理。再加上国际社会的复杂性和研究者经验的局限性，情形就更是如此了。所以，我们不能

---

① 傅崐成：《国际海洋法——衡平划界论》，台湾三民书局 1992 年版，第 151 页。

② 王湘英、胡应志：《国际法中的公平原则及其应用》，载《法学评论》1990 年第 4 期。

③ 参见 Masahiro Miyoshi, Considerations of Equity in the Settlement of Territorial and Boundary Disputes, Martinus Nijhoff Publishers, 1993, pp. 13-17。

④ Vilhelm Lundstedt, Relation Between Law and Equity, Tulane Law Review, Vol. 25, No. 1, 1950-1951, p. 60.

说那些极端实证主义国际法学派在胡说，因为，《国际法院规约》第38条也确实明文规定："法院对于陈述各项争端，应依国际法裁判之。"而且，在国际司法实践中，国际法院也从来没有依据"公允及善良"原则裁判过案件。更为重要的是，在相对稳定的时期，如果实定法通常就足以适当地解决所提出的法律问题，对实定法弃而不用，反而去求诸衡平、正义，这种法律适用方法本身就是不公平、不正义的。虽然分析实证法学派有其正确性，但是，我们还要问几个问题：法为什么能够成为法？有没有衡量什么规范是法的标准？恶法是法吗？法律要如何解释？法律冲突应当如何调整？怎么解决法律漏洞的问题？无实定法可适用时该怎么办？严格适用实定法将出现不合理的情况，甚至是裁判结果无法执行，又该怎么办？实定法是无法解决这些问题的，因此，为了合理、令人接受地解决这些问题，我们必须要超出实定法，将衡平、正义等自然法理念引入国际法中。也只有这样，才能理解和发展实定国际法。① 所以，笔者认为，将衡平、正义、善意等自然法理念纳入国际法，具有客观必要性。因此，笔者认为，将自然法和实定国际法综合为法律统一体的"格老秀斯学说"，可能更符合现代国际法的发展趋势。但是，笔者不赞成格老秀斯学派那种以"自然法为体、实定法为用"的思想，笔者认为，在国际法中实定法规则是第一位的，自然法规则只是前者的补充。因为，明确性与可预测性是法的最基本的属性，法律的目的就在于可预测，这使得社会具有秩序。实现正义和功利构成法律的第二位主要任务，法律的第一位任务是保持法律确定性。② 而且，秩序是正义的基础与前提，公正的一个起码条件是禁止任意性。③ 所以，笔者认为，构建一个以自然法规范来补充、矫正、解释实定国际法规范的折中国际法理论体系，可能更

① 参见［奥］阿·菲德罗斯等：《国际法》（上册），李浩培译，商务印书馆1981年版，第128~133页。

② 参见沈宗灵：《现代西方法理学》，北京大学出版社1992年版，第48页。

③ 参见［德］奥特弗利德·赫费：《政治的正义性：法和国家的批判哲学之基础》，庞学诠、李学林译，上海译文出版社1998年版，第29页。

好一些。因此，衡平应当是国际法的一部分。对此，著名国际法学家路易斯·亨金评论道："与某些国内法体系一样，国际法体系越来越多地讨论衡平与衡平的原则。我们可以在法律之中、法律之外乃至法之对立中发现衡平的印记。"① 而且，著名国际法学者菲茨莫里斯（Fitzmaurice）在 1970 年以前都是反对国际法中的衡平的，他在 1952 年时曾说："理想主义是国际社会法治的最大敌人。"② 然而，菲茨莫里斯审理在 1969 年"北海大陆架案"以及 1970 年"巴塞罗那电车、电灯和电力有限公司案"时，却开始适用衡平来审理国际争端。③ 后来，菲茨莫里斯还主张国际法庭应当适用衡平的原则和规则来作出实质性的裁判。④

此外，国际法庭或国际仲裁庭一直认为衡平是国际法的渊源，并依据衡平审理国际争端。1937 年，国际常设法院就依据衡平审理了荷兰与比利时之间的墨兹河水分配争端。哈德逊（Hudson）在对此案的单独意见中认为，衡平长期以来就被看成是国际法的一部分。⑤ 1969 年北海大陆架案是国际法院中第一次适用衡平来划界的案例，法院在此案中宣称："衡平作为一个法律概念是一个像法律一样能够直接加以适用的一般法律原则。"⑥ 此外，国际法院在"突尼斯与利比亚大陆架案"中又重申了这一点，它认为"衡

---

① ［美］路易斯·亨金：《国际法：政治与价值》，张乃根等译，中国政法大学出版社 2005 年版，第 152~153 页。

② Gerald G. Fitzmaurice, The United Nations and the Rule of Law, Transactions of the Grotius Society, Vol. 38, No. 1, 1953, p. 145.

③ 参见 Masahiro Miyoshi, Considerations of Equity in the Settlement of Territorial and Boundary Disputes, Martinus Nijhoff Publishers, 1993, pp. 1-2。

④ 参见 Gerald G. Fitzmaurice, The Future of Public International Law and of the International Legal System in the Circumstances of Today, in Institute de Droit International ed. , Livre du Centenaire 1873-1973: Evolution et perspective du droit international, Martinus Nijhoff Publishers, 1973, p. 326。

⑤ 参见 Diversion of Water from the Meuse case, Judgment, 1937, P. C. I. J. , Series A/B, No. 70, pp. 73-77。

⑥ North Sea Continental Shelf cases, Judgment, I. C. J. Reports 1969, p. 60.

平是一个可以直接作为法律加以适用的一般原则"。① 这就更充分地证明，衡平是国际法整体中的一部分，是无须借助其他特别规则就可以加以直接适用的一般法律原则。②

三、衡平调整应考虑的因素

正如国际法院在很多划界争端案件中所指出的，衡平划界必须要考虑、权衡与案件有关的各种因素，所以，对依法初步划定了的边界进行衡平调整也需要考虑各种相关的因素，否则所谓的衡平调整就只是一个"空壳概念"。"这些'相关因素'是被划界主体认为是可影响划界的因素，或是……'衡平标准'③。"这就如国际法学者卡克乌拉赫（Cukwurah）所说的，"在划界中，无论以外交方式划界还是以法律方式划界，外交家与他们的顾问，以及审理边界争端的司法机构或仲裁机构，都必须掌握与划界有关的各种因素，例如，地理因素以及各种对划界有影响的政治、社会、经济与种族利益"。④

国际法院在"突尼斯与利比亚大陆架案"中指出：衡平的原则是从属于衡平的目标的，一项原则的衡平性必须根据是否有助于取得衡平的结果来予以评价。⑤ 所以，应当依据产生衡平的结果的标准，来选择对已依据法律初步划定的边界进行衡平调整所应考虑的因素。例如，国际法院在"利比亚与马耳他大陆架案"以及"格陵兰—扬马延海域划界案"中都曾强调，只有与划界有关、与衡平有关的因素才能在适用衡平时考虑。⑥ 但是，由于在法律中不

---

① Continental Shelf, Judgment, I. C. J. Reports 1982, p. 59.

② 参见王湘英、胡应志：《国际法中的公平原则及其应用》，载《法学评论》1990 年第 4 期。

③ 参见 Delimitation of the Maritime Boundary in the Gulf of Maine Area, Judgment, I. C. J. Reports 1984, p. 342。

④ A. O. Cukwurah, The Settlement of Boundary Disputes in International Law, Manchester University Press, 1967, p. 38.

⑤ 参见 Continental Shelf, Judgment, I. C. J. Reports 1982, pp. 59-60。

⑥ 转引自高健军：《国际海洋划界论》，北京大学出版社 2005 年版，第 97 页。

存在一个判断"是否公平与合理"的唯一并普遍适用的标准,"在特定案件中,什么是合理的、公平的,只能取决于该案件的特殊情况"①,因此,不存在一个选择衡平调整应考虑的各种因素的刚性标准。一些学者主张,在选择衡平划界所需要考虑的因素时,应当经历以下五个单独但相连接的步骤:第一,应当明确毗邻国在需要划界的边境地区行使的管辖权所起到的作用;第二,应当明确考虑边境地区所起的各种作用,以及所有与边境地区相关的事实;第三,应当尽可能地利用在前几个阶段所明确的各种信息,以构建一条边界线或线形地带,使边界线或线形地带能够最好地适应与其相关的功能;第四,应当根据那些可供选择的边界线以及前面明确的各种因素的重要性,来研究与权衡它们,这一过程可能要利用向量分析(vector analysis),即根据它们的重要性,在这些线中选出一条与这些相关因素有最密切联系的边界线;第五,应当按照地图绘制学方法(cartographical method)来准确、可靠地描述这条边界线。②

笔者认为,对已依法初步划定的边界进行衡平调整所需要考虑的因素,大致可以从消除不公平与不合理结果、与边界有关、使相关的国家都接受划界的结果、使边界具有精确性和稳定性、保障边境地区居民的权益等几个角度进行选择。

具体而言,对依法初步划定的陆地边界进行衡平调整应考虑的因素包括:

第一,争议领土中居民的种族、来源等。③ 国际现实证明,民族或种族问题是世界动荡不安的根源之一,因此为了确保边界的稳定性,有必要妥善解决边境地区的民族或种族问题。如在"萨尔瓦多与洪都拉斯陆地、岛屿、海洋边界案"中,国际法院决定依

① Continental Shelf, Judgment, I. C. J. Reports 1982, p. 60.

② 参见 Jonathan I. Charney, Ocean Boundaries between Nations: A Theory for Progess, American Journal of International Law, Vol. 78, No. 3, 1984, pp. 597-606; Masahiro Miyoshi, Considerations of Equity in the Settlement of Territorial and Boundary Disputes, Martinus Nijhoff Publishers, 1993, pp. 202-203。

③ 参见 A. L. W. Munkman, Adjudication and Adjustment—International Judicial Decision and the Settlement of Territorial and Boundary Disputes, British Year Book International Law, Vol. 46, 1972-1973, pp. 106-107。

据"保持占有原则"确定萨尔瓦多与洪都拉斯之间第一阶段的陆地边界，但是由于萨尔瓦多与洪都拉斯同时为西班牙的殖民地时，两者之间的行政边界就不清楚，因此国际法院依据当地居民的来源、民族进行衡平调整，尽量不把一国的国民划到另一国的领土内，以免造成边界不稳定的后果。①

第二，地理因素。为了使边界易于标示与辨认，具有精确性，在顾及公平的前提下，可以寻找一些具有易于识别的天然或人工标识作为边界标志，从而适当地调整已初步划定的边界线的位置。此外，如果在划界时对边界河流或边界山脉的名称或位置等问题发生错误，需要对边界条约或划界判决进行衡平解释，就更应当考虑相关的地理因素。例如，在1914年"葡萄牙与荷兰帝汶岛仲裁案"中，仲裁员在利用衡平划界时就通过考虑相关的地理、水文、地形因素来重新确定两国之间的陆地边界。② 在1966年"阿根廷与智利边界仲裁案"中，仲裁员也同样通过考虑相关的地理因素，以利用衡平调整来确定争议地段的边界。③

第三，对自然资源的公平利用。在对依法初步划定的边界进行衡平调整时考虑对自然资源的公平利用因素，是对毗邻国的竞争性利益或权益的一种适当平衡，因为，"由于各国在利用普通自然资源时都享有一种衡平的利益，因此，各国在利用自然资源时都有义务尽量地不影响其他可能受影响的国家的利益；并且，任何要求公平使用共享自然资源的权利主张都应当在各种特殊的社会、环境以及经济背景中加以具体地考虑或裁判"。④ 例如，在1993年"格陵

---

① 参见 Land, Island, Island and Maritime Frontier Dispute, Judgment, I. C. J. Reports 1992, p. 396, pp. 400-402。

② 参见陈致中编著：《国际法案例》，法律出版社1998年版，第138～139页。

③ 参见陈致中编著：《国际法案例》，法律出版社1998年版，第140～143页。

④ Günther Handl, The Principle of "Equitable Use" as Applied to Internationally Shared Natural Resources: Its Role in Resolving Potential International Dispute over Transfrontier Pollution, Revue belge de Droit international, Vol. 14, p. 44.

兰与扬马延海域划界案"中，国际法院决定采用中间线方法来划定争议海域的边界，但是，国际法院注意到，争议海域的渔业资源是毛鳞鱼，而这种鱼类具有季节性洄游的习性，这种鱼类的主要捕捞地域在争议当事方主张重叠区的南部。如果适用中间线划界，那么，位于争议地区西边的丹麦将不能公平地利用自然资源了。所以，国际法院基于这个理由把依据中间线原则划定的边界向东移动了。① 此外，在划定界河中的国家边界时，也通常通过考虑对自然资源的平等利用，而对依法初步划定的水域边界进行衡平调整。一般而言，出于公平的考虑，应当以界河河道的中心线分界。但是，如果以这种方式划界，那么一些界河的整个航道就可能在一方沿岸国领土之内，而另一方国家就完全不能利用界河的航运资源。② 因此，为了消除这种不公平、不合理的情况，就有必要依据衡平对界河中的边界进行调整，规定："界河如果是可通航的河流，除非条约或传统习惯另有规定，界线应沿着主航道的中心线，亦即水流最深处；如果界河是不能通航的，则以河道中心线分界。"③

第四，历史性权利。所谓历史性权利是指，一国背离国际法通过历史性方法而取得的一些领土权利。④ 一般而言，历史性权利不是划界的法律依据。历史性权利只是一个在衡平划界中可能会被考虑的因素，尤其是在划定领海边界时常会考虑沿海国的历史性权利。⑤ 例如，在1909年"瑞典与挪威格里斯巴丹那划界

① 参见袁古洁：《国际海洋划界的理论与实践》，法律出版社2001年版，第155页。

② 参见［英］A. P. 希金斯、C. J. 哥伦伯斯：《海上国际法》，王强生译，法律出版社1957年版，第156~160页。

③ 周鲠生：《国际法》（下册），武汉大学出版社2007年版，第423~424页。

④ 参见［英］戴维·M. 沃克主编：《牛津法律大辞典》，李双元等译，法律出版社2003年版，第521页。

⑤ 参见傅崐成：《国际海洋法——衡平划界论》，台湾三民书局1992年版，第145页；袁古洁：《国际海洋划界的理论与实践》，法律出版社2001年版，第168页。

案"① 中，国际常设仲裁法院就考虑到了瑞典特殊的历史性权利，决定以一条垂直于海岸一般走向的线来作为瑞典与挪威争议地区的边界线，把格里斯巴丹那海滩划归了瑞典。但是，在划界的国际司法和仲裁中，历史性权利并不是一个始终应当被考虑的因素。例如，在 1982 年"突尼斯与利比亚大陆架划界案"与 1984 年"缅因湾划界案"中，国际法院就拒绝考虑历史性权利。② 在衡平划界过程中，是否考虑当事国的历史性权利，只能依据具体情况而论。笔者认为，在划界的国际司法实践中，由于法官或仲裁员更倾向于考虑法律因素，因此，目前国际法院或国际仲裁机构在判案中很少考虑历史性权利；但是，在边界谈判中，为了达成协议，当事国在边界谈判中经常要考虑一方的历史性权利。例如，印度与斯里兰卡两国在 1974 年的边界谈判中，为了达成协议，就同意以对双方公正与公平的方式考虑印度在争议水域的历史性权利。③ 所以，在边界谈判中，为了达成协议，对于依法已划定的边界，当事国有可能会考虑其中一方的历史性权利，对依法划定的边界进行一些调整。但这种考虑主要是一种政治性的妥协，与法律的联系不大。

第五，对生态环境的保护。在现阶段，国际法院对于在衡平划界时是否应当考虑保护边境地区的生态环境的态度还不明确。在 1984 年"缅因湾划界案"中，美国提出"为了确保缅因湾内鱼类最佳的繁殖及管理，应当以作为在海洋学及生态学上不同系统之间的天然边界的东北海峡为争议海域的边界"。④ 但是，美国的这些

① 参见 ［联邦德国］ 马克斯·普朗克比较公法及国际法研究所主编：《国际公法百科全书 第二专辑 国际法院、国际法庭和国际仲裁的案例》，陈致中、李斐南译，中山大学出版社 1989 年版，第 188 页。

② 转引自袁古洁：《国际海洋划界的理论与实践》，法律出版社 2001 年版，第 157 页。

③ 参见袁古洁：《国际海洋划界的理论与实践》，法律出版社 2001 年版，第 145 页。

④ 参见 Gulf of Maine Case, US Counter-Memorial, Annex 1, Vol. IA, June 28, 1983, para. 11-40; Gulf of Maine Case, US Memorial, September 27, 1982, para. 55, Fig. 7; Gulf of Maine Case, US Counter-Memorial, Annex 1, Vol. IA, June 28, 1983, para. 76-99。

主张连同加拿大所主张的"保护现有的渔业资源",都为国际法院特别法庭在未详细说明理由的情况下拒绝。① 然而,在 1985 年"利比亚与马耳他大陆架划界案"中,国际法院则指出:"已经知道的或已经查明、正在进行划界的大陆架资源……足以构成在划界中予以考虑的有关因素。"② 笔者认为,在依据衡平划界过程中,考虑对边境地区生态环境的保护是不可避免的。因为,边境地区的环境问题不但关乎"代际公平""可持续发展",还影响毗邻国双方的国家利益,所以,在划界过程中必须要考虑环境保护的问题。而且,傅崐成教授也认为:"环境—生态因素,与天然资源或其他现存利益的考量,两者之间的关系非常密切。未来,环境—生态因素的考量会(在衡平划界中)再度受到主张,且非常有可能会被列入(国际法院或国际仲裁机构衡平)考虑的因素。"③ 由此可见,在对依法初步划定的边界进行衡平调整时,如果边界影响毗邻国边境地区的环境保护,也应当基于环境保护的考虑对这个初步划定的边界进行衡平调整。

第六,安全因素。在海洋划界中,从现有的国际司法判例来看,安全因素还并不是国际法院在衡平划界中一定要考虑的相关因素。但是,国际法院也并未明确指出不得考虑安全因素。国际法院只不过强调只有在安全因素与划界密切相关,不考虑它就会造成不公平、不合理的结果,才可以在划界中考虑安全因素。例如,在 1977 年"英法大陆架仲裁案"中,对于当事双方要求考虑安全利益的要求,仲裁庭指出,只有这些因素对划界起决定性作用,才可以要求法庭对已划定的边界进行调整;在 1984 年"缅因湾划界案"中,国际法院分庭提出,只有在不考虑防务将会给划界结果带来"灾难性影响"的前提下才考虑当事国的安全因素;在 1985

① 参见 Delimitation of the Maritime Boundary in the Gulf of Maine Area, Judgment, I. C. J. Reports 1984, p. 298, p. 317。

② 转引自袁古洁:《国际海洋划界的理论与实践》,法律出版社 2001 年版,第 155 页。

③ 傅崐成:《国际海洋法——衡平划界论》,台湾三民书局 1992 年版,第 146 页。

年"几内亚与几内亚比绍海域划界案"中，仲裁庭则明确提出，它在划界中会注意避免因划界结果而危及当事国国家安全的不利因素；在1993年"格陵兰—扬马延海域划界案"中，国际法院则提出安全因素并非与划界无关。① 然而，在陆地划界中，由于陆地边界与国家安全息息相关，直到目前为止，边界还是一个国家抵御外国入侵的军事防御线，② 一国的领导人自然十分关切划界是否会影响该国的国家安全，③ 因此，国家安全是划定陆地边界必须要考虑的因素。所以，在对已划定的边界进行衡平调整时，自然要考虑安全因素，照顾一国对其国家安全的现实担忧。

第七，其他因素。在这个范畴里可能包括影响划界的民族心理因素，一国的政治、社会领域内等现实困难或敏感问题，文化认同，以及一系列可以冠名为"便利"的因素。④ 这些因素主要是影响国家做决策的因素。但在划界中，它们可能是具有决定性的情况。⑤

四、衡平调整的方法

在对依据法律规则初步划定的边界进行衡平调整这个问题上，利用法律方法划界与利用政治方法划界有着不同的调整方法。国际法庭与国际仲裁院所使用的方法是"权衡"（weighing up），而在边界谈判中则主要利用"妥协"（compromise）来进行衡平调整。

---

① 转引自袁古洁：《国际海洋划界的理论与实践》，法律出版社2001年版，第158页。

② Samuel Whittemor Boggs, International Boundaries: A Study of Boundary Functions and Problems, Columbia University Press, 1940, pp. 11-12.

③ I. A. Shearer, Starke's International Law, 11th ed. , Butterworths, 1994, p. 172.

④ 参见 A. L. W. Munkman, Adjudication and Adjustment—International Judicial Decision and the Settlement of Territorial and Boundary Disputes, British Year Book International Law, Vol. 46, 1972-1973, p. 109。

⑤ 参见 Ian Brownlie, The Rule of Law in International Affairs: International Law at the Fiftieth Anniversary of the United Nations, Martinus Nijhoff Publishers, 1998, p. 170。

所谓的权衡是指"在争端当事国的各种竞争性权益中寻求一种平衡（balance or trade-off），在衡平成为解决争端的首要法律依据的情况中，这种平衡的思想显得特别地重要"。① 在很多划界的司法或仲裁案例中，国际法庭或国际仲裁机构在适用衡平或衡平原则划界时，实际上都包含了平衡各争端当事国的利益的考虑。② 但是，国际法庭与国际仲裁庭的"权衡"完全出于法官或仲裁员的自由裁量权。国际法庭与国际仲裁庭在它们权衡一些它们认为"十分相关的情况""高度相关的情况"或是"比其他情况更为贴切的……调整的有效的基础"的过程中，从未解释为什么要选择这些因素，也从未解释为什么要这样调整。例如，在"利比亚与马耳他大陆架划界案"中，国际法院将以两国海岸最低潮点之间距离的中间线往马耳他一边调整18′，但这个调整幅度是如何得出来的，法院却没有解释。因此，法院的这种衡平调整方法遭到了广泛的批评。③

在边界谈判中，对已初步划定的边界进行衡平调整，只能建立在谈判国一致同意的基础之上，因此，妥协是边界谈判中的衡平调整方法。卡克乌拉赫就指出："妥协是边界争端的最好解决方法，尤其是在一个具有十分复杂的性质的边界或领土争端中，即任何一方当事国都有权寻求一个权利，除非妥协被明确地排除，利用妥协的方式平分争议领土，并不是看起来那样的不可想象。"④ 一些著名的国际法学者，如穆尔（Moore）、劳特派特、科贝特（Corbett）等，还认为妥协是司法功能的一个正常的和必要的构成要素，无论国际法庭还是国际仲裁庭都要运用"妥协"。丹尼斯（William

---

① Oscar Schachter, Sharing the World's Rescoures, Columbia University Press, 1977, p. 24.

② 参见 Masahiro Miyoshi, Considerations of Equity in the Settlement of Territorial and Boundary Disputes, Martinus Nijhoff Publishers, 1993, p. 198。

③ 参见高健军：《国际海洋划界论》，北京大学出版社2005年版，第99~100页、第118~126页。

④ A. O. Cukwurah, The Settlement of Boundary Disputes in International Law, Manchester University Press, 1967, pp. 205-206.

Cullen Dannis）曾经激烈地反对在仲裁中进行妥协，1911 年他还著文《妥协——仲裁的最大缺陷》来阐述自己的这一观点。① 但1950 年他在评价 1899 年"委内瑞拉与英属圭亚那边界仲裁案"时却修正了自己的观点，丹尼斯指出："无论是在国内司法程序中，还是在国际司法程序中，都不能完全地排除妥协。"② 学者们认为"妥协"包括以下的含义：（1）调整；（2）平衡冲突性的主张；（3）在对立的权利主张中寻找一个适当的平衡点；（4）适用衡平修改或补充实定法。③

"但即使是妥协也不可能使各方的得失完全相同，这就需要各方有互谅互让的精神，即从有关国家的长远利益出发，尊重历史，照顾现实，在平等、公正的基础上寻求一致。"④ 因此，在边界谈判中，在公平互利、互谅互让的基础上调整在第一阶段依法初步划定的边界，可能是一种最公平、最合理的妥协方式。例如，中国与缅甸两国就是利用这种互谅互让的妥协方式成功地调整了初步划定的边界。在中缅边界谈判中，中缅两国一致同意在传统习惯线的基

① William Cullen Dannis, Compromise—the Great Defeat of Arbitration, Columbia Law Review, Vol. 11, No. 6, 1911, pp. 493-513.

② William Cullen Dannis, The Venezula-British Guiana Boundary Arbitration of 1899, American Journal of International Law, Vol. 44, No. 4, 1950, p. 727.

③ 参见 A. L. W. Munkman, Adjudication and Adjustment—International Judicial Decision and the Settlement of Territorial and Boundary Disputes, British Year Book International Law, Vol. 46, 1972-1973, pp. 2-3; John B. Moore ed., International Adjudications, Ancient and Modern: History and Documents, Together with Mediatorial Reports, Advisory Opinions, and the Decisions of Domestic Commissions on International Claims , Vol. 1, Pt. 1, Oxford University Press, 1929, p. xc; Hersch Lauterpacht, The Function of Law in the International Community, Clarendon Press, 1966, p. 121; Percy E. Corbett, Law in Diplomacy, Princeton University Press, 1959, p. 136; John B. Moore ed., International Adjudications, Ancient and Modern: History and Documents, Together with Mediatorial Reports, Advisory Opinions, and the Decisions of Domestic Commissions on International Claims , Vol. 2, Pt. 2, Oxford University Press, 1929, p. 367。

④ 唐静：《博弈与共赢——欧洲一体化的政府间谈判框架分析》，华东师范大学 2008 年博士学位论文，第 17 页。

础上划界，但为了消除不公平、不合理情形，中缅两国又在互谅互
让的基础上对这条传统习惯线进行了衡平调整，一揽子解决了中缅
边界问题。在中缅边界谈判中，中国既依据国际法与国际惯例，又
充分考虑历史根据与现实情况，如"自清末以来，中国政府对中
缅边界中'麦克马洪线'以南的未定界地区的有效管辖已经相当
松弛；而缅甸则在当地建立了克钦邦，因而这片土地变更就会影响
到缅甸的联邦制度等"①，因此，中国提出，中国政府不承认所谓
的"麦克马洪线"，但是，考虑到中缅两国自清末以来的实际管辖
范围，中国愿意将"麦克马洪线"视为"传统习惯线"的一部分
而加以接受。缅甸政府也作出了与之对称的让步，如"承认包括
'麦克马洪线'在内的中缅边界北段都是未定界，否认了该线的有
效性；把片马、古浪、岗房等地归还中国，在中缅边界的中段和南
段接受了中国的建议等"②。所以，中缅边界谈判成功地达成了划
界协议：在中缅北段边界，缅方将其占领多年、但当年英国都承认
是中国领土的片马、古浪、岗房三地区归还中国，中方则同意北段
基本按实际控制线划界；在中缅中段边界，中国承认 1941 年国民
党政府与英国在中缅边界问题上的换文的效力，同意以"1941 年
线"为基础划界，缅方则同意中方要求，将该线以西的班洪、班
老部落地区归还中国；在中缅南段边界，由于孟卯三角地对缅北交
通甚为重要，为照顾现实，中方决定放弃这块"永租地"，将其划
归缅甸。双方又商定将六个骑线寨中的两个寨划归中国，四个寨划
归缅甸。经过这样互谅互让的"一揽子解决"，中缅边界很快就确
定下来了。③ 此外，美国与墨西哥也是使用互谅互让的妥协方式最
终解决了美墨之间在 El Chamizal 与 Córdova 地带的边界争端。美墨
之间曾经利用国际仲裁的方式解决它们之间的边界争端，但是美国

　　① 刘金洁：《中缅边界中的"麦克马洪线"问题及其解决》，载《当代
中国史研究》2006 年第 1 期。
　　② 刘金洁：《中缅边界中的"麦克马洪线"问题及其解决》，载《当代
中国史研究》2006 年第 1 期。
　　③ 参见赵磊：《中印、中缅边界问题比较研究》，载《湖南师范大学社
会科学学报》1995 年第 2 期。

以仲裁机构没有划界的权利能力为由拒不承认与执行对墨西哥有利的仲裁裁决。美国希望对依据仲裁裁决划定的边界进行一些实质性的调整，但遭到了墨西哥的拒绝。后来，美国趁墨西哥政府财政困难的情况，利用对墨西哥政府提供经济支援的方式诱使墨西哥政府同意在 Córdova 地带对美墨仲裁边界线进行调整。然而，由于美墨之间出现外交危机，美国希望再利用支付金钱的方式解决 El Chamizal 地区的美墨边界争端的计划破产。直到肯尼迪总统上台，美国政府表示愿意在原仲裁裁决边界线的基础上与墨西哥划定位于 El Chamizal 地区的美墨边界线。墨西哥政府也作出相应的让步，愿意对原仲裁裁决边界线做一些调整。美墨两国这才以互谅互让的方式解决了困扰两国长半个多世纪的边界争端。①

虽然妥协可以折中边界谈判国之间的权利主张，找到一个双方都满意的平衡点，但是，不可否认的是，妥协主要取决于国家的政治意愿，是一种政治博弈，它在多大程度上受法律中的衡平的调整和约束是不确定的。② 而且，由于妥协是一种政治运作，它主要受一些非法律因素的影响，如国家的外交政策、避免国际争端、维持邻国间友好关系、国际政治形势等因素，所以，不但妥协能否达成协议是个未知数，而且要花费多少时间、金钱等成本妥协才能达成协议也很难预测。阿库斯特因此列举了若干个"适用衡平的危险"：衡平的概念可能被用作排除适用实在法规则的借口；衡平的思想通常会因为相关国家的利益与文化差异而不同；衡平是主观的；在存在不同的政治、种族与文化价值的国际社会中，衡平的标准是模糊不清的；在仲裁中，争端当事国对衡平的内容存在争议；在不存在强制司法体系的国际社会中，一个国家的权利主张看起来

① Larman C. Wilson, The Settlement of Boundary: Mexico, the United States, and the International Boundary Commission, The International and Comparative Law Quarterly, Vol. 29, No. 1, 1980, pp. 38-40, pp. 47-48, pp. 49-52.

② Dissenting Opinion of Judge Gros, Gulf of Maine, Judgment, I. C. J. Reports 1984, p. 370; Robert Y. Jennings, The Principles Governing Marine Boundary, Staat und Volkerrechtsordnung, Festschrift fur Karl Doehring, Vol. XLII, 1989, p. 401.

是建立在衡平的基础之上，但是对其竞争性权利主张者而言却是不公平的；一个基于衡平作出的司法判决对胜诉国而言看起来是衡平的，但是，对败诉国而言，它却可能看起来是不衡平的。①

尽管国际司法解决中的权衡与边界谈判中的妥协存在种种缺陷，但是，笔者认为，在依据法律规则划定边界之后，如果还存在产生潜在的边界争端的可能，就仍然有必要再对第一阶段的划界结果进行衡平调整。因为，完全按照刚性的法律规则划界，在有可能产生新的边界争端的情况下，还不依据国际法中衡平对这种划界结果进行调整，国际法庭与国际仲裁庭的划界判决或裁决必然得不到当事方的理解，甚至有可能无法执行，而这种"不为当事方理解的判决本身就是不公平的"②，而且，无法执行的判决是毫无意义的。例如，在1962年"柏威夏寺案"中，国际法院虽然裁判柏威夏寺地区归柬埔寨所有，但是，柬泰之间的边界争端并未就此得到解决，泰国人一直不承认国际法院的判决。2008年7月，柏威夏寺被联合国评为"人类文化遗产"，这更激起了泰国人的怒火。加之由于泰国政局不稳，柬泰两国在柏威夏寺地区的边界线进行军事对峙。2008年10月，柬泰的边界争端演变为武装冲突。更为重要的是，在边界谈判中当事国如果不进行妥协，是根本不可能达成协议的。所以，为了使得花费了大量成本所划定的边界具有稳定性，进行法律之外的衡平调整是必要的。在边界谈判中，就更加需要进行法律之外的衡平调整了。因为没有妥协，就基本不可能达成划界的协议；但为了要使政治性的妥协具有一定的公平性与合理性，就有必要在国际法中的衡平的指导下进行妥协。

第四节 从相关史料中遴选划界证据

2022年1月1日起施行的《中华人民共和国陆地国界法》（下

---

① Michael Akehurst, Equity and General Principles of Law, The International and Comparative Law Quarterly, Vol. 25, No. 4, 1976, pp. 808-811.

② Separate Opinion of Judge Shahabuddeen, Maritime Delimitation in the Area between Greenland and Jan Mayen, Judgment, I. C. J. Reports 1993, p. 106.

文简称《陆地国界法》）第 11 条规定："各级人民政府和有关教育科研机构应当加强对陆地国界及边境相关史料的收集、保护和研究。"① 我国的哲学社会科学工作者积极落实这一法律规定，有利于我国在与邻国的边界谈判中论证我方的划界主张，维护我国的领土主权。那么，作为一名国际法学者，我们又应当如何研究与陆地国界及边境相关的史料呢？本节准备探讨如何从陆地国界及边境相关史料中收集适格的划界证据，希望能够在服务国家中实现学术进步。

一、从陆地国界及边境相关史料中遴选划界证据的必要性

领土与边界问题大多是复杂的历史遗留问题，导致争议地区领土主权创设、维持以及变更的法律事实都发生在过去。因此，要澄清历史真相，就只能从收集、整理、研究与陆地国界及边境相关的史料、史迹和实物入手。这正如领土法专家夏尔马所评价的："收集、整理与边界问题有关的历史资料，是解决领土与边界争端的起点。"②

无论领土争端当事国诉诸政治方法还是法律方法来解决它们之间的边界争端，它们都会从浩如烟海的史料中收集、整理所有"看似可信"且有利于支持本国划界主张的证据材料，如条约文本、国际组织的记录、外交文书、档案资料、地图、照片等。例如，在国际法院裁判的首个领土争端案例——1953 年"曼透尔岛和艾透胡岛案"中，英国所提交的证据材料包括从 1066 年诺曼底公爵威廉征服英格兰，到 1939 年英国在争议岛屿放置系泊浮筒这一时期发生的诸多历史资料；法国所提交的证据也囊括了从 933 年诺曼底公国臣服于法国，至 1939 年法国政府资助其国民在争议岛屿的一个礁石上建房之间发生的一系列历史事件。③ 在边界谈判

---

① 《中华人民共和国陆地国界法》，《人民日报》2021 年 10 月 25 日第 14 版。

② 参见 Surya P. Sharma, Territorial Acquisition, Disputes and International Law, Martinus Nijhoff, 1997, p. 31。

③ 参见 The Minquiers and Ecrehos case, Judgment, I. C. J. Reports 1953, pp. 65-72。

中，上述情形也同样存在。因为，"谈判同样是一种法律程序，也必须在国际法的一般框架内运行和发挥作用"。① 而且，谈判并非完全是一个"实力导向型"的争端解决方法，为了保障谈判结果的公正性，很多当事国在边界谈判中将国际法作为本国诉求的依据，并用证据来证明存在创设或变更领土主权的事实。② 虽然我国与印度决定采用谈判的方式来解决中印边界争端，但是，中印两国政府历来十分重视从相关史料中收集、列举证据以证明各自的权利主张。早在 1960 年的中印边界会晤中，中印两国就一致认为，谈判的关键问题在于：双方提出相应的法律依据与书面证据来论证各自的划界主张。中印两国在 1960 年 4 月 25 日发表的联合公报中还提出："两国政府的官员应当审查、核对和研究各方用以支持其立场的有关边界问题的一切历史文件、记录、记述和其他资料，以查明中印两国争议事实的真相。"③ 随后，中印两国官员于 1960 年 6 月至 11 月间举行了三次边界会晤，并编写了一份《中华人民共和国政府官员和印度政府官员关于边界问题的报告》，各自递交本国政府。这份报告涵盖历史性条约或协定、官方文件、历史史籍、地图、碑文、测量记录、行使管辖权纪录和实物、司法判决、合同、私人旅行游记、私人日记、学者著作、谈话记录、神话传说等诸多内容。④

那么，是不是所有与陆地国界及边境相关的史料、史迹和实

---

① Charles Manga Fombad, Consultation and Negotiation in the Pacific Settlement of International Disputes, African Journal of International and Comparative Law, Vol. 1, No. 4, 1989, p. 708.

② 参见 Rosalyn Higgins, The Development of International Law Through the Political Organs of the United Nations, Oxford University Press, 1963, p. 63。

③ 《中华人民共和国国务院总理和印度共和国总理联合公报（1960 年 4 月 25 日）》，载世界知识出版社编：《中华人民共和国对外关系文件集（1960）》（第 7 集），世界知识出版社 1962 年版，第 81 页

④ 参见中华人民共和国外交部编译：《中华人民共和国政府官员和印度政府官员关于边界问题的报告》，中华人民共和国外交部 1961 年版，第 189~204 页，第 320-377 页。

物，都具有证明国家权利主张的法律效力，都能作为适格的陆地国界划界证据呢？答案是否定的。因为虽然证据是法学与历史学都关注的问题，但是在辨别证据真伪、评价证据效力、进行证据推理等方面，法学和历史学存在明显差别，① 并非所有的历史资料都"具有可为严格的证明原因（证明资料）之能力"。② 而且，在国际司法诉讼中，当事国会从与陆地国界与边境相关的史料中收集一切自利性（self-servicing）证据材料。这往往会造成"一个事实被说成两个故事"的问题。因此，国际法院必然要对当事国所提交的证据材料进行审查、评估，从中遴选具有可采性和证明力的证据，并在此基础之上进行逻辑的和经验的推论以认定案件事实。这充分证明，一些史学界认可的考古发掘、金石碑刻、简牍文书、历史档案、史书文献、口述传说和田野调查结果，可以作为我国划界主张的历史证据，但不一定都能够作为证明"争议地区的主权归属""边界传统习惯线的位置与走向"的证据。其实，中国政府早在处理中缅边界问题时就注意到了上述问题。时任总理周恩来曾经指示我国政府处理边界问题的工作人员，必须采取正确的方法，科学地分析与判断与陆地国界相关的历史资料，从中区分、遴选可以作为划界"法理依据"的历史资料。③ 划界的"法理依据"是指，国际法中领土主权的权源（title）。在国际司法实践中，该术语经常被用来指证明领土主权归属的证据。例如，在 1999 年"卡西吉利岛/塞杜杜岛案"、2002 年"利吉丹岛和西巴丹岛主权归属案"与 2007 年"尼加拉瓜与洪都拉斯加勒比海领土和海洋争端案"等司法判决中，国际法院都将"领土的权源"（territorial title）定义为：

---

① 参见张保生：《法学与历史学事实认定方法的比较》，载《厦门大学学报（哲学社会科学版）》2020 年第 1 期。

② 陈朴生：《刑事证据法》，台湾三民书局 1970 年版，第 249 页。

③ 参见中华人民共和国外交部、中共中央文献研究室编：《周恩来外交文选》，中央文献出版社 1990 年版，第 237 页。

"为了确立领土权利，而由国际法赋予其内在法律效力的书面证据。"① 而且，结合周恩来言论的语境以及前后文，笔者认为，周恩来所说的"法理依据"，实质上就是指能证明争议领土归属、边界走向与位置的证据。②

领土是国际法中的核心概念，判断领土主权的归属、划定国家之间陆地国界，都应当建立在合法有效的事实认定基础之上。③ 而事实认定就是"用证据来确定争议事实真相的程序"。④ 因此，解决领土与边界争端，固然要从考察该争端形成的历史背景、澄清争端当事国的历史争议入手，但是历史回溯不能替代法律意义上的事实认定。为了在领土与边界谈判中维护我国的国家主权与领土完整，我国不但要贯彻落实《陆地国界法》第11条，大力收集与陆地国界及边境相关的史料；而且要从中遴选有利于我国的书面证据，以澄清相关边界问题的事实真相；⑤ 并在此基础上，援引现行的、明确的国际法规范，证明争议地区的主权属于中国，从而推动相关边界谈判朝着有利于我国的方向发展。这在国际社会中也是一

---

① Kasikili/Sedudu Island（Botswana/Namibia），Judgment，I. C. J. Reports 1999，p. 1098；Sovereignty over Pulau Ligitan and Pulau Sipadan（Indonesia/Malaysia），Judgment，I. C. J. Reports 1999，p. 667；Territorial and Maritime Dispute between Nicaragua and Honduras in the Caribbean Sea（Nicaragua v. Honduras），Judgment，I. C. J. Reports 2007，p. 723.

② 参见 Malcolm N. Shaw，Title to Territory，Routledge，2018，pp. 10-14；Robert Jennings，The Acquisition of Territory in International Law，Manchester University Press，1963，p. 4；贾兵兵：《国际公法：理论与实践》，清华大学出版社 2009 年版，第 172 页。

③ 参见 Makane Moise Mbengue，International Courts and Tribunals as Fact-Finders：The Case of Scientific Fact-Finding in International Adjudication，Loyola of Los Angeles International and Comparative Law Review，Vol. 34，No. 1，2011，p. 54。

④ Bryan A. Garner ed.，Black's Law Dictionary，10th Edition，Thomson West，2014，p. 629.

⑤ 参见［英］J. G. 梅里尔斯：《国际争端解决》（第五版），韩秀丽等译，法律出版社 2013 年版，第 181 页。

种惯常做法：为了保障谈判结果的公正性，很多争端当事国在谈判中将国际法作为本国诉求的依据，并用证据来证明领土主权创设、变更的事实。①

二、从陆地国界及边境相关史料中遴选划界证据的规则

虽然"在证据问题上，国际法尚未形成一套可适用于所有的国际法院、国际法庭共同司法实践，且如同国内诉讼法那样完善、详尽的证据规则"②；但是，国际法院在审理领土与边界争端的司法实践中初步形成了一套行之有效的证据采纳规则，③ 可以为我们从相关史料中遴选具有证据能力与证明力的划界证据提供一个权威的指引。

证据采纳④是国际法院的重要司法职能。受大陆法系影响，国际法院基本上是在审核与评估书面证据（documentary evidence）的基础上认定领土争端的案件事实。例如，国际法院在审理"布基纳法索与马里边界争端案"时就指出："书面证据是证明存在领土

---

①　参见 Rosalyn Higgins, The Development of International Law Through the Political Organs of the United Nations, Oxford University Press, 1963, p. 63。

②　H. W. A. 赛尔维：《国际法院和国际法庭上的证据》，载 [联邦德国] 马克斯·普朗克比较公法及国际法研究所主编：《国际公法百科全书第一专辑争端的解决》，陈致中等译，中山大学出版社 1988 年版，第 140 页。

③　参见 Sanja Dajic, The Evidentiary Procedure before the International Court of Justice: The Case Study of Three Judgments, Zbornik Radova, Vol. 45, No. 1, 2011, pp. 215-240。

④　我国证据法学者何家弘教授认为，应当区分证据的采纳与采信。前者针对的是判断证据的证据能力（competency of evidence），后者的目的是评价证据的证明力（probative force）。笔者认为，由于英美法系国家实行的是"对抗式"诉讼制度，由法官审查证据的证据资格，由陪审团权衡证据的证明力，因此，证据的采纳与采信是分两步进行的。但是，国际法院采用的大陆法系"参审式"诉讼程序，对于证据的证据能力与证明力，都由法官调查认定。在国际司法裁判制度中再严格区分证据的采纳与采信可能意义并不大。所以，本书拟用"采纳证据"来指称国际法院从当事国提交的证据材料中，遴选同时具备证据能力与证明力的证据的行为。

主权法律权源（title）的重要依据。"① 此后，在审理"卡西基利岛/塞杜杜岛案"②、"利吉丹岛和西巴丹岛主权归属案"③、"尼加拉瓜与洪都拉斯加勒比海领土和海洋争端案"④ 时，国际法院一再强调了这一观点。国际法院对各争端当事国提交给它的证据材料的证明力、关联性、客观性以及证明目的进行评估，是国际司法中事实认定的关键步骤，是国际法院确定争议领土主权权源归属的逻辑起点。⑤

不过，即便证据采纳对国际司法裁判至关重要，国际法院也没有像国际刑事法院那样专门制订一个比较清晰与严格的证据规则。《国际法院规约》和《国际法院规则》仅在证据提交和证据评估方面制定了一些原则性程序规则。依据《国际法院规约》第30、48条的规定，国际法院适用"自由评价证据原则"（free assessment of evidence）来采纳证据，即国际法院有权根据每一案件的是非曲直和具体事实，自由地评判证据材料的证据资格，而不受技术性证据规则的约束。⑥ 但是，自由评价不意味着法官可以不受限制地采纳证据。首先，《国际法院规约》与《国际法院规则》规定了一些证据排除规则。例如，《国际法院规约》第52条规定："法院于所定期限内收到各项证明及证据后，得拒绝接受当事国一造欲提出之其他口头或书面证据。"其次，基于法律逻辑与司法正义的考虑，国

① Frontier Dispute, Judgment, I. C. J. Reports, 1986, pp. 563-564.

② Kasikili/Sedudu Island, Judgment, I. C. J. Reports, 1999, p. 1098.

③ Sovereignty over Pulau Ligitan and Pulau Sipadan, Judgment, I. C. J. Reports, 2002, p. 667.

④ Territorial and Maritime Dispute between Nicaragua and Honduras in the Caribbean Sea, Judgment, I. C. J. Reports, 2007, p. 723.

⑤ Robert Y. Jennings, The Acquisition of Territory in International Law, Manchester: Manchester University Press, 1963, p. 4.

⑥ 例如，在1986年"在尼加拉瓜境内针对尼加拉瓜的军事与准军事活动案"中，国际法院就明确指出："法院有权自由评估各种证据的价值。"此后，国际法院又多次指出："法院享有评价各个证据要素之价值的自由"，"裁判者在评估证据可采性和证据的证明价值方面具有自由裁量权，这是不容置疑的。"参见 Durward V. Sandifer, Evidence before international tribunal, Revised Edition, Charlottesville: University Press of Virginia, 1975, p. 464。

际法院按照或类比国内诉讼程序规则塑造了其程序规则。① 国际法院会根据需要适用一些世界各国公认的有关证据的一般法律原则。② 例如，国际法院在"科孚海峡案"中就明确指出，它可以适用为各主要法系一致承认的证据法一般原则。③ 长期以来不少学者认为，国际法院在采纳证据方面更接近大陆法系，"国际法院原则上会采纳当事国提交的任何证据，除非是延迟提交证据；否则，即便是证据材料不具有关联性，国际法院在实践中也会予以采纳"。④ 但是，事实上，国际法院证据认定规则，既不同于英美法系也不同于大陆法系。国际法院没有采用普通法系中复杂的证据"分类"方法与排除规则，有些类似大陆法系中较为宽容的证据采纳规则：由法官依据国际法院的相关程序法规则，基于对证据材料的关联性、客观性和证明目的进行评估，来采纳从表面上看具有可采性的书面证据。⑤ 但国际法院又引入了大陆法系证据法学者不太熟悉的定性标准。一般而言，凡是有助于发现真相的证据材料，都在国际法院法官的考虑范围之内。但是，国际法院在审理领土争端案件时却采取了特殊的、相对严格的证据采纳规则，对当事国提交的证据进行审查、评价与排除。⑥ 最后，国际法院的证据规则在其司法实践中得到确立与澄清。例如，在"科孚海峡案""黑海海洋

① 参见 Hersch Lauterpacht, Private Law Sources and Analogies of International Law, Clark, NJ: The Lawbook Exchange, Ltd., 2012, p. 85。

② 参见 Chittharanjan F. Amerasinghe, Evidence in International Litigation, Dordrecht: Martinus Nijhoff Publisher, 2005, p. 28。

③ 参见 Corfu Channel case (Merits), Judgment, I. C. J. Reports, 1949, p. 18。

④ Durward V. Sandifer, Evidence before international tribunal, Revised Edition, Charlottesville: University Press of Virginia, 1975, p. 185.

⑤ 参见 Karim A. A. Khan, Caroline Buisman, Christopher Gosnell ed., Principles of Evidence in International Criminal Justice, New York: Oxford University Press, 2010, p. 447。

⑥ 参见 MirkaMöldner Rüdiger Wolfrum, International Courts and Tribunals, Evidence, Max Planck Encyclopedia of Public International Law, http: //iras. lib. whu. edu. cn: 8080/rwt/MPEPIL/http/N7ZGT5BPN74YA5DBP6YGG55 N/view/ 10. 1093/law: epil/9780199231690/law-9780199231690-e26? rskey = 4tCN0 n&result = 4&prd=OPIL。

划界案"白礁岛、中岩礁和南礁主权归属案"等经典案例中，国际法院的司法惯例为其收集、评估证据提供了一个全面的框架和标准。① 总之，国际法院在审理领土与边界争端的司法实践中形成了一套有效的证据认定规则。本书准备通过分析、总结国际法院认定证据的标准，来探讨我国如何从历史资料中收集适格证据。

三、从陆地国界及边境相关史料中遴选划界证据的标准

（一）客观性标准

1. 客观性是从相关史料遴选陆地国界划界证据之标准。由于证据是用以查明待证事实之真相或确认当事方主张事实存在与否的根据，客观性（objectivity）是证据的本质属性。② 因此，客观性是法院评估证据材料是否具有证据效力的依据，也是当事方收集、遴选证据材料的首要标准。在"科孚海峡案"中，国际法院就明确指出，它不会采纳未达到认定事实时所必需的"确定性的程度"，或者没有超出"主观臆想"范畴的证据。③ 在"尼加拉瓜军事行动案"中，国际法院又进一步提出："当事国提交的证据材料应当首先要符合客观性标准；否则，法院就只会把它们当作说明性材料（illustrative material），而不是适格的证据。"④ 在"卡塔尔诉巴林海洋划界和领土争端案"中，巴林对卡塔尔提交的82份文件的客观性提出质疑，并向国际法院提交了一份综合报告阐述了其合理怀疑的理由。随后，国际法院要求卡塔尔证明其所提交证据材料的客观性。但是，卡塔尔无法证明这些文件的客观性，最后只得托

---

① 参见 Sanja Dajic，"The Evidentiary Procedure before the International Court of Justice：The Case Study of Three Judgments"，Zbornik Radova，vol. 45，2011。

② 参见蒋澧泉编著：《民刑诉讼证据法学》，中国政法大学出版社 2012 年版，第 1 页。

③ 参见 Corfou Channel case，Judgment，I. C. J. Reports，1949，pp. 16-17。

④ 参见 Case Concerning Military and Paramilitary Activities in and against Nicaragua，Merits，Judgment，I. C. J. Reports，1986，p. 40。

辞减轻法院工作量，向法庭申请撤回这些证据材料。即便如此，法院仍认定这些证据材料不具有客观性，并要求当事国不得再次向法庭提交这些文件。① 这些案例可以充分证明，客观性是国际法院采纳划界证据的首要标准。

2. 客观性的认定。所谓客观性，是指证据对已经发生的争议事实的反映是客观真实的，而不是主观臆想、猜测和虚构的。证据的客观性可体现为内容和形式两个方面。其中，证据内容的客观性，是指证据的内容必须是客观存在的事实，能够用其可靠地推导出未知事实；证据形式的客观性，是指证据必须以某种特定的物质载体表现出来，并能以某种方式被人真实地感知到。当然，作为证据本质特征的客观性与哲学意义上的客观性会有所不同。证据在其形成、收集、采纳、评估等环节，往往离不开人的参与，不可避免地会带有一定主观因素。倘若这些主观因素未产生否定证据客观性的效果，就不会影响证据的客观性。②

在"尼加拉瓜军事行动案"中，国际法院提出了它判断证据客观性的两个标准：第一，它应该是与判决结果没有利害关系的人作出的证据；第二，它应该是不能仅使自己这方获益的证据。③ 简而言之，国际法院一般认为当事国提出的纯粹"自利性"的证据不具有客观性。这是国际法院第一次正式阐明认定证据客观性的标准。有学者认为，这构成了国际法院证据规则的一个重要内容。④

我国应当首选具有客观性的历史证据作为证明我国权利主张的陆地国界划界证据。"历史证据"或"史料"是历史学家对某个历史事实的记述、解释、分析、推理、评论，它们必然同时包含了客

---

① 参见 Maritime Delimitation and Territorial Questions between Qatar and Bahrain, Merits, Judgment, I. C. J. Reports, 2001, pp. 46-47。

② 参见汤维建：《民事证据立法的理论立场》，北京大学出版社 2008 年版，第 4~5 页。

③ 参见 Case Concerning Military and Paramilitary Activities in and against Nicaragua, Merits, Judgment, I. C. J. Reports, 1986, pp. 41-43。

④ 参见［日］杉原高嶺：《国际司法裁判制度》，王志安等译，中国政法大学出版社 2007 年版，第 187~188 页。

观因素和主观因素。① 为此，历史学界形成了一些判断历史资料客观性的标准，如历史资料书写者的公正性、研究方法的先进性，以及历史资料的准确性、可理解性、可印证性、引证的丰富性和开放性等。② 在法律也缺乏判断证据材料的客观性的无法辩驳的、客观的方法和标准的背景下，历史学评判历史资料是否具有客观性的标准，对我们从法律上评价证据资料的客观性具有一定的借鉴作用。③

对于评判记载一国取得、维持对争议地区的领土主权，或表明国家对争议领土行使、宣示主权权威的历史资料是否具有客观性的问题，国际法院的惯常做法是考查这些证据材料的作者、来源、载体、表现形式、准确性等因素。例如，国际法院在"波斯尼亚种族灭绝案"中提出，其采纳的证据应当是"完全确定的"（fully conclusive）和"清楚确定的"（clearly established）。④ 具体来说，中立的第三国或国际组织的编纂的正式的、官方的文件资料的客观性，要强于当事国本国编纂的历史资料；对争议领土提出竞争性主权要求的当事国承认该领土属于另一方当事国，或记载另一方当事国对该领土行使主权的历史资料的客观性，要强于另一方当事国本国的"自利性"历史资料；一国官方的、正式的文件、资料的客观性，要强于该国民间形成或私人编纂的文件资料。另外，近现代严格按照制图学绘制的地图或地理方面的文件资料的客观性，要强于科技不发达的古代绘制的地图、地理方面的历史资料。例如，在1986年"布基纳法索与马里边界争端案"中，国际法院就强调，

---

① 参见 R. G. Collingwood, The Idea of History, Oxford University Press, 1994, p. 247。

② 参见 Mark Bevir, The Logic of the History of Ideas, Cambridge University Press, 1999, p. 101。

③ 参见张卫平主编：《民事证据制度研究》，清华大学出版社 2004 年版，第 13~14 页。

④ 参见 Application of the Convention on the Prevention and Punishment of the Crime of Genocide, Judgment, I. C. J. Reports, 2007, p. 129。

地图的证据效力取决于制图的精确程度等相关因素。①

(二) 关联性标准

1. 关联性是从相关史料遴选陆地国界划界证据之标准。证据法基本原则规定，证据必须与待证事实具有关联性 (relevance)，并对案件事实有证明作用。② "概括而言，具有关联性的证据才具有可采性，否则，就是不可采的。"③ 虽然这些规定属于国内证据法的内容，但国际法院也会根据需要适用这些为世界各国所公认的证据法一般法律原则。④ 例如，国际法院在 "科孚海峡案" 中就明确指出，它可以适用为各主要法系一致承认的证据法一般原则。⑤ 关联性正是国际法院从国内法中适用的证据采纳标准之一。正如国际刑事法院的沙哈布丁法官所说："国际法庭也要将关联性作为证据采信标准，因为证据必须是相关的，也就是说，它必须倾向于使一个必须在审判中确定的事实可信；如果它不相关，仅凭这一点就足以排除它。"⑥

在司法实践中，国际法院会排除它认为不具有关联性的证据材料。⑦ 例如，国际法院在审理 "乌拉圭河的纸浆厂案" 时指出：

---

① 参见 Frontier Dispute, Judgment, I. C. J. Report, 1986, p. 583。

② 参见 William Twining, Rethinking Evidence: Exploratory Essays, Northwestern University Press, 1994, pp. 39-58。

③ ［美］麦考密克：《麦考密克论证据》(第 5 版)，汤维建等译，中国政法大学出版社 2004 年版，第 359~360 页。

④ 参见 Chittharanjan F. Amerasinghe, Evidence in International Litigation, Martinus Nijhoff Publisher, 2005, p. 28。

⑤ 参见 Corfu Channel case (Merits), Judgment, I. C. J. Reports, 1949, p. 18。

⑥ 参见 Separate Opinion of Judge Shahabuddeen, Decision on the Interlocutory Appeals, Prosecutor v. Ngeze and Nahimana, ICTR-99-52-I, 5 September 2000。

⑦ 参见 Shabtai Rosenne, The Law and Practice of the International Court, 1920-2005: The Court and the United Nations, 4th ed. , Martinus Nijhoff Publishers, 2006, p. 1039。

"法院只会从当事国各方提交给它的证据资料中采纳具有关联性的证据。"① 在 1953 年"敏基埃岛和艾克利荷斯岛案"中，国际法院也拒绝采纳法国政府所提出的在中世纪发生的一些史料，以及英国政府提出的 1839 年渔业条约，其理由就是这些史料或条约与争议岛屿的占有或利用不相关。②

2. 关联性的认定。证据的关联性，通常是指证据必须与证明对象之间有客观的联系。这种关联性要求"证据具有某种倾向，使决定某项在诉讼中待确认的争议事实的存在比没有该证据时更有可能或更无可能"。③ 根据这一原理，可以把关联性理解为实质性与证明性的结合。

实质性要求证据所指向的证明对象，应当是对认定争议事实真相有决定性影响的事实。例如，在 2008 年"白礁岛、中岩礁和南礁主权归属案"中，新加坡向国际法院提出，在 1971 年印度尼西亚、马来西亚和新加坡三国就在新加坡海峡中合作发布联合声明，以及 1977 年国际海事组织采用了新的航线系统时，马来西亚都未对白礁岛提出主权要求，或保留本国对白礁岛提出领土要求的权利，这证明马来西亚承认了白礁岛的主权已经转移至新加坡。而国际法院认为，新加坡所提的材料的证明对象，只是新加坡与马来西亚开展了维护海峡航行安全的合作；这不属于案件结果事实，对于判断争议岛礁的归属没有实质意义，因此这些历史文件不具有关联性。国际法院据此没有采纳新加坡提交的这些证据材料。④

"证明性，就是证据必须使能够决定案件结果事实的存在或不

---

① Pulp Mills on the River Uruguay, Judgment, I. C. J. Reports, 2010, p. 72.

② 参见 The Minquiers and Ecrelzos case, Judgment, I. C. J. Reports, 1953, pp. 57-59。

③ 卞建林译：《美国联邦刑事诉讼法规则和证据规则》，中国政法大学出版社 1996 年版，第 105 页。

④ 参见 Sovereignty over Pedra Branca/Pulau Batu Puteh, Middle Rocks and South Ledge, Judgment, I. C. J. Reports, 2008, p. 91。

存在，具有更有可能或更无可能的趋势。"① 本书将通过分析地图的证据资格来予以说明证据材料的证明性。在领土与边界争端中，地图是当事国常用的一项证据。对于地图的证明性，国际法院一般会根据地图的绘制者、制作原委、当事国对它的态度和实际运用情况而作出不同的判断。在 1959 年"比利时与荷兰边境地区主权案"中，国际法院认为，比利时—荷兰边界委员会在第 255 次会议上决定制作的地图，不但构成了边界条约不可分割的组成部分，还清楚地将争议地区标示为比利时的领土；并且比利时与荷兰两国在边界委员会中的代表均在地图上签了字，因此该地图具有确认边界已经条约正式划定的证据价值。② 在 1986 年"布基纳法索与马里边界争端案"中，国际法院以更明确的方式阐明了地图的证据价值。国际法院指出，只有地图构成边界条约的组成部分，且能够清楚地展现当事国一方或双方对划界问题的意思表示，该地图才具有证明领土主权权源存在与否的证明力；否则，地图只能构成认定事实的"附带性证据"。③

综上所述，"实质性与证明性加在一起就等于关联性。换言之，关联性可以界定为一种证明在某一争议中可以适当证明之事实主张的倾向性"。④ 因此，我们可以把判断历史资料有无关联性，概括为以下两个问题：第一，该历史资料要证明的内容是什么，这个证明对象是不是具有实质性，也就是说属不属于能认定有关领土主权归属法律关系或权利、义务是否存在的事实？第二，该历史资料有没有证明性，能不能对需证明的重大事实——根据所适用的法

---

① 参见易延友：《证据法学：原则 规则 案例》，法律出版社 2017 年版，第 103 页。

② 参见 Case concerning Sovereignty over certain Frontier Land, Judgment, I. C. J. Reports, 1959, pp. 225-226。

③ 参见 Frontier Dispute, Judgment, I. C. J. Report, 1986, pp. 582-583。

④ ［美］乔恩·R. 华尔兹：《刑事证据大全》（第二版），何家弘等译，中国人民公安大学出版社 2004 年版，第 19 页。

律（the governing law）可能影响判断争议领土归属结果的事实，①存在或不存在具有更有可能或更无可能，产生一定的影响？但是，要回答上述两个问题，已经超出了程序法的范畴，而需要通过适用判断争议领土归属的实体法来加以解答。这也从一个侧面说明，事实认定与法律判断之间存在着交集，不能将两者截然分开。例如，在 2002 年"利吉丹岛和西巴丹岛主权归属案"中，为了证明马来西亚对争议岛礁拥有主权，马来西亚提出过两项证据：其一是，海巴夭族居住在北婆罗洲沿岸的岛屿上，他们经常到本案所涉的两个无人居住的岛屿上活动，而且他们效忠苏禄苏丹国；其二是，北婆罗洲当局曾经采取措施管理和控制争议岛屿上的龟蛋采集和海龟捕捞，并在争议岛屿上建设和维护灯塔。国际法院在评价马来西亚所提证据材料的证据价值时，采纳了后者而排除了前者。其原因就是，国际法院适用了判断争议岛礁归属的准据法——有效控制规则来认定证据的可采性。国际法院认为，只有国家才有权通过对某特定的地区行使主权权威，来创设对该地区的领土主权权源；未经国家授权的私人行为不能让国家取得领土主权。因此，即便马来西亚所提的第一项证据与争议岛屿的归属存在一定的联系，但它们不足以证明苏禄苏丹国拥有两个争议岛礁的领土主权，或将它们视为本国领土的组成部分，也无法证明苏禄苏丹国对这两个岛礁实际行使了主权。而对于后者，国际法院认为，由于马来西亚在相当长的时期内对争议岛屿实施的管控行为，可以构成国家的有效控制。因此，国际法院将这些主权活动作为判断马来西亚拥有争议岛屿的主权权源的证据。②

（三）有效控制标准

1. 有效控制是从相关史料遴选陆地国界划界证据之标准。由

---

① 参见［美］理查德·D. 弗里尔，罗伯特·豪厄尔：《美国民事诉讼法》（第二版）（上），张利民等译，商务印书馆 2013 年版，第 543 页。

② 参见 Sovereignty over Pulau Ligitan and Pulau Sipadan, Judgment, I. C. J. Reports, 2002, pp. 674-685。

于权源（title）是依据国际法判断争议领土归属的依据，① 领土争端当事国所收集和取得的证据，自然应当具有证明本国主张的权源的功能和作用。在实践中，领土争端当事国也是出于论证争议领土的权源属于本国的目的，收集、取得用以支持己方权源主张、反驳对方领土要求的证据。例如，假如当事国提出争议领土归属该国的权源是条约，当事国收集的证据就自然是，相关的边界条约，以及能证明该条约的法律效力、解释该条约中划界条款的法律规则与事实等等证据材料；倘若当事国提出判断争议领土归属的法律依据是"保持占有"原则，那么当事国所收集的证据就自然是，证明当事方在未独立之前它们之间的行政边界已由相关国内法律文件正式划定与勘定的证据材料，以及能明确原边界位置与走向的条约、国内立法或殖民立法、司法判决等证据材料；如果当事国的权源主张是承认、默认及禁止反言，当事国就会去收集证明本国与对方当事国在若干重要事件上的立场和态度的证据材料，如一国接受某种局势或条约的外交声明、行为，或者对该局势或条约保持沉默等；如果当事国的权源主张是有效控制，则当事国就自然会去收集能证明该国在历史上对争议地区和平、长期、一贯与实际地实施主权权威的主权活动等证据材料。因此，划界的法律依据，也是遴选划界证据所应有之标准。

另外，国际法院也会根据其准备适用的法律规则或划界法律依据来遴选证据。在审理实践中，国际法院的法官会同时进行事实认定与法律适用。法官往往会通过审查当事国所提的诉状，明确案件的争议事实，以确定用于裁判争议地区主权归属的法律；在此后的审理过程中，法官又会依据其所适用的法律，从当事国提交给法庭的证据材料中遴选可用于认定事实的证据，并在审查、评估证据的基础之上认定事实。用伯顿的话来解释这一现象就是："法律决定

---

① 参见 James Crawford ed. , Ian Brownlie's Principles of Public International Law, 8th ed. , Oxford University Press, 2012, p. 212。

哪些事实是相关的，而且同时，事实又反过来决定哪些法律是相关的。"① 因为，事实认定与法律适用"这两个行为，是一种同时履行地进行的行为，事实向着规范且规范向着事实自我开放的过程，是一种在事实中对规范的再认识，以及在规范中对事实的再认识的过程"。② 这意味着，法官会出于法律适用的目的去发现事实，以裁判依据作为其采纳证据的标准。例如，在"喀麦隆诉尼日利亚陆地和海洋边界"案中，国际法院认为英法之间的划界协定正式划定了争议双方在乍得湖地区的陆地边界，因此，法院既驳回了尼日利亚基于"历史性权利巩固"拥有对乍得湖地区领土主权的诉讼主张，也排除了尼日利亚基于该权源主张而提出的各项证据材料。③ 这正如劳特派特所评论的那样："程序规则代表法律和实施权利的便利性和确定性因素。如此设想，程序规则经常被认为体现了实体正义因素。"④ 也正是基于这一点，罗森（Rosenne）指出："解决国际争端通常用的法律程序，其规范在产生和效果方面，难以和用来解决争端的实体规范相区别。"⑤

2. 有效控制的认定。那么，认定有效控制证据的标准又是什么呢？在审理 2002 年"利吉丹岛和西巴丹岛主权归属案"时，国际法院援引常设国际法院在 1933 年"东格陵兰岛法律地位案"判决书中的观点，提出有效控制由以下两个要素构成：作为主权者行事的意图，以主权者名义行使或展示主权权威的活动（acts à titre

---

① ［美］史蒂文·J. 伯顿：《法律和法律推理导论》，张志铭等译，中国政府大学出版社 1998 年版，第 33 页。

② ［德］卡尔·拉伦茨：《法学方法论》，陈爱娥译，商务印书馆 2003 年版，第 2 页。

③ 参见 Land and Maritime Boundary between Cameroon and Nigeria（Cameroon v. Nigeria：Equatorial Guinea intervening），Judgment, I. C. J. Reports 2002, pp. 351-355。

④ Hersch Lauterpacht, The Development of International Law by the International Court, Stevens, 1958, p. 209.

⑤ Malcolm N. Shaw ed. , Rosenne's The Law and Practice of the International Court, Vol. III, Brill, 2016, p. 1024.

de souverain)。① 此后，国际法院与国际法权威学者大多据此认为：凡要构成用以论证领土主权权源存在与否的有效控制证据，就应当具备上述两个构成要素。具体而言，有效控制证据的认定标准如下：

第一，主权性标准。有效控制应当是一种可归因于国家的主权行为。国际法对主权行为或"行使或展示主权权威的活动"没有明确的定义。一般而言，主权行为是指国家机构及特定人员以国家名义行使主权权力的活动。② 在 2007 年"尼加拉瓜与洪都拉斯加勒比海领土和海洋争端案"中，国际法院认为，能够构成有效控制的主权行为主要包括但又不限于下列的各种行为：由国家机关所实施的相关立法活动、行政管理活动、适用本国国内法的司法活动，以及由军队实施的巡航、巡逻、搜救等军事活动。③ 国际法院还认为，如果私人行为是基于官方的法律、行政规章或是在国家政府机关控制下进行的④，或者是由国家允许从事此类活动的法人或公司代表国家实施的⑤，也可以将私人行为认定为主权行为。国际仲裁庭也认为，只要私人行为可以归因于国家，该私人行为就能为国家产生领土主权的权源。例如，审理"迪拜与沙迦边界争端案"的仲裁庭就认为："对一个领土的有效控制并不取决于个人本身的行动，而只取决于公共当局或代表其行事的个人的行动。"⑥

---

① 参见 Sovereignty over Pulau Ligitan and Pulau Sipadan (Indonesia/Malaysia), Judgment, I. C. J. Reports 2002, p. 682。

② 参见宋岩：《领土争端解决中的有效控制规则研究》，中国政法大学出版社 2018 年版，第 57~74 页。

③ 参见 Territorial and Maritime Dispute between Nicaragua and Honduras in the Caribbean Sea (Nicaragua v. Honduras), Judgment, I. C. J. Reports 2007, pp. 713-722。

④ 参见 Sovereignty over Pulau Ligitan and Pulau Sipadan (Indonesia/Malaysia), Judgment, I. C. J. Reports 2002, p. 683。

⑤ 参见 Kasikili/Sedudu Island (Botswana/Namibia), Judgment, I. C. J. Report 1999, p. 1105。

⑥ Dubai/Sharjah Border Arbitration, Award of 19 Oct. 1981, International Law Reports, Vol. 91, 1993, p. 606.

　　我国在边界谈判中特别喜好通过援引记载我国人民自古以来就在某块争议地区生活和从事生产活动的历史资料，来作为证明该地区历史上就是中国领土的历史证据。但是，由前文可知，只有我们能够有充足的证据能证明这些私人行为，由国家授权，或是在国家指挥或控制之下实施的，或得到了国家事后追认，以至于能够将它们归因于中国政府的国家行为，这些历史资料才具有证据价值。

　　第二，和平性标准。即，国家对特定地区行使主权活动，不得侵犯他国的领土主权；并且，没有引起其他国家的反对，或导致其他国家提出竞争性权利要求。① 例如，在 2008 年"白礁岛、中岩礁和南礁主权归属案"的判决书中，国际法院认为"占有未遭到其他国家的反对，就满足和平性标准"。② 只有一国和平地展示或行使国家权威，才能构成该国对争议领土行使或宣示主权的有效控制证据。之所以这样规定，是因为现代国际法禁止国家把战争作为实现国家政策的工具，也不承认通过武力实现的事实上的占领可以作为对该领土的权利根据；③ 并要求国家和平解决国际争端，不得将以武力相威胁或使用武力，作为解决包括领土与边界争端的方法。由此可见，我国政府可以不具有和平性为由，否定印度政府所提出的，印度政府在使用武力侵占传统习惯线与"麦克马洪线"之间的我国西藏东南地区之后，对该地区进行任何行政管辖的证据材料的证据资格。

　　第三，公开性标准。即，国家对特定地区展示或行使主权权威的行为应当是公开的，能为其他国家知晓。国际法院会排除秘密主权行为的证据效力。例如，在审理 2008 年"白礁岛、中岩礁和南礁主权归属案"时，国际法院认为，由于马来西亚所提交的该国海军司令签发的内部机密文件，以及新加坡提交的该国海军的

---

　　① 参见 C. H. M. Waldock, Disputed Sovereignty in the Falkland Islands Dependencies, British Year Book International Law, Vol. 25, 1948, p. 311。

　　② Sovereignty over Pedra Branca/Pulau Batu Puteh, Middle Rocks and South Ledge, Judgment, I. C. J. Reports, 2008, p. 36.

　　③ 参见杨泽伟：《国际法史论》，高等教育出版社 2010 年版，第 161~163 页。

《行动指南》，在本诉讼程序前都未公开，因此，国际法院没有把这些文件或主权活动采纳为证据。① 之所以要求有效控制证据具有公开性，一方面是因为国际法院认为，"某国对一个有人居住的领土在相当长达时期内秘密行使主权几乎是不可能的"②；另一方面，由于国际法院适用有效控制规则裁判领土争端，既要查明一方当事国的主权活动，还要考察另一方当事国对这一行为的反应。这就要求当事国对争议领土所实施的有效控制必须是公开的。也正因为如此，同样在 2008 年"白礁岛、中岩礁和南礁主权归属案"中，对于新加坡向法庭提出的，新加坡港口管理局在白礁岛霍斯堡灯塔周围海域实施围海造地和海岸保护工程的证据材料，即便马来西亚提出，新加坡提交的文件均为保密材料，应予以排除；但国际法院却认为，虽然新加坡的某些文件是非公开性的，但是由于新加坡在报纸上就白礁岛霍斯堡灯塔的围海造地和海岸保护工程进行了公开招标，并且得到了其他国家的回应，因此，该行为可以作为支持新加坡主权诉求的有效控制证据。③

　　第四，实际性标准。即，国家对争议地区行使或显示主权权威的活动必须是真实存在的，而不是被当事国粉饰为有效控制的字面上或口头上的权利要求。④ 例如，国际法院在 2002 年"利吉丹岛和西巴丹岛主权归属案"判决书中认为："法庭只考虑毫无疑问是针对争议岛屿实际行使或展示国家主权权威的那些行为。"⑤ 不过，国家可以根据相关领土的具体情况，比如领土的地理位置与战略价

---

　　① 参见 Sovereignty over Pedra Branca/Pulau Batu Puteh, Middle Rocks and South Ledge, Judgment, I. C. J. Reports, 2008, p. 86。

　　② Island of Palmas Case, Award of the Tribunal, 4 April 1928, R. I. A. A. , Vol. Ⅱ, p. 869.

　　③ 参见 Sovereignty over Pedra Branca/Pulau Batu Puteh, Middle Rocks and South Ledge, Judgment, I. C. J. Reports, 2008, pp. 88-89。

　　④ 参见 C. H. M. Waldock, Disputed Sovereignty in the Falkland Islands Dependencies, British Year Book International Law, Vol. 25, 1948, p. 335。

　　⑤ Sovereignty over Pulau Ligitan and Pulau Sipadan, Judgment, I. C. J. Reports, 2002, pp. 682-683.

值、领土是否有居民等，通过不同的方式对不同类型的领土展示或行使其主权权威。① 国际法院在审理 2002 年"利吉丹岛和西巴丹岛主权归属案"、2007 年"尼加拉瓜与洪都拉斯加勒比海领土和海洋争端案"、2008 年"白礁岛、中岩礁和南礁主权归属案"、2012 年"尼加拉瓜与哥伦比亚领土和海洋争端案"时，都直接援引了上述判决，将其作为认定当事国的主权行为是否具有实际性的法律标准。例如，在 2002 年"利吉丹岛和西巴丹岛主权归属案"中，国际法院认为，由于争议岛屿没有常住居民，且经济价值不大，当事国对这些岛屿实施的主权行为都很少，因此，即便马来西亚只对争议岛屿实施了数量较少、间歇时间较长、证明力不强的主权行为，比如，在争议岛屿上对土著收集龟蛋进行管理与控制、保护鸟类、建造和管理灯塔和航行辅助装置等，这些措施也足以构成该国对争议地区实际行使国家主权权威的有效控制。②

（四）关键日期标准

1. 关键日期是从相关史料遴选陆地国界划界证据之标准。在国际司法诉讼中，如果领土争端当事国将有效控制作为支持本国领土要求的法律依据，该国便会竭尽所能地、尽可能多地向国际法庭提交，用以证明其曾经对争议地区进行了公开、和平、长期、实际、充分、有效的行政管辖的有效控制证据。为了从当事国所提交的证据材料中遴选适格的有效控制证据，国际法院在 2002 年"利吉丹岛和西巴丹岛主权归属案"时提出了一个时间性的证据排除规则——国际法院"会排除在领土争端明确化之日以后发生的行为，除非这些行为是此前行为的正常赓续，且不是为了改变行为国在此前就已经形成的法律地位而采取的补救措施"。③ 国际法院将

① 参见 Island of Palmas case （United States of America v. The Netherlands）, Award of The Tribunal, R. I. A. A., Vol. II, 1928, p. 840。

② 参见 Sovereignty over Pulau Ligitan and Pulau Sipadan （Indonesia/Malaysia）, Judgment, I. C. J. Reports 2002, pp. 682-685。

③ Sovereignty over Pulau Ligitan and Pulau Sipadan （Indonesia/Malaysia）, Judgment, I. C. J. Reports 2002, p. 682.

这个"领土争端明确化"的时间点称为"关键日期"。此后，国际法院在审判实践时一再重申，领土与边界争端当事国在关键日期以后对争议地区实施的主权活动，对法庭裁判争议地区主权归属而言毫无证据价值。①

之所以这样规定，国际法院的解释是，关键日期以后发生的主权行为，属于该国弄虚作假（window dressing）的"自利性证据"，其证据效力不高。② 更为重要的是，由于"对裁判领土争端有用的诸多重要事实，在关键日期到来之前就已经形成了"③，因此有关争议领土归属的法律状况在关键日期这个时间点已经"固定化"了，此后发生的主权行为当然不能再变更这一法律情势。④ 另外，排除关键日期以后发生的证据材料，还可以有效地防止当事国为改变其不利的法律地位，而制造一些对其有利的有效控制证据，从而避免领土争端恶化。⑤

2. 关键日期的认定。虽然在解决边界争端司法实践中，国际法院认为有必要确定一个关键日期；但是国际法院并没有明确规定选择关键日期的标准。"《国际法院规则》把关键日期的确定，作为法院对物的管辖权的解释问题来加以解决"⑥，将其作为法庭有

---

① 参见 Territorial and Maritime Dispute between Nicaragua and Honduras in the Caribbean Sea（Nicaragua v. Honduras），Judgment，I. C. J. Reports 2007，pp. 697-698；Territorial and Maritime Dispute（Nicaragua v. Colombia），Judgment，I. C. J. Reports 2012，p. 652。

② 参见 Malcolm N. Shaw，The Heritage of States：The Principle of Uti Possidetis Juris Today，British Year Book International Law，Vol. 67，1996，p. 75，p. 130。

③ 参见 L. F. E. Goldie，The Critical Date，The International and Comparative Law Quarterly，Vol. 12，No. 4，1963，p. 1251。

④ 参见 D. H. N. Johnson，The Acquisitive Prescription in International Law，British Year Book of International Law，Vol. 27，1950，pp. 332，342。

⑤ 参见王军敏：《国际法中的关键日期》，载《政法论坛》2012 年第 4 期。

⑥ ［日］日本国际法学会编：《国际法辞典》，外交学院国际法教研室总校订，世界知识出版社 1985 年版，第 331 页。

权自由裁量的事项。

国际法院只是提出，关键日期是指领土争端发生（arise）或得以明确化（crystallize）的日期。在1953年"敏基埃群岛和埃克里荷斯群岛案"中，国际法院认为关键日期是争端"发生的日期"，即法国分别于1886年首次对埃克里荷斯群岛提出主权声索、于1888年首次对敏基埃群岛提出主权声索的时间。① 在2008年"白礁岛、中岩礁和南礁主权归属案"② 以及2012年"尼加拉瓜与哥伦比亚领土和海洋争端案"③ 判决书中，国际法院又提出，关键日期是争端"明确了的日期"。

笔者认为，关键日期是一方争端当事国向另一方当事国正式提出竞争性领土要求之后，另一方当事国作出正式回应的日期。在这个时间点，领土与边界争端当事国对特定地区主权归属或陆地国界划分的分歧，正式形成了法律争端。菲茨莫里斯也认为，基于公平与正义原则，应当将领土争端形成的日期作为该争端的关键日期。④ 格尔迪（Goldie）也赞同这一看法。格尔迪认为，争端当事国都明确提出对争议地区的领土要求或主权声索，致使领土争端的"争议点"明确化的时间便是关键日期。⑤ 由此可见，应当按照具体问题具体分析的方法，逐案确定领土争端的关键日期。笔者认为，选择关键日期应当考虑以下原则：

第一，公平与正义原则。"在国际法兴起之前，一国的领土边

---

① 参见 Minquiers and Ecrehos case, Judgment, I. C. J. Reports, 1953, p. 59。

② 参见 Sovereignty over Pedra Branca/Pulau Batu Puteh, Middle Rocks and South Ledge, Judgment, I. C. J. Reports, 2008, p. 28。

③ 参见 Territorial and Maritime Dispute, Judgment, I. C. J. Reports, 2012, p. 653。

④ 参见 G. Fitzmaurice, The Law and Procedure of the International Court of Justice, 1951-4: Points of Substance, Part Ⅱ, British Year Book International Law, Vol. 32, 1955-1956, p. 24。

⑤ 参见 L. F. E. Goldie, The Critical Date, The International and Comparative Law Quarterly, Vol. 12, No. 4, 1963, pp. 1266-1267。

界取决于该国实际行使主权权威的范围。"①　即便是德国与"最为现代化、边界最清晰的欧洲国家"法国接壤的陆地国界，也是"根据两国在历史上对边境地区政治管理的精确性确定的"。②　因此，国家陆地国界的自然形成要经历一个较长的历史时期，争端当事国创设、维持其对特定地区的领土主权的主权行为也会持续一个较长的时间段。为了防止争端当事方在边界争端变得明确后，再通过实施一些有利于支持其权利主张的行为，来改变它在争端形成时就已经"定型"了的法律地位，从而导致另一方因此而处于不利的境地，基于公平与正义原则，应当只考虑争端形成以前的当事方行为。所以，争端当事方的相关争执"凝固"成法律争端的日期，就是关键日期。例如，2008 年国际法院在"白礁岛，中岩礁和南礁主权归属案"判决书中指出，在陆地国界划界争端中，争端"凝固"的日期就是关键日期。而领土与边界争端的"凝固"是指，由于争端当事方各自所提的权利主张相互冲突形成了法律争端。所以，关键日期一般是指"不占有领土的一方正式对该领土提出领土要求的日子，或是占有领土或声称拥有领土主权的一方反对另一方主权声索的日子"。③

　　第二，密切联系原则。争端当事方的权利主张都必须建立在相应的法律依据和证据的基础之上。因此，关键日期，是与解决领土边界争端所需适用的法律依据有密切联系的日期。比方说，如果原告的权利主张的法律依据是"保持占有"原则，那么，关键日期

---

①　Island of Palmas Case, Award of the Tribunal, 4 April 1928, R. I. A. A. , Vol. II , p. 839.

②　参见 John Breuilly, Sovereignty and Boundaries: Modern State Formation and National Identity in Germany, in M. Fulbrook ed. , National Histories and European History, UCL Press, 1993, p. 108。

③　G. Fitzmaurice, The Law and Procedure of the International Court of Justice, 1951-4: Points of Substance, Part II , British Year Book International Law, Vol. 32, 1955-1956, pp. 39-40.

就是与相关国家独立的日期①，或是确定该国独立的条约②、裁决③或其他法律文件所出现的日期；如果争端当事方是以相关的条约作为权利主张的依据，那么，相关条约的缔结日期就是该案的关键日期，如"帕尔玛斯岛仲裁案"和"德拉瓜湾仲裁案"；如果要依据有效控制来确定领土主权的归属，那么关键日期则是争端当事方就领土的归属产生争议的日期。④

---

① 参见 Land, Island and Maritime Frontier Dispute, Judgrnent, I. C. J. Reports 1992, p. 56。

② 参见 Dispute between Argentina and Chile concerning the Beagle Channel case, 18 February 1977, Reports of International Arbitral Awards, Vol. XXI, p. 55, pp. 82-83。

③ 参见 Land, Island and Maritime Frontier Dispute (El Salvador/Honduras: Nicaragua intervening), Judgrnent, I. C. J. Reports 1992, p. 401; Frontier Dispute (Burkina Faso/Republic of Mali), Judgrnent, I. C. J. Reports 1986, p. 570。

④ 参见曾皓:《领土争端的关键日期》，载《湘潭大学学报（哲学社会科学版）》2017 年第 3 期。

结　论

一、有效控制规则是一种推定

所谓推定，"是根据存在一个已知的或已经证明的事实（基础事实），而推断或假定存在另一种事实（推定事实）"。① 虽然其他部门法也会使用该术语，如民法中占有的权利推定，但"推定主要适用于民事诉讼领域，严格地说是一个民事诉讼证据规则"。② 在国际法中，国际法院在司法实践中适用推定的案例比比皆是。③ 其中最为著名的当属 1948 年国际法院在"损害赔偿案"中所提出的咨询意见。在此案中，国际法院认为，联合国组织原则上有国际人格，并且这种国际人格包括联合国有提出损害赔偿的法律能力。不过，依据有关外交保护的国际法规则，联合国是否拥有对该组织的代表所受损失提出赔偿请求的能力，则引起了较困难的问题，但尽管如此，法院还是认为可以推定联合国有提出这种要求的"暗含的权力"，因为该组织如没有忠诚而有效的代表的协助就无法进行有效的工作，而如果这些代表不确信能得到该组织的保护，就不会忠诚而有效地为它服务。④ 此外，在 1962 年"柏威夏寺案"中，

---

① Bryan A. Garner ed., Black's Law Dictionary, 8th ed., West Group, 2004, p. 1223.

② 张保生：《推定是证明过程的中断》，载《法学研究》2009 年第 5 期。

③ 张卫彬：《国际法院解决领土争端中推定的适用问题》，载《国际论坛》2012 年第 3 期。

④ Reparation for injurie suffered in the service of the United Nations, Advisory Opinion, I. C. J. Reports 1949, pp. 181-182.

国际法院将泰国的沉默推定为国际法上的默认，并依据禁止反言原则，判定泰国不得再否认其"接受"了边界地图所标示的边界线。① 这也是较为著名的国际法院进行推定的案例。

之所以说有效控制规则是一种推定，是因为国际法庭或国际仲裁庭在适用有效控制规则审理不存在或难以查证争议地区主权归属的法律权源及书面证据的领土与边界争端时，是依据一个当事国对争议地区行使或展示主权活动构成有效控制（基础事实），推定该国对该地区拥有领土主权（推定事实）。并且，国际法院还解释了上述基础事实与推定事实之间的逻辑关系，对特定地区和平、持续地行使或展示主权权威，既是确认领土主权存在的表现形式，又是领土主权的实际来源。② 此外，在审理领土与边界争端的过程中，国际法院还会权衡、比较当事国双方所提出的证据，只有在对方当事国无法提出证据进行有力的反驳的情况下，国际法院才会认定推定事实成立。③ 可见，有效控制规则的实质是一种推定：在国家对领土的有效控制与领土主权的外观形式基本一致的前提下，推定有效控制是领土主权的权源，以及在缺乏登记制度的情况下推定对争议地区实施有效控制的国家拥有领土主权。这种推定的基础是，领土主权的权利外观与领土主权的权利依据，具有高度盖然的而非绝对相符的一致性。国际法庭或国际仲裁庭之所以会作出这种推定，是因为在现实中，基本上不会出现在关键日期之前的同一个时间段内，两个或两个以上领土与边界争端当事国同时对该地区以主权国意图实施竞争性主权行为的情况，所以，在适用有效控制规则裁判领土与边界争端的案例中，大多是只有一方当事国的有效控制证据材料得到了国际法院或国际仲裁庭的采纳，即国际法院或国际仲裁庭只认定一方当事国有效控制或有效控制了争议领土。例如，在

① Case concerning the Temple of Preah Vihear（Cambodia v. Thailand），Merits, Judgment, I. C. J. Reports 1962, pp. 26-27, 30-33.

② Case Concerning Land, Island and Maritime Frontier Dispute（El Salvador/Honduras；Nicaragua intervening），Judgment, I. C. J. Reports 1992, p. 388.

③ 龙宗智：《推定的界限及适用》，载《法学研究》2008 年第 1 期。

2002 年"利吉丹岛和西巴丹岛主权归属案"中，国际法院认定只要马来西亚的主权行为构成了有效控制，2007 年"尼加拉瓜与洪都拉斯加勒比海领土和海洋争端案"中，国际法院认定只有洪都拉斯的主权行为构成了有效控制，在 2008 年"白礁岛、中岩礁和南礁主权归属案"中，国际法院认定只有英国及新加坡的主权行为构成了有效控制，2012 年"尼加拉瓜与哥伦比亚领土和海洋争端案"中，国际法院认定只有哥伦比亚对争议岛礁实施了有效控制行为。所以，通过上述推定而确立的领土主权只是一种相对的权利，可能并非事实的真相。不过，"不公正胜于无秩序"，① 在既不存在确切书面证据，又没有权利证书的情况下，以推定来确定争议领土的归属，无疑是最有利于维持和平与稳定的国际秩序的。

二、有效控制规则是一种附条件的领土与边界争端解决方法

一国对某一地区享有领土主权，自然就会对该地区实施某种有效控制。但是，一国对某一地区实施有效控制，并不必然意味着该国对该地区拥有领土主权。因为"在实践中，主权有时是分割的，因而在同一领土上单一主权的排他性原则是有一些例外的——有的是真正的，有的则是表面的"。② 例如，在共管的情形下，一块领土可能会在两个或两个以上国家共同控制之下。正因为如此，国际法院才在 1986 年"布基纳法索与马里边界争端案"判决书中指出："只有当有效控制没有与其他法律权源并存时，才能将有效控制作为判断争议地区领土主权归属的法律依据。如果有效控制与其他法律权源并存，且当事方对争议地区有效行使领土管辖权的行为符合法律，则可以将有效控制作为确认、补充该法律权源的证据。另外，如果不能查明法律权源所涉领土的具体范围，有效控制可以

---

① 尹田：《论"不公正胜于无秩序"》，载北京大学法学院主编：《价值共识与法律合意》，法律出版社 2002 年版，第 121~125 页。
② ［英］詹宁斯、瓦茨修订．《奥本海国际法》（第一卷 第二分册），王铁崖等译，中国大百科全书出版社 1998 年版，第 4 页。

发挥重要作用，以说明如何在实践中解释适用该权源。"① 这一论述被国际法院及国际仲裁庭奉为适用有效控制规则解决领土与边界争端的前提条件。肖在研究国际法院审理的若干领土与边界争端成案之后，得出结论："只有在不存在其他明确的法律权源的情形下，才能将有效控制规则作为一种判断争议领土主权归属的法律依据。但其重要性始终取决于领土的性质以及相竞争的国家主张的性质。"② 所以，有效控制规则的适用范围是有限的。只有在缺乏其他合法而具体的法律权源或书面证据——如条约、保持占有原则、领土裁决等——的情形下，国际法庭与仲裁庭才会考虑适用有效控制规则裁判领土与边界争端。③

三、有效控制规则的内核是对争端当事国的有效控制证据进行权衡与比较

在领土与边界争端中，如果争端双方均无法援引本国依据某种法律权源或书面证据以证明争议地区的领土主权属于本国，但每一方当事国又引用其对争议地区实施或行使主权权力的事实作为本国竞争性权利主张的证据。在这种情形下，国际法院或仲裁庭的判决不是在适用占有或时效的基础上作出的，而是通过适用有效控制规则作出来的：权衡与比较当事国各方所提出来有效控制证据，将争议地区的领土主权裁判给对争议地区的有效控制更完善、更有力、更圆满的当事国。④ 这种审判方法源自在 1933 年"东格陵兰岛法律地位案"。在该案中，常设国际法院指出："在提交国际法庭裁

① Frontier Dispute (Burkina Faso/Republic of Mali), Judgment, I. C. J. Reports 1986, pp. 586-587.

② Malcolm N. Shaw, International Law, 8th Edition, Cambridge University Press, 2017, p. 1047.

③ Nico J. Schrijver, Vid Prislan, Cases concerning Sovereignty over Island before the International Court of Justice and the Dokdo/Takeshima Issue, Ocean Development and International Law, Vol. 46, No. 4, 2015, pp. 289-290.

④ Anthony Aust, Handbook of International Law, Cambridge University Press, 2005, p. 36.

判的涉及领土主权诉求的多数案件中，通常存在两个对抗性的主权主张，法庭必须裁定两者之中哪个更强⋯⋯若另一方当事国无法提出具有优先性的主张，即便一方仅较少地实际行使了主权权威，法庭也会认定其满足了法律要求。对于居民较少或居民的地区而言，尤其如此。"① 常设国际法院创立了一种全新的领土与边界争端法律推理模式：法院无需查明一国究竟以何种方式创立其领土主权，而通过权衡当事国双方有效控制证据的分量，在分析哪一方当事国能够提出更具优势的主张的基础上作出判决。②

这种裁判方法与法律推理模式为后来的国际法院所继承、发展，在国际法院受理并作出判决的 18 个领土与边界争端案例中，就有 6 个案件是采用上述方法作出判决的。③ 2002 年 "利吉丹岛和西巴丹岛主权归属案" 是最为典型的、国际法院采用这种审判方法与推理模式作出判决的司法案例。在此案中，经国际法院对争议双方所提交的证据材料进行审查，国际法院认为，印度尼西亚所主张的主权行为均不构成有效控制，即便马来西亚对两个争议岛屿的有效控制证据数量较少，但这些有效控制行为涉及多个种类，如立法、行政与准司法行为，且持续时间较长，因此，国际法院将争议岛屿的领土主权裁判给了马来西亚。国际法院的判决似乎表明，仅凭 "管理海龟蛋的收集" "保护鸟类" "建立与维护灯塔" 等效力等级不高的有效控制活动，便足以创立对争议岛屿的领土主权。但我们细究国际法院的判决就可以发现，这实际上是国际法院在权衡、比较争端当事国双方的有效控制证据的分量的基础上作出的判

---

① Legal Status of Eastern Greenland（Denmark v. Norway），Judgment, P. C. I. J. Series A/B, No. 53, 1933, pp. 45-46.

② Territorial and Maritime Dispute between Nicaragua and Honduras in the Caribbean Sea（Nicaragua v. Honduras），Judgment, I. C. J. Reports 2007, p. 711.

③ 这六个国际司法判例是：1953 年 "曼逵尔岛和艾逵胡岛案"、1992 年 "萨尔瓦多与洪都拉斯陆地、岛屿、海洋边界争端案"、2002 年 "利吉丹岛和西巴丹岛主权归属案"、2007 年 "尼加拉瓜与洪都拉斯加勒比海领土和海洋争端案"、2008 年 "白礁岛、中岩礁和南礁主权归属案"、2012 年 "尼加拉瓜与哥伦比亚领土和海洋争端案" 等。

决。虽然审理此案的弗兰克法官在其"不同意见"中认为，"国际法院是通过类似比较一把羽毛和一把稻草的重量的方式，来裁判争议领土主权归属的，这虽然具有可行性，但得出的结论却是缺乏确定性的"①；但小田滋法官在其"声明"中的意见可能更为中肯一些："本案是一个比较'弱'的案件，因为没有任何一方当事国能提出强有力的证据以支持他们对争议岛屿的主权要求。虽然马来西亚基于对争议岛屿的有效控制提出了相对更具说服力的权利主张，但从权利的绝对性的角度而言该主张仍然不充分。然而，国际法院被要求作出选择：争议岛屿的主权究竟属于印度尼西亚还是马来西亚，鉴于这一选择，法院还是作出了合理的判决。"②

在国际仲裁方面，也有多个仲裁案件③，是仲裁员通过权衡和比较争端当事国对争议地区实施有效控制或展示主权权威的证据的分量而作出裁决的。例如，在 2002 年"厄立特里亚与埃塞俄比亚边界争端案"中，边界委员会明确提出，适用有效控制规则裁判领土与边界争端，"就必须比较争端当事国双方对争议地区所实施的主权活动的持续时间与强度。不过，这并不存在一个固定的标准，其效力取决于争议地区的地理特征、居民居住情况、该行为的持续时间，以及权利竞争国任何反对行为（包括抗议）的程度。还必须铭记，行为本身并不能产生绝对和不可剥夺的领土主权，而只是相对于竞争国的权利"④。这充分证明，有效控制规则只是一

---

① Sovereignty over Pulau Ligitan and Pulau Sipadan（Indonesia/Malaysia），Dissenting Opinion of Judge ad hoc Franck, I. C. J. Reports 2002, p. 696.

② Sovereignty over Pulau Ligitan and Pulau Sipadan（Indonesia/Malaysia），Declaration of Judge Oda, I. C. J. Reports 2002, p. 687.

③ 这些国际仲裁案例包括：1932 年"法国与墨西哥克利伯顿岛案"、1968 年"印度和巴基斯坦印巴西部边界案"、1998 年"厄立特里亚与也门领土主权仲裁案"、2002 年"厄立特里亚与埃塞俄比亚边界仲裁案"等等。

④ Eritrea - Ethiopia Boundary Commission, Decision Regarding Delimitation of the Border between The State of Eritrea and The Federal Democratic Republic of Ethiopia, Chapter 3-The Task of the Commission and the Applicable Law, para. 3. 29, pp. 28-29, April 2002, https：//pca-cpa. org/en/cases/99/.

个相对规则，其重点在于权衡当事国对争议地区有效控制证据的分量，比较争端当事国权利主张的强弱。① 并且，国际法院与国际仲裁庭评估有效控制证据分量的标准也是相对的、盖然性的。国际法院曾经多次指出，应当根据争议地区的地理位置、战略价值、居民居住情况，当事国双方对争议岛屿行使主权行为的数量、种类与时间等实际情况，并考察一方当事国对另一方当事国宣示或行使主权权力、或提出竞争性权利主张的态度，及其国际社会的反应，来评判哪个国家的有效控制证据的分量更强、哪个国家的权利主张更具优势。例如，在 2007 年"尼加拉瓜与洪都拉斯加勒比海领土和海洋争端案"中，国际法院就明确指出："鉴于本案中争议岛礁皆为面积较小的海洋地物，争端当事国可以依据在质量上和数量上均相对较弱的国家权力展示，来确立对争议岛礁的主权。"②

由此可见，虽然有效控制规则与传统国际法中的先占与时效一样，都强调对领土的有效控制具有核心重要性，但有效控制与先占、时效有本质差别。首先，先占的对象应为无主地，而国际法院与国际仲裁庭在适用有效控制规则解决领土与边界争端时根本没有去查明争议地区是否属于无主地。其次，时效的本质是保护公共秩序的一种制度，它通过保护长期占有的事实而产生的法律关系，禁止占有与所有权之间无休止地分离，以维护社会安定。③ 在国际法中，时效是指，一国对他国领土的非法占有持续了一定时间，但领土丧失国对占有者长期而安稳占有该地区并行使事实上的主权，保持沉默或不提出抗议，以致国际社会形成一种信念或错觉，以为事物的现状是合乎国际秩序的，占有国即取得被占领领土的主权。④

---

① 宋岩：《领土争端解决中的有效控制规则研究》，中国政法大学出版社 2018 年版，第 17~18 页。

② Territorial and Maritime Dispute between Nicaragua and Honduras in the Caribbean Sea (Nicaragua v. Honduras), Judgment, I. C. J. Reports 2007, p. 712.

③ 史尚宽：《物权法论》，中国政法大学出版社 2000 年版，第 70 页。

④ 杨泽伟：《国际法》（第三版），高等教育出版社 2017 年版，第 135 页。

而有效控制规则是一种通过权衡与比较争端当事国对争议地区的有效控制证据，将争议领土判给能作出更具优势主张的一方的领土与边界争端解决方法。虽然有效控制客观要件——主权行为也如同时效中的占有一样要具有和平性、连续性、长期性与公开性等特征，但在有效控制规则中这只是主权行为的认定标准之一。适用有效控制规则解决领土与边界争端，不是如时效那样，只要查明国家以所有的意思和平且公开地占有他国领土持续到一定期间，就可以认定该事实产生领土主权发生转移的法律效果；① 而是在争端当事国都无法援引确定的证据证明争议领土的主权属于本国，且又都提出大量证明本国对争议地区拥有主权的有效控制证据材料的情形下，国际法院或国际仲裁庭通过先查明当事国的主权行使是否构成有效控制，再比较双方有效控制的数量、种类及其对争议地区的实际影响，来确定哪个国家的主张更具优势，并在此基础上作出判决。因此，认为有效控制规则类似于时效的说法，是不正确的。

四、有效控制规则是一种以关键日期为时间基点的反溯式事实认定方式

在领土与边界争端中，倘若难以确定或查明争议地区主权归属的法律权源，当事国为证明本国拥有对争议地区的原始权利（original title），一般都提出大量的历史性证据。例如，在 1953 年"曼逵尔岛和艾逵胡岛案"中，英、法两国都以"远古权利"（ancient title）和"原始权利"（original title）作为对争议岛屿提出主权要求的根据，并且都认为它们的这个权利从来没有丧失过，而且双方都认为此案不是对无主地取得主权的争端。英、法两国对争议岛屿的历史权源主张一直追溯到公元 10 世纪中叶，并提出大量的自利性历史证据。然而，国际法院却认为，就本案的判决而言，

① Kasikili/Sedudu Island (Botswana/Namibia), Judgment, I. C. J. Report 1999, p. 1103; D. H. N. Johnson, Acquisitive Prescription in International Law, British Year Book International Law, Vol. 27, 1950, pp. 343-348.

并无必要解决英法两国的历史争议，并提出："不能基于分析在中世纪发生的事件，得出有关争议岛屿主权归属的任何确定结论，而应当根据当事国在关键日期之前一段时间对争议岛屿占有情况的直接证据来判决争议岛屿的主权归属。"① 英、法两国在本案中都认为，国际法院应当排除发生在关键日期以后的主权活动的证据效力，并在诉讼各个环节中就关键日期的确定问题提出了针锋相对的抗辩。国际法院最终将两国在 1886 年和 1889 年因两岛屿的主权归属问题产生争议的日期定为关键日期，并提出 "原则上不考虑发生在该关键日期以后的行为，除非这些行为是此前行为的正常延续，且不是当事方为改善本国法律地位而实施的行为"②。在本案中，国际法院基本上以关键日期为时间基点，分阶段彻查了关键日期至 1066 年这段历史内争议岛屿的主权归属情况。例如，国际法院根据英法两国的主张以及提交的证据，分别权衡、比较了 13 世纪、14 世纪以及 19—20 世纪三个阶段英、法两国对艾逵胡岛行使或宣示主权权威的证据，并得出结论：英国自 13 世纪初便对该岛宣示了主权权力，在 14 世纪对该岛行使了管辖权，在 19-20 世纪对该岛行使了主权权威；而法国政府所提交的证据未能证明其在关键日期以前对艾逵胡岛宣示或行使了主权权威。基于以上分析，法院将艾逵胡岛的领土主权裁判给了英国。③

国际法院依据有效控制规则裁判领土与边界争端的事实认定方法是：以关键日期为时间基点，根据领土与边界争端的案情以及争端当事国双方的主张与提交的证据，反溯至之前某个时间点，基于领土与边界争端所涉的重要事件，分时段考察当事国提交的有效控制证据，以判定争议领土在不同时期的法律地位，从而认定争端当

① The Minquiers and Ecrelzos Case, Judgment, I. C. J. Reports 1953, pp. 55, 57.

② The Minquiers and Ecrelzos Case, Judgment, I. C. J. Reports 1953, p. 59.

③ The Minquiers and Ecrelzos Case, Judgment, I. C. J. Reports 1953, p. 67.

事国对争议地区的领土主权的创立、维持的事实。如前文所述，这种事实认定方法源自胡伯审理 1928 年"帕尔马斯岛仲裁案"，① 并在 2008 年"白礁岛、中岩礁和南礁主权归属案"② 等多个国际司法判例中得以体现。在无法依据合法而明确的法律权源与书面证据确定争议地区主权归属时，这种认定争议地区法律地位的方法，可以清晰地向世人展示争议地区领土主权的创立、维持或灭失、转移的历史过程，从而令人信服地查明该争议地区在关键日期时的主权归属。

---

① 在 1928 年"帕尔马斯岛仲裁案"中，仲裁庭分 17—18 世纪、19 世纪、20 世纪三个时段考察了美国与荷兰对帕尔马斯岛行使主权权威的证据，并结合具体案情评估哪个国家的行为构成了连续、和平的主权展示。孔令杰编著：《领土争端成案研究》，社会科学文献出版社 2016 年版，第 40~44 页。

② 在 2008 年"白礁岛、中岩礁和南礁主权归属案"中，国际法院在裁判白礁的主权归属时，依据争端当事国双方的基本主张以及确定白礁主权归属需查明的事实，分别查明了 19 世纪 80 年代以前的白礁法律地位、80 以后至关键日期（1980 年 2 月 14 日）之间的白礁法律地位。基于新加坡与英国对白礁的主权活动，以及柔佛与马来西亚对这些活动保持沉默的态度，法院判定白礁的领土主权在关键日期之时已经转移至新加坡。参见 Sovereignty over Pedra Branca/Pulau Batu Puteh, Middle Rocks and South Ledge (Malaysia/Singapore), Judgment, I. C. J. Reports 2008, pp. 31-96。

参 考 文 献

一、中文部分

（一）专著类

［1］杨泽伟．国际法（第四版）［M］．北京：高等教育出版社，2022.

［2］梁西．梁西国际组织（第七版）［M］．杨泽伟．修订．武汉：武汉大学出版社，2022.

［3］杨泽伟．国际法析论（第五版）［M］．北京：中国人民大学出版社，2022.

［4］李毅．国际法视阈下的主权宣示行为研究［M］．北京：世界知识出版社，2021.

［5］杨泽伟，等．"一带一路"倡议与国际规则体系研究［M］．北京：法律出版社，2020.

［6］杨泽伟．中国国家权益维护的国际法问题研究［M］．北京：法律出版社，2019.

［7］任虎．领土主权国际法［M］．北京：中国政法大学出版社，2018.

［8］宋岩．领土争端解决中的有效控制规则研究［M］．北京：中国政法大学出版社，2018.

［9］关培风．非洲边界和领土争端解决模式研究［M］．北京：社会科学文献出版社，2018.

［10］孔令杰．领土争端成案研究［M］．北京：社会科学文献出版社，2016.

［11］周伟洲．西藏通史（民国卷）（上下册）［M］．北京：中国藏学出版社，2016．

［12］张卫彬．国际法院解释条约规则及相关问题研究：以领土边界争端为视角［M］．上海：上海三联出版社，2015．

［13］曾皓．中印东段边界划界的法律依据［M］．北京：中国政法大学出版社，2013．

［14］张卫彬．国际法院证据问题研究——以领土边界争端为视角［M］．北京：法律出版社，2012．

［15］齐鹏飞．大国疆域［M］．北京：中共党史出版社，2013．

［16］石源华．中华民国外交史新著（全3卷）［M］．北京：社会科学文献出版社，2013．

［17］朱昭华．中缅边界问题研究［M］．哈尔滨：黑龙江教育出版社，2013．

［18］卢秀璋．论"西姆拉会议"——兼析民国时期西藏的法律地位［M］．北京：中国藏学出版社，2008．

［19］叶兴平．和平解决国际争端（修订本）［M］．北京：法律出版社，2008．

［20］吕一燃．中国近代边界史（下卷）［M］．成都：四川人民出版社，2007．

［21］周鲠生．国际法（上下册）［M］．武汉：武汉大学出版社，2007．

［22］丘宏达．关于中国领土的国际法问题论集（修订版）［M］．台北：台湾商务印书馆股份有限公司，2004．

［23］李浩培．条约法概论［M］．北京：法律出版社，2003．

［24］吕昭义．英帝国与中国西南边疆：1911—1947［M］．北京：中国藏学出版社，2002．

［25］杨泽伟．宏观国际法史［M］．武汉：武汉大学出版社，2001．

［26］袁古洁．国际海洋划界的理论与实践［M］．北京：法律出版社，2001．

［27］杨公素．沧桑九十年：一个外交特使的回忆［M］．海口：海

南出版社，1999.

[28] 陈宗海．冷战后中印外交关系研究（1991—2007）［M］．北京：世界知识出版社，1999.

[29] 王宏纬．喜马拉雅山情结：中印关系研究［M］．北京：中国藏学出版社，1998.

[30] 陈致中编著．国际法案例［M］．北京：法律出版社，1998.

[31] 王铁崖．国际法引论［M］．北京：北京大学出版社，1998.

[32] 万鄂湘等．国际条约法［M］．武汉：武汉大学出版社，1998.

[33] 沈宗灵．比较法研究［M］．北京：北京大学出版社，1998.

[34] 吕昭义．英属印度与中国西南边境：1774—1911 年［M］．北京：中国社会科学出版社，1996.

[35] 丘宏达．现代国际法［M］．台北：台湾三民书局，1995.

[36] 中印边境自卫反击作战史编写组．中印边境自卫反击作战史（内部本）［M］．北京：军事科学出版社，1994.

[37] 李浩培．国际法的概念和渊源［M］．贵阳：贵州人民出版社，1994.

[38] 沈宗灵．现代西方法理学［M］．北京：北京大学出版社，1992.

[39] 傅崐成．国际海洋法——衡平划界论［M］．台北：台湾三民书局，1992.

[40] 陈荷夫．中国宪法类编（下编）［M］．北京：中国社会科学出版社，1980.

（二）译著类

[1] ［美］安德鲁·克拉彭．布赖尔利万国公法（第 7 版）［M］．朱利江，译．北京：中国政法大学出版社，2018.

[2] ［英］斯图尔特·埃尔登．领土论［M］．冬初阳，译．长春：时代文艺出版社，2017.

[3] ［英］马尔科姆·N·肖．国际法（上下册）［M］．白桂梅，等，译．北京：北京大学出版社，2011.

[4] ［意］安东尼奥·卡塞斯. 国际法［M］. 蔡从燕，等，译. 北京：法律出版社，2009.

[5] ［美］路易斯·亨金. 国际法：政治与价值［M］. 张乃根，等，译. 北京：中国政法大学出版社，2005.

[6] ［英］安托尼·奥斯特. 现代条约法与实践［M］. 江国青，译. 北京：中国人民大学出版社，2005.

[7] ［日］松井芳郎，等. 国际法（第四版）［M］. 辛崇阳，译. 北京：中国政法大学出版社，2004.

[8] ［英］伊恩·布朗利. 国际公法原理［M］. 曾令良，余敏友，等，译. 北京：法律出版社，2003.

[9] ［美］詹姆斯·多尔蒂，等. 争论中的国际关系理论（第五版）［M］. 阎学通，等，译. 北京：世界知识出版社，2003.

[10] ［德］沃尔夫刚·格拉夫·魏智通. 国际法［M］. 吴越，等，译. 北京：法律出版社，2002.

[11] ［英］詹宁斯、瓦茨. 奥本海国际法（第一卷 第二分册）［M］. 王铁崖，等，译. 北京：中国大百科全书出版社，1998.

[12] ［英］詹宁斯、瓦茨. 奥本海国际法（第一卷 第一分册）［M］. 王铁崖，等，译. 北京：中国大百科全书出版社，1995.

[13] ［韩］柳炳华. 国际法（上、下册）［M］. 朴国哲，等，译. 北京：中国政法大学出版社，1995.

[14] ［印］卡·古普塔. 中印边界秘史［M］. 王宏纬，等，译. 北京：中国藏学出版社，1990.

[15] ［联邦德国］马克斯·普朗克比较公法及国际法研究所. 国际公法百科全书 第二专辑 国际法院、国际法庭和国际仲裁的案例［M］. 陈致中，李斐南，译. 广州：中山大学出版社，1989.

[16] ［联邦德国］马克斯·普朗克比较公法及国际法研究所. 国际公法百科全书 第一专辑 国际争端的解决［M］. 陈致中，李斐南，译. 广州：中山大学出版社，1988.

[17] [美] 汉斯·凯尔森. 国际法原理 [M]. 王铁崖, 译. 北京: 华夏出版社, 1989.

[18] 顾维钧. 顾维钧回忆录 (第 6 分册) [M]. 中国社会科学院 近代史研究所译. 北京: 中华书局, 1988.

[19] [奥] 阿·菲德罗斯, 等. 国际法 (上、下册) [M]. 李浩培, 译. 北京: 商务印书馆, 1981.

[20] [英] 劳特派特. 奥本海国际法 (上卷 第二分册) [M]. 王铁崖, 陈体强, 译. 北京: 商务印书馆, 1981.

[21] [英] M·阿库斯特. 现代国际法概论 [M]. 汪瑄, 等, 译. 北京: 中国社会科学出版社, 1981.

[22] [澳] 内维尔·马克斯韦尔. 印度对华战争 [M]. 陆仁, 译. 北京: 三联书店, 1971.

[23] [英] 阿拉斯太尔·蓝姆. 中印边境 [M]. 民通, 译. 北京: 世界知识出版社, 1966.

[24] [苏联] 柯热夫尼柯夫. 苏维埃国家与国际法 第五章 国际法 上的领土问题 [M]. 中国人民大学国际法教研室译. 北京: 中国人民大学出版社, 1953.

(三) 论文类

[1] 李毅. 国际法庭在领土争端中对 "主权宣示行为" 的证据采 信标准 [J]. 政法论坛, 2021 (6).

[2] 李毅. 论国际法中的 "有效控制" 规则及其适用 [J]. 现代法 学, 2020 (2).

[3] 张卫彬. 南海争端关键日期的确定 [J]. 法商研究, 2018 (6).

[4] 疏震娅, 李志文. 国际司法和仲裁实践视角下的关键日期 [J]. 太平洋学报, 2017 (8).

[5] 李毅. 领土主权取得的 "历史性巩固" 理论评析 [J]. 太平 洋学报, 2017 (12).

[6] 罗欢欣. 国际法上的领土权利来源: 理论内涵与基本类型 [J]. 环球法律评论, 2015 (4).

［7］张磊．论有效控制规则视野下中业岛的主权归属［J］．河北法学，2016（1）．

［8］曲波．时际法在解决领土争端中的适用［J］．社会科学战线，2015（4）．

［9］张卫彬．国际法院解释领土条约的路径、方法及其拓展［J］．法学研究，2015（2）．

［10］马得懿．海岛主权争端适用有效控制规则的国内法逻辑［J］．法律科学（西北政法大学学报），2014（6）．

［11］薛桂芳，毛延珍．有效控制原则视角下的南海岛礁主权问题研究［J］．广西大学学报（哲学社会科学版），2014（5）．

［12］王玫黎，谭畅．论有效控制理论在南海岛屿主权争端中的运用——基于国际法院裁判案例的分析［J］．太平洋学报，2014（5）．

［13］江国青．"有效控制"原则在领土与海事争端中的适用动向——以国际法院"领土与海事争端案"（尼加拉瓜诉哥伦比亚）为例［J］．比较法研究，2013（6）．

［14］宋岩．国际法院在领土争端中对有效控制规则的最新适用——评2012年尼加拉瓜诉哥伦比亚"领土和海洋争端案"［J］．国际论坛，2013（2）．

［15］张磊．加强对黄岩岛有效控制的国际法依据［J］．法学，2012（8）．

［16］王秀梅．领土争端中有效控制原则的适用及其限制［J］．河南财经政法大学学报，2012（4）．

［17］黄瑶，凌嘉铭．从国际司法裁决看有效控制规则的适用——兼论南沙群岛主权归属［J］．中山大学学报（社会科学版），2011（4）．

［18］曲波．有效控制原则在解决岛屿争端中的适用［J］．当代法学，2010（1）．

［19］邓烈．国际法与中国周边传统安全威胁的应对［J］．法学评论，2009（3）．

［20］马荣久．国外关于中印领土争端的研究［J］．当代中国史研

究，2007（2）.

[21] 周忠海、张卫华．试论国家单方法律行为的若干基本问题
[J]．河南省政法管理干部学院学报，2007（6）.

[22] 黄瑶．后冷战时期的国家领土完整原则与人民自决原则［J］.
法学家，2006（6）.

[23] 黄想平、齐鹏飞．浅析中国政府在中印边界争端中的危机处
理［J］．当代中国史研究，2006（1）.

[24] 康民军．试析中印边界问题的历史与现状［J］．南亚研究季
刊，2006（1）.

[25] 吕昭义、杨晓慧．英属印度的战略边界计划与赵尔丰、程凤
翔对察隅边防的巩固［J］．南亚研究，2006（1）.

[26] 刘志扬，李大龙．"藩属"与"宗藩"辨析——中国古代疆
域形成理论研究之四［J］．中国边疆史地研究，2006（3）.

[27] 刘金洁．中缅边界中的"麦克马洪线"问题及其解决［J］.
当代中国史研究，2006（1）.

[28] 随新民．印度对中印边界的认知［J］．国际政治科学，2006
（1）.

[29] 王孔祥．拉美国家领土争端中的国际仲裁［J］．国际关系学
院学报，2006（6）.

[30] 吕昭义，李志农．麦克马洪线的由来及其实质［J］．世界历
史，2005（2）.

[31] 徐焰．解放后我国处理边界冲突危机的回顾和总结［J］．世
界经济与政治，2005（3）.

[32] 黄想平．中印边界问题研究综述［J］．南亚研究季刊，2005
（3）.

[33] 杨翠柏．"承认"与中国对南沙群岛享有无可争辩的主权
［J］．中国边疆史地研究，2005（3）.

[34] 牛汝辰．地图测绘与中国疆域变迁［J］．测绘科学，2004
（3）.

[35] 康民军．1954年中印协定与中印边界争端——和平共处五项
原则创立50周年回顾［J］．当代中国史研究，2004（6）.

［36］ 江国青．略论国际法实施机制与程序法制度的发展 ［J］．法学评论，2004（1）．

［37］ 刘远图．边界：建立睦邻友好国家关系的纽带和桥梁 ［J］．中国边疆史地研究，2003（1）．

［38］ 朱利江．试论解决领土争端国际法的发展与问题 ［J］．现代国际关系，2003（10）．

［39］ 朱利江．马来西亚和印度尼西亚岛屿主权争议案评论 ［J］．南洋问题研究，2003（4）．

［40］ 康民军．试析"麦克马洪线"问题的来龙去脉 ［J］．首都师范大学学报（社会科学版），2002（6）．

［41］ 杨叶春．论波兰战后东西边界的划分 ［J］．历史教学，2002（1）．

［42］ 王玫黎．"调置争端、共同开发"：解决国际争端的新方式 ［J］．云南大学学报（法学版），2002（2）．

［43］ 程爱勤．菲律宾在南沙群岛主权问题上的"安全原则"——菲律宾政府对南沙群岛政策研究之二 ［J］．东南亚研究，2002（4）．

［44］ 朱听昌．论中国睦邻政策的理论与实践 ［J］．国际观察，2001（2）．

［45］ 杨翠柏，唐磊．从地图在解决边界争端中的作用看我国对南沙群岛的主权 ［J］．中国边疆史地研究，2001（2）．

［46］ 内维尔·马克斯韦尔．中印边界争端反思（上）［J］．郑经言，译．南亚研究，2000（1）．

［47］ 杨公素．周恩来与新中国的边界问题 ［J］．国际政治，1998（3）．

［48］ 乌尔夫·汉内斯．边界 ［J］．肖孝毛，译．国际社会科学杂志（中文版），1998（4）．

［49］ 余敏友．论解决争端的国际法原则和方法的百年发展 ［J］．社会科学战线，1998（5）．

［50］ 王善中．论述《中华人民共和国和缅甸联邦边界条约》［J］．中国边疆史地研究，1997（1）．

［51］刘文宗．从历史和法律依据论钓鱼岛主权属我［J］．海洋开发与管理，1997（1）．

［52］刘文宗．我国对西沙、南沙群岛主权的历史和法理依据（之二）［J］．海洋开发与管理，1997（3）．

［53］吕昭义．关于中印边界东段的几个问题［J］．历史研究，1997（4）．

［54］叶兴平．谈判解决国际争端的模式与影响谈判进程和成功的因素刍议［J］．江海学刊，1997（1）．

［55］陈致中．国际法院与海洋划界争端的解决［J］．中山大学学报（社会科学版），1997（S1）．

［56］陈淑珍．战后世界领土争端地区的主要分布及原因初探［J］．三明师专学报，1996（2）．

［57］叶兴平．试论谈判在各种和平解决国际争端方法中的地位［J］．法学论坛，1996（4）．

［58］毛振发．当代世界的边界争端探源［J］．世界经济与政治，1995（3）．

［59］王勇亮．论国际法渊源中"一般法律原则"的法律性质［J］．政治与法律，1995（2）．

［60］沈国光．正确认识和维护国界标志 确保边界清楚和稳定［J］．外交学院学报，1994（3）．

［61］张文彬．衡平法与国际法［J］．外国法译评，1993（2）．

［62］朱奇武．从国际法看南沙群岛主权的归属问题（下）［J］．政法论坛，1991（1）．

［63］朱奇武．从国际法看南沙群岛主权的归属问题（上）［J］．政法论坛，1990（6）．

［64］王湘英，胡应志．国际法中的公平原则及其应用［J］．法学评论，1990（4）．

［65］赵理海．论国际法院所适用的"一般法律原则"［J］．法学杂志，1990（5）．

［66］宋岳．论印度成立"阿鲁纳恰尔邦"的非法性［J］．中国藏学，1989（2）．

［67］王文静．1641—1793 年中国西藏与孟哲雄（锡金）的关系
　　　［J］．中国藏学，1989（3）．

［68］阿沛·阿旺晋美．西藏历史的若干问题［J］．中国藏学，
　　　1989（1）．

［69］靳庆军．国际法院解决国家间海域划界争端的若干原则［J］.
　　　政法论坛，1988（2）．

［70］景辉．中印东段边界真相［J］．国际问题研究，1988（1）．

［71］赵理海．非法的"麦克马洪线"［J］．法学杂志，1987（4）．

［72］景辉．有关中印边界争端的一些情况和背景［J］．国际问题
　　　研究，1982（2）．

［73］陈体强．中印边界的问题法律方面［J］．国际问题研究，
　　　1982（1）．

［74］韦良．从国际法角度看所谓麦克马洪线［J］．国际问题研究，
　　　1959（6）．

［75］周鲠生．驳印度对于中印边界的片面主张［J］．政法研究，
　　　1959（5）．

（四）学位论文类

［1］陈姬文．前景理论视角下日本与邻国的领土争端问题研究
　　　（1991—2020）［D］．北京：外交学院，2021．

［2］宋建欣．改革开放以来中国共产党维护南海主权权益研究
　　　［D］．长春：吉林大学马克思主义学院，2020．

［3］Abdallah Mourtadhoi（力河）．马约特岛的法律地位：法国的
　　　海外领地还是科摩罗的分离领土？［D］．武汉：中南财经政法
　　　大学国际法学院，2018．

［4］疏震娅．国际法上关键日期问题研究——兼论钓鱼岛主权争
　　　端的关键日期［D］．大连：大连海事大学法学院，2017．

［5］李虎．领土权及其证成［D］．长春：吉林大学行政学院，
　　　2016．

［6］Muhammad Arif Khan. 领土争端对国家间安全与合作的影响：

中印关系与印巴关系比较研究（1991—2013）［D］. 长春：吉林大学公共外交学院，2015.

［7］张毅. 琉球法律地位之国际法分析［D］. 北京：中国政法大学国际法学院，2013.

［8］康丹. 南海岛礁主权归属证据研究初论［D］. 武汉：武汉大学法学院，2013.

［9］田辽. 南海争端的相关法律问题研究［D］. 武汉：武汉大学法学院，2013.

［10］马荣久. 通向冲突之路——论印度对华边界政策与中印领土争端（1949—1962）［D］. 北京：北京大学国际关系学院，2010.

［11］聂宏毅. 中国与陆地邻国领土争端问题研究（1949—2007）［D］. 北京：清华大学人文社会科学学院，2009.

［12］徐艳芳. 论领土争端解决中的有效控制原则［D］. 上海：华东政法大学国际法学院，2018.

［13］李伟. 有效控制原则在领土争端解决中的适用问题研究［D］. 蚌埠：安徽财经大学法学院，2017.

［14］石婷. 国际法上的有效控制规则研究［D］. 武汉：华中师范大学法学院，2015.

［15］毛延珍. 有效控制原则视角下的南海岛礁主权问题研究［D］. 青岛：中国海洋大学法学院，2014.

［16］王慧. 有效控制规则的国际法问题研究［D］. 上海：华东政法大学国际法学院，2013.

［17］左雯洁. 有效控制原则适用问题研究［D］. 重庆：西南政法大学国际法学院，2013.

［18］李传芳. 评"新加坡与马来西亚白礁岛主权归属案"［D］. 重庆：西南政法大学国际法学院，2011.

［19］侯旭. 国际法上的有效占领［D］. 北京：中国政法大学法学院，2006.

二、英文部分

(一) 专著类

［1］ Kent Eaton. Territory and Ideology in Latin America ［M］. Oxford：Oxford University Press, 2017.

［2］ Matteo Nicolini, Francesco Palermo, Enrico Milano. Law, Territory and Conflict Resolution ［M］. Boston：Brill Nijhoff, 2016.

［3］ Marcelo G. Kohen. Territoriality and International Law ［M］. Northampton, Massachusetts, USA：Edward Elgar Publishing Limited, 2016.

［4］ David Gissen. Territory ［M］. Hoboken, NJ：John Wiley, 2010.

［5］ Kaiyan Homi Kaikobad. Interpretation and Revision of International Boundary Decisions ［M］. Cambridge：Cambridge University Press, 2007.

［6］ Shabtai Rosenne. The Law and Practices of the International Court (1920-2005), Vol. III ［M］. Dordrecht：Martinus Nijhoff Publishers, 2006.

［7］ Alexander Machenzie. The North-East Frontier of India ［M］. New Delhi：Mittal Publications, 2005.

［8］ Joshua Castellino. Steve Allen, Title to Territory in the International Law-A Temporal Analysis ［M］. New York：Ashgate, 2003.

［9］ Malcolm N. Shaw. International Law (8th ed.) ［M］. Cambridge：Cambridge University Press, 2017.

［10］ Robert McCorquodale & Martin Dixon. Cases and Materials on International Law, (4th ed.) ［M］. Oxford：Oxford University Press, 2003.

［11］ R. Lohia. India, China and Northern Frontiers ［M］. Delhi：B. R. Publishing, 2002.

［12］ Wolfgang Danspeckrruber. The Self-Determination of Peoples ［M］. Delhi：Lynne Rienner Publishers, 2002

［13］ John O' Brien. International Law ［M］. Boulder, Colorado：

Cavendish Publishing Limited, 2001.

[14] Gerry Simpson. The Nature of International Law [M]. Farnham, Surrey, UK, England: Ashgate Publishing Company, 2001.

[15] Paul F. Diehl. A Road Map to War: Territorial Dimensions of International Conflict [M]. Nashville: Vanderbilt University Press, 1999.

[16] Surya P. Sharma. Territorial Acquisition, Disputes, And International Law [M]. The Hague, Boston: Martinus Nijhoff Publishers, 1997.

[17] Peter Malanczuk. Akehurst's Modern Introduction to International Law (7th ed.) [M]. London: Routledge, 1998.

[18] S. Akweenda. International Law and Protection of Namibia's Territorial Integrity: Boundaries and Territorial Claims [M]. The Hague, Boston: Kluwer Law International, 1997.

[19] Sohail H. Hashmi. State Sovereignty: Change and Persistence In International Relations [M]. University Park, Pennsylvania: Pennsylvania State University Press, 1997.

[20] Hurst Hannum. Autonomy, Sovereignty, and Self-Determination: The Accommodation of Conflicting Right, Revised Edition [M]. University Park, Pennsylvania: University of Pennsylvania Press, 1996.

[21] Gideon Biger. The encyclopedia of international boundaries [M]. Chicago, Ill. : Ferguson Publishing Company, 1995.

[22] Thomas M. Franck. Fairness in International Law and Institutions [M]. Oxford: Oxford University Press 1995.

[23] Antonio Cassese. Self-Determination of Peoples: A Legal Reappraisal [M]. Cambridge: Cambridge University Press, 1995.

[24] I. A. Shearer. Starke's International Law (11th ed.) [M]. London: Butterworths, 1994.

[25] Xuecheng Liu. The Sino-Indian Border Dispute and Sino-Indian Relation, [M]. Lanham, Maryland: University Press of America

Inc. , 1994.

[26] Rosalyn Higgins. International Law and How We Use It? [M]. Oxford: Oxford University Press, 1994.

[27] Masajoro Miyoshi. Considerations of Equity in the Settlement of Territorial and Boundary Disputes [M]. Dordrecht: Martinus Nijhoff Publishers, 1993.

[28] Christopher R. Rossi. Equity and International Law: A Legal Realist Approach to the International Decisionmaking [M]. Leiden: Transnational Publishers, 1993.

[29] J. G. Merrills. International Disputes Settlement (3rd ed.) [M]. Cambridge: Cambridge University Press, 1993.

[30] John B. Allcock. Border and Territorial Disputes (3rd ed.) [M]. London: Longman Group, 1992.

[31] Gary Goertz, Paul F. Diehl. Territorial Changes and International Conflict [M]. London: Routledge, 1992.

[32] Oscar Schachter. International Law in Theory and Practice [M]. The Hague, Boston: Martinus Nijhoff Publishers, 1991.

[33] K. C. Praval. Indian Army after Independence [M]. New Delhi: Lancer International, 1990.

[34] Alastair Lamb. Tibet, China and India, 1914-50: A History of Imperial Diplomacy [M]. London: Roxford, 1989.

[35] B. Nien-tsu Tzou. The Role of International Law in China' Boundary Question [M]. Ann Arbor, Mich. : UMI, 1988.

[36] Amar Kaur Jasbir Singh. Himalayan Triangle: A Historical Survey of British India´s Relations with Tibet, Sikkim and Bhutan, 1765-1950 [M]. London: British Library Publishing Division, 1988.

[37] T. S. Murty. India-China boundary: India's Options [M]. New Delhi: ABC Publishing House, 1987.

[38] Michael C. van Walt van Praag. The Status of Tibet: History, Rights and Prospects in International Law [M]. New York: Westview Press, 1987.

［39］ J. R. V. Prescott. Political Frontiers and Boundaries ［M］. Crows Nest, NSW: Allen and Unwin, 1987.

［40］ Kriangsak Kittichaisaree. The Law of the Sea and Maritime Boundary Delimitation in South East Asia ［M］. Oxford: Oxford University Press, 1987.

［41］ Malcolm Shaw. Title to Territory in Africa: International Legal Issues ［M］. Oxford: Oxford University Press, 1986.

［42］ Chih H. Lu. The Sino-Indian Border Dispute: A Legal Study ［M］. Santa Barbara, California: Greenwood Press, 1986.

［43］ Alastair Lamb, The British India and Tibet 1766-1910 ［M］. London: Routledge & Kegan Paul, 1986.

［44］ Surya P. Sharma. Delimitation of Land and Sea Boundaries between Neighboring Countries ［M］. Bombay: N. M. Tripathi, 1976.

［45］ Surya P. Sharma. International Boundary Disputes and International Law: A Policy-Oriented Study ［M］. N. M. Tripathi, 1976.

［46］ Itamar Bernstein. Delimitation of International Boundaries: Study of Modern Practice and Devices from the Viewpoint of International Law ［M］. Tel Aviv: Imprimerie des Presses de l' Université, 1974.

［47］ Saadia Touval. The Boundary Politics of Independent Africa ［M］. Cambridge, Massachusetts: Harvard University Press, 1972.

［48］ J. H. W. Verzijl. International Law in Historical Perspective, Vol. I ［M］. Alphen aan den Rijn: A. W. Sijthoff, 1968.

［49］ A. O. Cukwurah. The Settlement of Boundary Disputes in International Law ［M］. Manchester: Manchester University Press, 1967.

［50］ Hans Kelsen. Principles of International Law ［M］. Clark, N. J. : Lawbook Exchange, 2012.

［51］ Alastair Lamb. The McMahon Line: A Study in the Relations between India, China and Tibet, 1904-1914, Vol. Ⅱ [M]. London: Routledge and Kegan Paul, 1966.

[52] Boleslav Wiewberg. Polish-German Frontiers in the light of International Law (2nd ed.) [M]. London: Institut Zachodny, 1964.

[53] Robert Y. Jennings. The Acquisition of Territory in International Law [M]. Manchester: Manchester University Press, 1963.

[54] Ian Brownlie. International Law and the Use of Force by States [M]. Oxford: Clarendon Press, 1963.

[55] Rosalyn Higgins. The Development of International Law Through the Political Organs of the United Nations [M]. New York: Oxford University Press, 1963.

[56] Myres S. McDougal. Law and Public Order in Space [M]. New Haven: Yale University Press, 1963.

[57] S. Bains. India's International Disputes: A Legal Study [M]. New Delhi: Asian Publishing House, 1962.

[58] Georg Schwarzenberger. International Law [M]. 3rd ed., Vol. Ⅰ, London: Stevens and Sons Ltd., 1957.

[59] Stephen B. Jones. Boundary-Making: A Handbook for Statesmen, Treaty Editors and Boundary Commissions [M]. New York: Rumford Press, 1945.

[60] Samuel Whittemor Boggs. International Boundaries: A Study of Boundary Functions and Problems [M]. Columbia: Columbia University Press, 1940.

(二) 论文类

[1] T. Mimran. The Islamic State of Horror Who Is Responsible for Atrocities Committed in the Territory of the Self-Declared Islamic State (Daesh)? [J]. Indiana International & Comparative Law Review, 2021, 31 (3).

[2] J. O' Brien, S. Kelsey. The Law of Artificial Territory: Solution

to Rising Sea Levels in the Pacific? [J]. University College Dublin Law Review, 2021, 21.

[3] H. Pak, H. Son. Analysis on the Definition of Japanese Territory after World WarII in Terms of International Law: The Southern Kurils, the Diaoyu Islands and Tok Islet [J]. Russian Law Journal, 2020, 8 (4).

[4] L. Mangal. Annexation of Manipur as the 19th State of India: The Status of the Territory of Manipur in International Law since 1949 [J]. Beijing Law Review, 2020, 11 (1).

[5] L. Tymchenko, V. Kononenko. The Legitimacy of Acquisition of State Territory [J]. Juridical Tribune, 2020, 10 (1).

[6] D. E. Howland. State Title to Territory The Historical Conjunction of Sovereignty and Property [J]. Beijing Law Review, 2020, 11 (4).

[7] C. Caldera. Free Prior and Informed Consent in the Context of Extractive Projects in Indigenous Territory: General Rule and International Customary Law [J]. Brazilian Journal of Public Policy, 2019 , 9 (3).

[8] K. Vacanti Brondo. Dot on Map: Cartographies of Erasure in Garifuna Territory [J]. PoLAR: The Political and Legal Anthropology Review, 2018, 41 (2).

[9] N. Witkin. State of the People: The Shift of Sovereignty from Territory to Citizens [J]. Transnational Law and Contemporary Problems, 2017, 27 (1).

[10] R. Soroczynski. Acquisition of Title to Territory in the Aftermath of the Use of Force in the United Nations Era: The Case of the State of Israel [J]. Revue Quebecoise de Droit International, 2017, 30 (1).

[11] Kamarulzaman Askandar, Carlervin Sukim. Making Peace over a Disputed Territory in Southeast Asia: Lessons from the Batu Puteh/Pedra Branca Case [J]. Journal of Territorial and Maritime

Studies, 2016, 3 (1).

[12] C. Popescu, M. Grigore-Radulescu. The Acquisition of Territory in International Law-Prohibiting and Preventing the Illicit Territorial Modifications [J]. Conferinta Internationala de Drept, Studii Europene si Relatii Internationale, 2016.

[13] Horia Ciurtin. When Westphalia Goes to (Greater) China: Territory, Sovereignty and Legal Narratives across the Strait [J]. Journal of Territorial and Maritime Studies, 2018, 5 (1).

[14] Joshua Barkan. Law, Territory, and Sovereignty: Some Issues Raised by the Corporate Control of Land [J]. Duke Journal of Comparative and International Law, 2018, 28 (3).

[15] T. Mikanagi. Establishing Military Presence in Disputed Territory: Interpretation of Article 2 (3) and (4) of the UN Charter [J]. International and Comparative Law Quarterly, 2018, 67 (4),

[16] Herbert Aclan Loja. Legal Status of the Airspace over an Indeterminate Territory: The Case of the Spratly Islands [J]. Journal of Territorial and Maritime Studies, 2017, 4 (2).

[17] Rafal Soroczynski. Acquisition of Title to Territory in the Aftermath of the Use of Force in the United Nations Era: The Case of the State of Israel [J]. Revue Quebecoise de Droit International, 2017, 30 (1).

[18] Popescu, Corina-Florenta, Grigore-Radulescu, Maria-Irina. The Acquisition of Territory in International Law-Prohibiting and Preventing the Illicit Territorial Modifications [J]. Conferinta Internationala de Drept, Studii Europene si Relatii Internationale, 2016.

[19] D. Miller. Boundaries, Democracy, and Territory [J]. American Journal of Jurisprudence, 2016, 61 (1).

[20] D. Costelloe. Treaty Succession in Annexed Territory [J]. International and Comparative Law Quarterly, 2016, 65 (2).

[21] Thomas D. Grant. International Dispute Settlement in Response to an Unlawful Seizure of Territory: Three Mechanisms [J]. Chicago Journal of International Law, 2015, 16 (1).

[22] V. Bluzma. The Formation of the Elements of Parliamentarism and Constitutionalism at the Territory of Latvia in the Middle Ages and Early Modern Times (13th-18th Centuries) [J]. Giornale di Storia Costituzionale, 2015, 30.

[23] C. Blanchard. Evolution or Revolution: Evaluating the Territorial State-Based Regime of International Law in the Context of the Physical Disappearance of Territory due to Climate Change and Sea-Level Rise [J]. Canadian Yearbook of International Law, 2015, 53.

[24] T. D. Grant. International Dispute Settlement in Response to an Unlawful Seizure of Territory: Three Mechanisms. Chicago Journal of International Law [J]. 2015, 16 (1).

[25] K. Mickelson. The Maps of International Law: Perceptions of Nature in the Classification of Territory [J]. Leiden Journal of International Law, 2014, 27 (3).

[26] A. Jain. The 21st Century Atlantis: The International Law of Statehood and Climate Change-Induced Loss of Territory [J]. Stanford Journal of International Law, 2014, 50 (1).

[27] R. O'Keefe. Legal Title versus Effectivités: Prescription and the Promise and Problems of Private Law Analogies [J]. International Community Law Review, 2011, 13 (1-2).

[28] Anthony Carty. Territory and Territorial Waters in Post-Colonial International Law [J]. Journal of the Philosophy of International Law, 2009, 3.

[29] S. Oliver. The New Challenge to International Law: The Disappearance of the Entire Territory of Sate [J]. International Journal on Minority and Group Rights, 2009, 16 (2).

[30] A. Orford. Jurisdiction without Territory: From the Holy Roman

Empire to the Responsibility to Protect [J]. Michigan Journal of International Law, 2009, 30 (3).

[31] V. Degan. Legal Title and Effectivites as Grounds for State Sovereignty over Territory [J]. Poredbeno Pomorsko Pravo, 2008, 162.

[32] F. Spadi. The International Court of Justice Judgment in the Benin-Niger Border Dispute: The Interplay of Titles and Effectivités under the Uti Possidetis Juris Principle [J]. Leiden Journal of International Law, 2005, 18 (4).

[33] B. Knoll. Legitimacy and UN-Administration of Territory [J]. German Law Journal. 2007, 8 (1).

[34] Malcolm N. Shaw. Title, Control, and Closure? The Experience of the Eritrea-Ethiopia Boundary Commission [J]. The International and Comparative Law Quarterly, 2007, 56 (4).

[35] Steven R. Ratner. Land Feuds and Their Solutions: Finding International Law beyond the Tribunal Chamber [J]. American Journal of International Law, 2006, 100 (4).

[36] A. Orakhelashvili. Legal Consequences of the Construction of Wall in the Occupied Palestinian Territory: Opinion and Reaction [J]. Journal of Conflict & Security Law. 2006, 11 (1).

[37] Gbenga Oduntan. The Demarcation of Straddling Villages in Accordance with the International Court of Justice Jurisprudence: The Cameroon-Nigeria Experience [J]. Chinese Journal of International Law, 2006, 5 (1).

[38] Hyung K. Lee. Mapping the Law of Legalizing Maps: The Implications of the Emerging Rule on Map Evidence in International Law [J]. Pacific Rim Law & Policy Journal, 2005, 14 (1).

[39] Aman Mahray McHugh. Resolving International Boundary Disputes in Africa: A Case for the International Court of Justice [J]. Howard Law Journal, 2005-2006, 49 (1).

[40] Robbie Sabel. The International Court of Justice Decision on the Separation Barrier and the Green Line [J]. Israel Law Review, 2005, 38 (1-2).

[41] Regina Jefferies. The Equitable Application of International Law: Revised Principles for a Solution to the Massai Land Dispute [J]. Arizona State Law Journal, 2005, 37 (3).

[42] Brian Taylor Sumner. Territorial Disputes at the International Court of Justice [J]. Duke Law Journal, 2004, 54 (6).

[43] Honourable Doodnauth Singh. Comment on the Guyana-Suriname Boundary Disputes [J]. Georgia Journal of International and Comparative Law, 2004, 32 (3).

[44] Phil C. W. Chan. Acquiescence/Estoppel in International Boundary: Temple of Preab Vibear Revisited [J]. Chinese Journal of International Law, 2004, 3 (2).

[45] Thomas W. Donovan. Suriname-Guyana Maritime and Territorial Disputes: A Legal and Historical Analysis [J]. Journal of Transnational Law and Policy, 2003-2004, 13 (1).

[46] Scott Keefer. Solving the Greek Turkish Boundary Dispute [J]. Cardozo Journal of International and Comparative Law, 2003, 11 (1).

[47] Pieter H. F. Bekker. Land and Maritime Boundary between Cameroon and Nigeria (Cameroon v. Nigeria; Equatorial Guinea Intervening) [J]. American Journal of International Law, 2003, 97 (1).

[48] Ener Hasani. Uti Possidetis Juris: From Rome to Kosovo [J]. Fletcher Forum of World Affairs, 2003, 27 (2).

[49] Joan Fitzpatrick. Sovereignty, Territoriality, and the Rule of Law [J]. Hastings International and Comparative Law Review, 2002, 25 (3).

[50] Jan Paulsson. Boundary Disputes into the Twenty-First Century: WHY, HOW ... AND WHO? [J]. American Society of

International Law Proceedings, 2001, 95.

[51] Peter Radan. Post-Secession International Borders: A Critical Analysis of the Opinions of the Badinter Arbitration Commission [J]. Melbourne University Law Review, 2000, 24 (1).

[52] Seokwoo Lee. Continuing Relevance of Traditional Modes of Territorial Acquisition in International Law and a Modest Proposal [J]. Connecticut Journal of International Law, 2000-2001, 16 (1).

[53] Jorge A. Vargas. Is the International Boundary Between the United States and Mexico Wrongly Demarcated? An Academic Inquiry into Certain Diplomatic, Legal, And Technical Considerations Regarding the Boundary in the San Diego-Tijuana Region [J]. California Western International Law Journal, 1999-2000, 30 (2).

[54] Carla S. Copeland. The Use of Arbitration to Settle Territorial Disputes [J]. Fordham Law Review, 1999, 67 (6).

[55] William B. Wood. Geography and the Boundaries of Confidence: Reflections on the Ethiopia-Eritrea Border Conflict [J]. Fletcher Forum of World Affairs, 1999, 23 (2).

[56] Gilbert M. Khadiagala. Reflections on the Ethiopia-Eritrea Border Conflict [J]. Fletcher Forum of World Affairs, 1999, 23 (2).

[57] Nuno Sérgio Margues Antunes. The Eritrea-Yemen Arbitration: First Stage--The Law of Title to Territory Re-averred [J]. The International and Comparative Law Quarterly, 1999, 48 (2).

[58] David M. Ong. International Court of Justice-Case between Indonesia and Malaysia Concerning Sovereignty over Pulau Ligtan and Pulau Sipadan [J]. International Journal Marine and Coastal Law, 1999, 14 (3).

[59] Keun-Gwan Lee. Equitable Principles and International Legal Positivism [J]. Korean Journal of Comparative Law, 1999, 27 (1).

[60] Beth A. Simmons. Territorial Conflicts and Their Resolution: The Case of Ecuador and Peru [J]. Peaceworks, 1999, 27 (4).

[61] William Samuel, Dickson Cravens. The Future of Islamic Legal Arguments in International Boundary Disputes Between Islamic States [J]. Washington and Lee Law Review, 1998, 55 (2).

[62] Tomáš Bartoš. Uti Possidetis. Quo Vadis? [J]. Australian Yearbook of International Law, 1997, 18.

[63] Christopher Brown. A Comparative and Critical Assessment of Estoppel in International Law [J]. University of Miami Law Review, 1995-1996, 50 (2).

[64] Tuomas Forsberg. Explaining Territorial Disputes: from Power Politics to Normative Reasons [J]. Journal of Peace Research, 1996, 33 (4).

[65] Steven R. Ratner. Drawing a Better Line: UTI Possidetis and the Borders of New States [J]. American Journal of International Law, 1996, 90 (4).

[66] Richard D. Beller. Analyzing The Relationship between International Law and International Politics in China's and Vietnam's Territorial Dispute over the Spratly Islands [J]. Texas International Law Journal, 1994, 29 (2).

[67] Ingrid Persaud. Drawing A Line in The Sand: Treaties and Boundary Disputes in The I. C. J. [J]. The King's College Law Journal, 1994-1995, 5.

[68] Ali Khan. The Kashmir Dispute: A Plan for Regional Cooperation [J]. Columbia Journal of Transnational Law, 1993-1994, 31 (3).

[69] P. K. Menon. The Acquisition of Territory in International Law: A Traditional Perspective [J]. Korean Journal of Comparative Law, 1994, 22 (1).

[70] Matthew M. Ricciardi. Title to the Aouzou Strip: A Legal and

Historical Analysis [J]. Yale Journal of International Law, 1992, 17 (2).

[71] Thomas M. Franck, Dennis M. Sughrue. The International Role of Equity-as-Fairness [J]. Georgetown Law Journal, 1992-1993, 81 (3).

[72] Saul Litbinoff. Vices of Consent, Error, Fraud, Duress and an Epilogue on Lesion [J]. Louisiana Law Review, 1989-1990, 50 (1).

[73] Vaughan Lowe. The Role of Equity in International Law [J]. Australian Yearbook of International Law, 1988-1989, 12.

[74] Louis B. Sohn. Equity in International Law [J]. American Society of International Law Proceeding, 1988, 82.

[75] Keith Highet. Evidence, The Court, And the Nicaragua Case [J]. American Journal of International Law, 1987, 81 (1).

[76] Ruth Lapidoth. Equity in International Law [J]. American Society of International Law Proceeding, 1987, 81.

[77] Megan L. Wagner. Jurisdiction by Estoppel in The International Court of Justice [J]. California Law Review, 1986, 74 (5).

[78] Richard B. Bilder. International Dispute Settlement and the Role of International Adjudication [J]. Emory Journal of International Dispute Resolution, 1987, 1 (2).

[79] Alejandro Schwed. Territorial Claims as A Limitation to the Right of Self-Determination in the Context of the Falkland Islands Dispute [J]. Fordham International Law Journal, 1982-1983, 6 (3).

[80] Farooq Hassan. The Sovereignty Dispute over the Falkland Islands [J]. Virginia Journal of International Law, 1982-1983, 23 (1).

[81] Mark Weston Janis. The Ambiguity of Equity in International Law [J]. Brooklyn Journal of International Law, 1983, 9 (1).

[82] M. W. Janis. Equity and International Law: The Comment in the Tentative Draft [J]. Tulane Law Review, 1982-1983, 57 (1).

[83] Mark B. Feldman. Tunisia-Libya Continental Shelf Case: Geographic Justice or Judicial Compromise? [J]. American Journal of International Law, 1983, 77 (1).

[84] John H. Crabb. New Tendencies in the Settlement of Territorial Disputes [J]. American Journal of Comparative Law (Supplement), 1982, 30 (1).

[85] Yaacov Vertzberger. India's Border Conflict with China: A Perceptual Analysis [J]. Journal of Contemporary History, 1982, 17 (4).

[86] S. H. Amin. The Iran-Iraq Conflict: Legal Implications [J]. The International and Comparative Law Quarterly, 1982, 31 (1).

[87] Larman C. Wilson. The Settlement of Boundary: Mexico, the United States, and the International Boundary Commission [J]. The International and Comparative Law Quarterly, 1980, 29 (1).

[88] T. O. Elias. The Doctrine of Intertemporal law [J]. American Journal of International Law, 1980, 74 (2).

[89] P. K. Menon. The Settlement of International Boundary Disputes [J]. Anglo-American Law Review, 1979, 8 (1).

[90] J. A. Andrews. The Concept of Statehood and the Acquisition of Territory in the Nineteenth Century [J]. Law Quarterly Review, 1978, 94 (3).

[91] Jesse A. Finkelstein. An Examination of the Treaties Governing The Far-Eastern Sino-Soviet Border in light of The Unequal Treaties Doctrine [J]. Boston College International and Comparative Law Review, 1978-1979, 2 (2).

[92] Mark Dingley. Eruptions in International Law: Emerging Volcanic Islands and the Law of Territorial Acquisition [J]. Cornell International Law Journal, 1978, 11 (1).

[93] Michael Akehurst. Equity and General Principles of Law [J]. The International and Comparative Law Quarterly, 1976,

25 (4).

[94] S. K. Chattopadhyay. Equity in International Law: Its Growth and Development [J]. Georgia Journal of International and Comparative Law, 1975, 5.

[95] Suzanne Ogden. Sovereignty and International Law: The Respective of the People's Republic of China [J]. New York University Journal International Law and Politics, 1974, 7 (1).

[96] Tao Cheng. The Sino-Japanese Dispute Over The Tiao-yu-tai (Senkaku) Islands and the Law of Territorial Acquisition [J]. Virginia Journal of International Law, 1973-1974, 14 (2).

[97] Philip C. Jessup. El Chamizal [J]. American Journal of International Law, 1973, 67 (3).

[98] A. L. W. Munkman. Adjudication and Adjustment—International Judicial Decision and the Settlement of Territorial and Boundary Disputes [J]. British Year Book International Law, 1972-1973, 46.

[99] Arthur A. Stahnke. The Place of International Law in Chinese Strategy and Tactics: The Case of the Sino-Indian Boundary Dispute [J]. The Journal of Asian Studies, 1970, 30 (1).

[100] Anthony A. D'Amato. Consent, Estoppel, and Reasonableness: Three Challenges to Universal International Law [J]. Virginia Journal of International Law, 1969-1970, 10 (1).

[101] Georg Maier. The Boundary Dispute between Ecuador and Peru [J]. American Journal of International Law, 1969, 63 (1).

[102] R. H. Payne. Divided Tribes: A Discussion of African Boundary Problems [J]. New York University Journal International Law and Politics, 1969, 2 (2).

[103] C. Q. Christol. Communist China and International Law: Strategy and Tactics [J]. Western Political Quarterly, 1968, 21 (3).

[104] Daniel Wilkes. Conflict Avoidance in International Law-The

Sparsely Peopled Areas and the Sino-Indian Border Dispute [J]. William & Mary Law Review, 1967-1968, 9 (3).

[105] J. G. Starke. The Acquisition of Territorial Sovereignty by Newly Emerged States [J]. The Australian Yearbook of International Law, 1966, 2.

[106] H. Chiu. Communist China's Attitude Toward International Law [J]. American Journal of International Law, 1966, 60 (2).

[107] Surya P Sharma. India-China Border Dispute: An Indian Perspective [J]. American Journal of International Law, 1965, 59 (1).

[108] Alastair Lamb. Treaties, Maps and the Western Sector of the Sino-Indian Border Dispute [J]. Australian Yearbook of International Law, 1965, 1.

[109] Daniel Wilkes. New Emphases and Techniques for International Law-The Case of the Boundary Dispute [J]. Case Western Reserve Law Review, 1963-1964, 15 (4).

[110] Oscar Schachter. The Quasi-Judicial Role of the Security Council and the General Assemble [J]. American Journal of International Law, 1964, 58 (4).

[111] L. J. Bouchez. The Fixing of Boundaries in International Boundary Rivers [J]. The International and Comparative Law Quarterly, 1963, 12 (3).

[112] L. F. E. Goldie. The Critical Date [J]. International and Comparative Law Quarterly, 1963, 12 (4).

[113] Guenter Weissberg. Maps as Evidence in International Boundary Disputes: A Reappraisal [J]. American Journal of International Law, 1963, 57 (4).

[114] Richard F. Staar. The Polish-German Boundary: A Case Study in International Law [J]. Journal of Public Law, 1962, 11 (1).

[115] K. Krishna Rao. Sino-Indian Boundary Question and International

law [J]. The International and Comparative Law Quarterly, 1962, 11 (2).

[116] D. P. O' Connell. International Law and Boundary Disputes [J]. American Society of International Law Proceeding, 1960, 54.

[117] Monte D. Lawlis. Boundary Location by Agreement and by Acquiescence [J]. Baylor Law Review, 1960, 12 (1).

[118] Alfred P. Rubin. The India-China Border Disputes [J]. The International and Comparative Law Quarterly, 1960, 9 (1).

[119] Ladis D. Kristof. The Nature of Frontiers and Boundaries [J]. Annals of the Association of American Geographers, 1959, 49 (3).

[120] Stephen B. Jones. Boundary Concepts in the Setting of Place and Time [J]. Annals of the Association of American Geographers, 1959, 49 (3).

[121] I. C. MacGibbon. Estoppel in International Law [J]. The International and Comparative Law Quarterly, 1958, 7 (3).

[122] Georg Schwarzenberger. Title to Territory: Response to a Challenge [J]. American Journal of International Law, 1957, 51 (2).

[123] I. C. Macgibbon. Customary International Law and Acquiescence [J]. British Year Book International Law, 1957, 33.

[124] D. W. Bowett. Estoppel before International Tribunals and Its Relation to Acquiescence [J]. British Year Book International Law, 1957, 33.

[125] F. C. Fisher. The Arbitration of the Guatemalan-Honduran Boundary Disputes [J]. American Journal of International Law, 1956, 27 (2).

[126] D. J. Latham Brown. The Ethiopia-Somaliland Frontier Dispute [J]. The International and Comparative Law Quarterly, 1956, 5 (2).

[127] Jens Evensen. Evidence before International Courts [J]. Nordisk Tidsskrift for International Ret, 1955, 25 (2).

[128] Aaron L. Shalowitz. Boundary Problems Raised by the Submerged Lands Act [J]. Columbia Law Review, 1954, 54 (7).

[129] I. C. Macgibbon. The Scope of Acquiescence in International Law [J]. British Year Book International Law, 1954, 31:

[130] George W. Hoffman. Boundary Problems in Europe [J]. Annals of the Association of American Geographers, 1954, 44 (1).

[131] Norman JG Pounds. The Origin of the Idea of Nature Frontiers in France [J]. Annals of the Association of American Geographers, 1951, 41 (2).

[132] Clifton J. Child. The Venezuela-British Guiana Boundary Arbitration of 1899 [J]. American Journal of International Law, 1950, 44 (4).

[133] D. H. N. Johnson. Acquisitive Prescription in International Law [J]. British Year Book International Law, 1950, 27.

[134] Jesse S. Reeves. International Boundaries [J]. American Journal of International Law, 1944, 38 (4).

[135] Isaiah Bowman. The Ecuador-Peru Boundary Dispute [J]. Foreign Affairs, 1941-1942, 20 (4).

[136] Quincy Wright. The Munich Settlement and International Law [J]. American Journal of International Law, 1939, 33 (1).

[137] Henry A. McMahon. International Boundaries [J]. Journal of Royal Society of Arts, 1935-1936, 84 (15).

[138] F. C. Fisher. The Arbitration of Guatemalan-Honduran Boundary Dispute [J]. American Journal of International Law, 1933, 27 (3).

[139] L. H. Woolsey. Boundary Disputes in Latin-American [J]. American Journal of Comparative Law, 1931, 25 (2).

[140] Raye R. Platt. The Guatemala-Honduras Boundary Disputes [J]. Foreign Affairs, 1928-1929, 7 (2).

［141］ Philip C. Jessup. The Palmas Island Arbitration ［J］. American Journal of International Law, 1928, 22（4）.

三、其他文献

［1］ 中华人民共和国外交部条约法律司. 中华人民共和国边界事务条约 中印·中不卷 ［Z］. 北京：世界知识出版社，2003.

［2］ ［英］戴维·M. 沃克. 牛津法律大辞典 ［Z］. 李双元，等，译. 北京：法律出版社，2003.

［3］ 吴丰培，编辑. 清代藏事奏牍（下）［Z］. 北京：中国藏学出版社，1994.

［4］ 中国第二历史档案馆. 中华民国史档案资料汇编（第一、二辑）［Z］. 南京：江苏古籍出版社，1991.

［5］ 《四川省民族研究所清末川滇边务档案史料》编辑组. 清末川滇边务档案史料（中、下）［Z］. 北京：中华书局. 1989.

［6］ 王铁崖，田如萱. 国际法资料选编 ［Z］. 北京：法律出版社，1986.

［7］ ［日］日本国际学会. 国际法辞典 ［M］. 外交学院国际法教研室，总校订. 北京：世界知识出版社，1985.

［8］ 吴丰培. 赵尔丰川边奏牍 ［Z］. 成都：四川民族出版社，1984.

［9］ 班钦索南查巴著，黄颢译. 新红史 ［M］. 拉萨：西藏人民出版社，1984.

［10］ 复旦大学历史系中国近代史教研组. 中国近代对外关系史资料选辑（1840—1949）（上卷 第二分册）［Z］. 上海：上海人民出版社，1977.

［11］ 中华人民共和国外交部，编译. 中华人民共和国政府官员和印度政府官员关于边界问题的报告 ［Z］. 北京：中华人民共和国外交部，1961.

［12］ 世界知识出版社. 中华人民共和国对外关系文件集（第一至十集，1949—1963 年）［Z］. 北京：世界知识出版社，1957-1965.

［13］王铁崖. 中外旧约章汇编（第二册）［Z］. 北京：三联书店
1959.

四、相关网站

［1］http：//europa. eu/index_ en. htm［European Union］

［2］http：//untreaty. un. org/［UN Treaty Collection］

［3］http：//www. asil. org/insights/［American Society of International Law］

［4］http：//www. africa-union. org/［the Africa Union］

［5］http：//www. dur. ac. uk/ibru/［International Boundaries Research Unit］

［6］http：//www. fmprc. gov. cn/chn/［中华人民共和国外交部］

［7］http：//www. hagueacedemy. nl/［The Hague Academy of International Law］

［8］http：//www. icj-cij. org/［International Court of Justice］

［9］http：//www. ila-hq. org/［International Law Association］

［10］http：//www. llrx. com/［International and Foreign Law Resource Center］

［11］http：//www. law. indiana. edu/［International Journal of Global Legal Studies］

［12］http：// www. meaindia. nic. in/［Indian Ministry of External Affairs］

［13］http：//www. oas. org/［Organization of American States］

［14］http：//www. pca-cpa. org/［Permanent Court of Arbitration］

［15］http：//www. un. org/［United Nations］

［16］http：//www. un. org/law/riaa/［Reports of International Arbitral Awards］